»Richtig wandern«

Provence

Übersichtskarte der Provence mit den Wanderungen 1 bis 40

»Richtig wandern«

Provence

Georg Henke

DuMont Buchverlag Köln

Umschlagvorderseite: Sigale im Esteron-Tal
Frontispiz: Rougon in den Gorges du Verdon
Vignette: Borie bei Gordes

Die Deutsche Bibliothek – CIP-Einheitsaufnahme

Henke, Georg:
Provence: [mit 40 Wanderungen und Spaziergängen] /
Georg Henke. – Köln: DuMont, 1992
(Richtig wandern)
ISBN 3-7701-2544-4

Satz, Druck und buchbinderische Verarbeitung: Boss-Druck, Kleve

Printed in Germany ISBN 3-7701-2544-4

Inhalt

Die Provence im Überblick

Wanderungen in der Provence

Die Provence im Überblick

Provence – Wege in Landschaft und Geschichte

»Ihr seid hier nicht in einer Provence des beschaulichen Klein-Klein. Ihr werdet keine Zypressen haben, keinen wirklich blauen Himmel, keine Tambourinspieler. Ich gebe euch die Dürre und den Wind.« So lautet die freie Übersetzung eines Ausspruchs von Jean Giono, des aus Manosque stammenden Dichters, der in seinen Romanen das entbehrungsreiche Leben der Bauern und Hirten auf den kargen Hochflächen der oberen Provence beschreibt. Auch wenn durchaus gelegentlich Zypressen die Wege säumen und der Himmel oft genug in vollendetem Blau strahlt, so ist es doch vor allem die Provence der Dürre und des Windes, der Stille und Abgeschiedenheit, in die die Wege dieses Buches führen. Denn die andere, oft beschriebene Provence der kulturgeschichtlich bedeutsamen Städte und der viel besuchten mediterranen Küstenzone eignet sich nur wenig für Erkundungen zu Fuß – zu zersiedelt und erschlossen ist hier die Landschaft.

Ein Wanderführer durch die Provence muß den Leser in weniger bekannte, dafür landschaftlich um so reizvollere Regionen geleiten: in die weiten, von Kalkschluchten durchzogenen Hochebenen des Plateau de Vaucluse, zum Bergland des Luberon, dessen Höhen nach wie vor fast unbesiedelt sind, in die durch Landflucht entvölkerte Voralpenlandschaft der provenzalischen Alpen, aber auch ins gebirgige Hinterland der Côte d'Azur, das von unerwarteter landschaftlicher Unversehrtheit ist.

Die Wanderwege dieses Buches wurden unter dem Gesichtspunkt der landschaftlichen Schönheit ausgewählt. Sie sollen dem Leser ermöglichen, sich reizvolle und abwechslungsreiche Gegenden der Provence abseits von Verkehrslärm und Ballungszentren zu erschließen. Historisch bedeutsame Städte wie Avignon, Arles oder Aix können deshalb nicht Ziel einer Wanderung sein. Dennoch führen die beschriebenen Wege immer wieder in die Geschichte der Provence.

Dies hat zwei Gründe. Zum einen sind die historischen Zeugnisse – mit Ausnahme der Haute-Provence – recht dicht gesät, so daß der Wanderer fast zwangsläufig auf sie stößt. Dabei handelt es sich in diesem Rahmen allerdings überwiegend um bescheidene Relikte vergangener Kulturen. Zum anderen spielten seit alters her landschaftliche Gegebenheiten – strategische Überlegungen, Schutzbedürfnis, mönchische Suche nach Einsamkeit – eine wichtige Rolle bei der Wahl der Örtlichkeiten für Ansiedlungen, Klöster, Kirchen und Burgen. Und schaut man gar auf die Karte vorgeschichtlicher Fundstellen in der Provence, so ist man versucht zu fragen, ob schon für Neandertaler und Cromagnonmenschen neben praktischen Erwägungen auch die Suche nach ›starken‹ Plätzen eine Rolle bei der Auswahl ihrer Niederlassungen spielte. Sie

◁ Lavendel wird für pharmazeutische Produkte, Seifen, Waschmittel und Kosmetika angebaut, aber immer mehr durch synthetische Produkte ersetzt

Blick auf das in den Dentelles de Montmirail gelegene Malaucène

hielten sich vorzugsweise an Stellen auf, die noch heute den Besucher durch ihre landschaftliche Besonderheit faszinieren: beispielsweise um den Mont Ventoux, in der Nesque-Schlucht, im Tal der Aiguebrun, an der Küste bei Menton und in den Gebirgstälern um den Mont Bégo.

Möglicherweise spielten solche Erwägungen für die Baumeister des Mittelalters ebenfalls eine Rolle. So wirken die romanischen Abteien von Sénanque und Ganagobie auf heutige Besucher gerade durch ihre harmonische Einfügung in eine beeindruckende landschaftliche Umgebung. Und auch dem Zusammenhang von Landschaft und moderner Kunst kann man in der Provence ›nachgehen‹: auf Wanderungen durch die Gebiete, die van Gogh und Cézanne, Picasso und Matisse, Giono und Bosco sowie zahllose weitere Maler und Schriftsteller inspiriert haben.

Die heutige Region Provence-Alpes-Côte d'Azur vereint sehr unterschiedliche, in vieler Hinsicht gegensätzliche Gebiete. 90% der Einwohner leben in der Rhône-Ebene und an der Küste, wo sich auch fast alle Industriebetriebe befinden. Das hügelige und bergige Binnenland, das sich flächenmäßig erheblich weiter ausdehnt, ist demgegenüber dünn besiedelt und vorwiegend landwirtschaftlich geprägt. Durchschnittszahlen über die gesamte Provence führen wegen dieser ausgeprägten Unterschiede in die Irre: Es besagt nicht viel, daß die

Provence eine Bevölkerungsdichte von 128 Einwohnern/km² aufweist (etwa halb soviel wie die Bundesrepublik Deutschland), wenn die entsprechenden Zahlen an der Küste mehr als doppelt so hoch, im Hinterland dagegen bis zu zwanzigmal niedriger liegen. Die Durchschnittseinkommen der Region zählen statistisch gesehen zu den höchsten Frankreichs, aber wenn in Nizza gut verdient wird, so ist damit über den Bergbauern der Haute-Provence oder den Mechaniker in Apt wenig gesagt.

Für Naturfreunde und Wanderer sind ohne Zweifel die ***Hügel- und Bergzonen des Binnenlandes*** erheblich reizvoller als Rhône-Tal und Küste. Der Abwechslungsreichtum dieser Gegenden, ihre vielfältigen Landschaftsformen, die Ruhe und Einsamkeit machen sie zu idealen Wandergebieten. Idyllische Obstbaum- und Weinkulturen wechseln mit wilden Kalkschluchten und dichtem Buschwald, überall finden sich malerische Ortschaften.

Die verschiedenen Gebiete zeigen jeweils einen ausgeprägten Eigencharakter. Im Nordwesten der Provence verbinden die **Dentelles de Montmirail** den mediterranen Reiz der Weinberge mit einer trotz geringer Höhe fast alpin wirkenden Kulisse von Felsgipfeln. Östlich schließt sich der landschaftsbeherrschende, nahezu 2000 m hohe **Mont Ventoux** an. Weiter südlich stellt das **Plateau de Vaucluse** eine einsame Region der Lavendel- und Hochflächen dar.

Die schlanken Zypressen werden in langen Reihen oder Alleen als Windschutz gepflanzt

Im Tal von Apt zwischen L'Isle-sur-la-Sorgue und Forcalquier wechseln Obstbaumhügel und Weinberge mit ungewöhnlichen Landschaften wie den farbenprächtigen Ockerbrüchen des Colorado provençal. Das **Luberon-Gebirge** ist ein bevorzugtes Terrain prominenter – und zahlungskräftiger – Ferienhauskäufer; dennoch hat es sich weitgehend die Ursprünglichkeit seiner Wälder, Schluchten und Hochflächen bewahrt.

Östlich von Aix-en-Provence erstreckt sich das ausgedehnte Hügelland des **Haut-Var** mit seinen Weinkulturen und einem umfangreichen Waldbestand; reizvoll sind hier vor allem die zahlreichen ruhigen Dörfer. Nördlich des Haut-Var gelangt man in die dramatische Schluchtlandschaft der **Gorges du Verdon,** dann in die **Voralpen von Digne,** eine einsame Gegend von beeindruckender, wilder Schönheit (zur Vegetation s. S. 86f.).

Das **Var-Tal** stellt in der schwierig zugänglichen Haute-Provence einen der wenigen verkehrsmäßig gut erschlossenen Abschnitte dar. Seine nördlichen Seitentäler Vésubie, Tinée und Cians führen ins Hochgebirge der **provenzalischen Alpen.** Im Süden grenzt an das Var-Tal die Schluchtregion der **Clues.** Weiter östlich bilden das **Hinterland von Nizza** und das **Roya-Tal** trotz geringer Entfernung von der Küste besonders reizvolle, ruhige Gebiete, in denen die Mittelmeerlandschaft innerhalb weniger Kilometer in Hochgebirge übergeht.

Diesen Gegenden sind, bei aller landschaftlichen Verschiedenheit, eine Reihe von Strukturmerkmalen gemeinsam, die sie vom urbanisierten Rhône-Tal und der Küste absetzen. Im Landschaftsbild machen sich überall die geringe Besiedlungsdichte (5–30 Einwohner/km²) und das nahezu vollständige Fehlen industrieller Produktion bemerkbar. Kleine, gewundene Straßen führen zu friedlichen Städtchen und ruhigen Dörfern; nur gelegentlich wuchern Villen- und Ferienhaussiedlungen in die Natur. Oft findet sich der Reisende in einem Idealbild unzerstörter Landschaft wieder: die klaren Konturen der Höhenzüge, der strahlend blaue Himmel, die Ortschaften mit ihren Glockentürmen und verfallenen Burgen, die eng aneinander oder an einen Felsen gedrängten Steinhäuser, dazu die Geräusche des Windes, Kräuter- und Blumendüfte. Doch die Idylle hat ihre Kehrseiten. In den abgelegenen Gebieten bietet die traditionelle lokale Ökonomie seit langem keine ausreichende Lebensgrundlage mehr für die Bevölkerung. Viele Orte der Haute-Provence haben seit dem 19. Jh. zwischen 50 und 80% ihrer Einwohner verloren, während sich die Bevölkerung der übrigen Provence seither verdreifachte. Noch heute setzt sich die Abwanderung fort. Sie wird allerdings seit etwa 20 Jahren durch den Zuzug städtischer Neusiedler ausgeglichen.

Die Landwirtschaft blieb in diesen Regionen ein bestimmender Faktor. In höheren Lagen wird vor allem Schafzucht betrieben. Daneben spielen Lavendel- und Getreideanbau eine wichtige Rolle. Die Hügelgebiete produzieren überwiegend Wein, Obst und Olivenöl. Seit den sechziger Jahren gewinnt der Tourismus an ökonomischer Bedeutung. Zudem haben Zehntausende von Städtern Häuser auf dem Land erworben; neben den Zweithausbesitzern, die ihre *Résidence secondaire* nur einige Wochen im Jahr nutzen, haben sich Pensionäre, Freiberufler, Künstler und Kunsthandwerker dauerhaft niedergelassen. Dieser Zuzug schafft zwar manche Probleme, hat aber die Entvölkerung des Binnenlandes gebremst und die wirtschaftliche Situation verbessert.

Das ***Rhône-Tal*** und die ***Küste*** unterscheiden sich grundlegend von den Hügel- und Bergregionen. Das Landschaftsbild zeigt fast überall ›moderne‹ Züge; nur an wenigen Orten findet man noch unversehrte Flecken. Weite Bereiche sind dicht besiedelt und bebaut, zahlreiche Straßen durchziehen das Land. Im **Rhône-Tal** lohnen vor allem die historischen Stadtzentren (Orange, Avignon, Arles, Nîmes) einen Besuch. Daneben ist auch das **Alpilles-Gebirge,** von Durchgangsverkehr weitgehend verschont, reizvoll. In der **Camargue** findet man die ursprüngliche Sumpflandschaft nur noch in wenigen Reservaten: Intensive Landwirtschaft und ein allzu reger Tourismus haben die unberührte Natur verdrängt.

Die **Küste** ist zwischen Marseille und Cannes weitgehend durch Ferienhäuser zersiedelt. Nur wenige Abschnitte blieben von dieser Entwicklung verschont, darunter das Gebiet der **Calanques** unmittelbar bei Marseille sowie das **Esterel-Gebirge** zwischen St-Raphaël und Cannes. Von Cannes an ostwärts folgt eine fast durchgehende Bebauung über Antibes und Nizza bis Monaco.

In der Rhône-Ebene und an der Küste leben etwa 3,5 Mio. der 4 Mio. Einwohner der Provence. Sie konzentrieren sich insbesondere im Großraum Mar-

Mit ihren typischen schirmförmigen Baumkronen passen sich die Pinien dem Mittelmeerklima an

seille-Aix-Arles (knapp 2 Mio.) und Cannes-Nizza-Menton (800 000). 80% aller Unternehmen, 95% aller Arbeitsplätze befinden sich im Bogen zwischen Orange und Menton. Die Landwirtschaft wird im Rhône-Tal, anders als in den höhergelegenen Regionen, oft nicht von kleinen Bauern, sondern von stark technisierten Großbetrieben beherrscht. Die Erträge sind auf Grund des günstigen Klimas und der gut ausgebauten Bewässerungssysteme hoch. Zwischen 30 und 70% der französischen Produktion an Tomaten, Kartoffeln, Melonen, Salat, Tafeltrauben, Pfirsichen, Kirschen, Äpfeln und Birnen kommen aus der Provence. An der Küste spielt die Blumenzucht eine wichtige Rolle; sie bildet u. a. die Grundlage für die Parfumindustrie, die in Grasse ihren Schwerpunkt hat.

In den Städten des Rhône-Tals entstanden zahlreiche Fabriken der Lebensmittelverarbeitung. Außerdem bilden Handel und Transportwesen in den Gegenden intensiver Obst- und Gemüseproduktion wichtige Wirtschaftszweige. Trotz der günstigen klimatischen Voraussetzungen und der weitgehenden Technisierung steht die Landwirtschaft der Rhône-Ebene vor einer Reihe von Problemen: Der Einsatz von Pestiziden und Düngemitteln bedroht Wasserhaushalt und ökologisches Gleichgewicht. Die Konkurrenz der anderen Mittelmeerländer beim Frühgemüse führt zum kostspieligen Einsatz aufwendiger Produktionsmethoden, wie etwa computergesteuerter Gewächshäuser. Um die Kosten niedrig zu halten, stellen die Bauern für die Ernte immer häufiger Schwarzarbeiter ein, vor allem Nordafrikaner.

Die Industrie der Region besteht zum größeren Teil aus Kleinunternehmen. Großbetriebe gibt es vor allem in der vom französischen Staat Anfang der siebziger Jahre ausgebauten Industriezone um den Étang de Berre, Fos und Marseille. Traditionell hat der Schiffbau in der Region große Bedeutung; er befindet sich aber heute ebenso wie die dort beheimatete Stahlindustrie in der Krise. Die kleineren und mittleren Betriebe produzieren in erster Linie Konsumgüter (Kleidung, Lebensmittel u. a.). Insgesamt ist die industrielle Struktur der Provence schwach entwickelt; nur etwa 5% der Bevölkerung sind in der Industrie beschäftigt. Die These, die Provence habe die industrielle Phase übersprungen und sich von einer agrarischen unmittelbar zu einer Dienstleistungsgesellschaft entwickelt, ist etwas überspitzt, aber nicht ganz falsch.

In den letzten Jahren haben allerdings einige Zukunftsindustrien einen großen Aufschwung genommen: Elektronik- und Informatikunternehmen sowie Forschungsinstitute sind seit den achtziger Jahren überproportional stark vertreten. Neue, weitgehend standortunabhängige High-Tech-Betriebe siedeln sich in der Provence an, um ihren Mitarbeitern Arbeitsplätze mit hohem Freizeitwert zu bieten. Bei Cannes entstand mit staatlicher Förderung die Retortenstadt Sophia Antipolis, die heute einen der stärksten Wachstumspole der Region darstellt. Auch in Aix-en-Provence, Marseille und Nizza haben sich Zentren der ›Soft Technology‹ entwickelt.

Die meisten Arbeitsplätze bietet in der Provence der tertiäre Bereich, Tourismus, Handel, Transport und Verwaltung. An der Küste schätzt man den Anteil der Arbeitsplätze im touristischen Sektor auf 25–30%; in anderen Gegenden liegt er niedriger, spielt aber fast überall eine wesentliche Rolle. Die Provence erscheint so als ausgeprägte Dienstleistungsgesellschaft.

Die genaue Abgrenzung der Provence ist seit jeher strittig: Weder Geographie noch Geschichte geben hier eindeutige Antworten. So wird nicht immer die Côte d'Azur zur Provence gerechnet; auch die nördliche Grenze zur Dauphiné wechselte häufig. Im Westen werden der Pont du Gard und Nîmes meist auf einer Provence-Reise besucht, obwohl sie schon zum Languedoc gehören. Verwaltungsmäßig gliedert sich die Provence in sechs Departements: Vaucluse (mit dem Hauptort Avignon), Bouches-du-Rhône (Marseille), Var (Toulon), Alpes-Maritimes (Nizza), Alpes-de-Haute-Provence (Digne) und Hautes-Alpes (Gap).

In der Geschichte spielten vor allem zwei Gebiete eine Sonderrolle: das Comtat Venaissin, das Gebiet um Carpentras und Avignon, gehörte vom Mittelalter bis zur Französischen Revolution dem Kirchenstaat. Die Grafschaft Nizza stand von 1388 bis 1860 unter der Herrschaft von Piemont-Savoyen; einige Gebiete im Hinterland Nizzas gehörten bis 1947 zu Italien. Auch heute noch ist der italienische Einfluß hier spürbar.

Vom Homo erectus zur Industriegesellschaft

Die ältesten Ausgrabungsfunde in der Provence weisen in die Zeiten des *Homo erectus* zurück: Bei Roquebrune an der Côte d'Azur fand man Steinwerkzeuge, die nahezu 1 Mio. Jahre alt sind. Prähistorische Werkzeuge und Waffen fand man auch in Grotten bei Nizza und Monaco, die vor rund 400 000 Jahren von Jäger- und Sammlerhorden bewohnt waren. Vor etwa 100 000 bis 40 000 Jahren lebten an zahlreichen Orten der Provence Menschen vom Typus des *Homo sapiens,* die Neandertaler: um den Mont Ventoux, im Tal von Apt, im Luberon und wiederum an der Côte d'Azur, die offenbar schon in der Frühgeschichte einen bevorzugten Aufenthaltsort darstellte. Die Neandertaler, auch sie nomadisierende Jäger, wohnten vielfach in Höhlen, die sich in den Kalkgebirgen der Provence besonders zahlreich finden. Ihre Jagdbeute bildeten zunächst vorgeschichtliche Elefanten- und Rhinozerosarten, später – mit dem Herannahen der letzten Eiszeit und dem damit verbundenen Wandel der Fauna – Mammute, Rentiere und Bären. Vor etwa 40 000 Jahren tauchte in Südfrankreich der Cromagnonmensch auf, der erste Repräsentant des *Homo sapiens sapiens.* Die wichtigsten Siedlungsgebiete dieser Zeit liegen erneut vor allem an der Küste. Erstmalig erscheinen Spuren einer wohl magisch-religiös gebundenen Kunst: Muschel- und Tierzahnketten, Höhlenmalereien und Kleinskulpturen.

Etwa um 4500 v. Chr. brachte die sog. **Neolithische Revolution** den Übergang zur jungsteinzeitlichen Ackerbau- und Hirtenkultur. Die Jägerstämme wurden nun von den Bauern allmählich in die weniger fruchtbaren Gegenden verdrängt. Die Landwirtschaft, aber auch die bald darauf folgende ›Erfindung‹ der Keramik veränderten die Lebensgewohnheiten. Neben den bisher genutzten Höhlenwohnungen sowie Holz- und Schilfhütten werden erstmalig Ansiedlungen aus Stein errichtet. Felder werden abgegrenzt und eingezäunt. Die Aufbewahrung von Speisen, der Wassertransport, die Konservierung von Getreide, das Kochen pflanzlicher Lebensmittel wurden mit Hilfe der irdenen Gefäße in größerem Umfang möglich.

In der **Bronze- und Kupferzeit** (ab etwa 2500 v. Chr.) traten Metallwerkzeuge neben die bislang ausschließlich benutzten Steinutensilien. Das gesamte Gebiet der heutigen Provence war nun von Menschen besiedelt. Im Verdon-Tal und – in besonders großer Anzahl – im Vallée des Merveilles bei Nizza hat man Felszeichnungen aus dieser Epoche gefunden. An mehreren Stellen (bei Arles, im Siagne-Tal, im Haut-Var) errichteten megalithische Kulturen Menhire und

Dolmen – bis heute rätselhaft gebliebene Steinsäulen und -gräber, die vermutlich kultischen Zwecken dienten.

Ab 1000 v. Chr. tauchten fremde Völker an den Ufern der Provence auf: zunächst die Phönizier, einige Jahrhunderte darauf die Etrusker. Aber erst die Phokäer, aus Kleinasien eingewanderte **Griechen,** ließen sich dauerhaft an der Küste nieder. Um 600 v. Chr. gründeten sie Massalia, das heutige Marseille. Andere griechische Siedlungen waren Nikäa (Nizza), Antipolis (Antibes) und Olbia (Hyères). Die griechischen Kolonisten lebten weitgehend in friedlicher Koexistenz mit der einheimischen Bevölkerung des Hinterlandes. Sie brachten aus dem östlichen Mittelmeerraum zwei Kulturpflanzen mit, die für Landschaft und Leben der Provence bis heute ihre Bedeutung behalten haben: den Ölbaum und die Weinrebe.

Im 4. Jh. v. Chr. gelangten keltische Volksstämme, die ursprünglich im osteuropäischen Raum beheimatet waren, auch in den Süden. Sie vermischten sich mit den einheimischen Gruppen der Ligurer. Das Ergebnis dieser ›Fusion‹, die kelto-ligurische Kultur, konzentrierte sich vor allem im Hinterland, während an der Küste der griechische Einfluß vorherrschend blieb. Die **Kelto-Ligurer** lebten in zahlreichen auch untereinander konkurrierenden Stämmen, die ihre befestigten Siedlungen, die Oppida, vorrangig auf Hügelkuppen errichteten.

Erst mit dem Eintreffen der **Römer** kam es indes zu heftigen militärischen Auseinandersetzungen zwischen den verschiedenen Völkerschaften der Region. Im Unterschied zu den Griechen, die sich auf die Herrschaft über die Küstenstädte und die Sicherstellung von Handelsrouten beschränkten, lag den Römern an der Kontrolle des gesamten Gebietes, um die Verbindung nach Spanien zu sichern. Ab 125 v. Chr. unterwarfen sie in einer Reihe von Feldzügen die einheimischen Stämme, zerstörten wichtige kelto-ligurische Ansiedlungen wie das Oppidum Entremont bei Aix und verleibten nach blutigen Schlachten die Provence ihrem Weltreich ein. Die Römer bauten zahlreiche bestehende Orte zu größeren Städten aus und legten darüber hinaus neue Siedlungen an. Wie überall im römischen Imperium wurde dem Straßenbau und der Wasserversorgung besondere Aufmerksamkeit gewidmet. In den wichtigen Städten entstanden Villen, Theater, Amphitheater, Tempel, Thermen und Siegesmonumente. Noch heute stehen in der Provence bedeutende Bauten aus römischer Zeit, u. a. die Theater von Orange und Arles, die Stadtgründungsbogen von Orange und St-Rémy, das Amphitheater von Arles, das Siegesdenkmal von La Turbie bei Nizza, sowie wenige Kilometer außerhalb der Grenzen der heutigen Provence auch der Pont du Gard sowie Tempel und Amphitheater von Nîmes (die heutigen Regionen Languedoc und Provence bildeten damals zusammen

---

◁ Die prähistorische Höhlensiedlung der Grottes de Calès bei Lamanon war bis ins 15. Jh. bewohnt

Les Antiques bei St-Rémy; der Stadtgründungsbogen und das Juliermonument aus der Zeit der römischen Besiedlung haben fast zwei Jahrtausende in außergewöhnlich gutem Zustand überdauert

die Provincia Gallia Narbonensis). In spätantiker Zeit gewann die wichtige *Provincia* noch an Bedeutung, Arles wurde vorübergehend zur Kaiserresidenz (4. Jh.).

In der **Völkerwanderungszeit** verfielen die Spuren der römischen Zivilisation. Germanische Völker beherrschten, meist nur für kurze Zeit, das Gebiet: Westgoten, Burgunder, Ostgoten, schließlich die Franken (535). Im 8. und 9. Jh. setzten sich aus Nordafrika kommende **Sarazenen** zeitweise an den Küsten der Provence fest, von wo sie erst 973 endgültig vertrieben wurden. In den kriegerischen Auseinandersetzungen zwischen den nach Norden drängenden Arabern und dem fränkischen Abendland schlugen sich die Provenzalen mehrfach auf die Seite der sarazenischen Heere.

Obwohl Teil des merowingischen und später des karolingischen Frankenreichs unter **Karl dem Großen,** bewahrte sich die Provence doch weitgehende Selbständigkeit von den weit entfernten nominellen Oberherrn. Nach den karolingischen Reichsteilungen des 9. Jh. gehörte die Provence zu mehreren aufeinanderfolgenden Herrschaftsgebieten zwischen den sich allmählich herausbildenden Territorien des französischen und des deutschen Reiches: zum karolingischen Teilreich Lotharingien, zum Königreich Arelat des Boso von Vienne, zum Königreich Burgund. 1033 fiel die Provence durch Erbschaft an das

Heilige Römische Reich deutscher Nation: Die Rhône bildete fortan die Grenze zum Königreich Frankreich. Die **deutschen Kaiser** konnten ihre Herrschaft de facto jedoch nie durchsetzen; die tatsächliche Macht übten miteinander konkurrierende lokale Adelsgeschlechter aus. 1125–1246 gehörte der größere Teil der Provence den katalanischen **Grafen von Barcelona.**

Unter ihrer Herrschaft, begünstigt durch die Ausweitung des Mittelmeerhandels und die Verbesserung der landwirtschaftlichen Techniken, erlebte die Provence einen neuen Aufschwung. Die Städte blühten auf; wie im benachbarten Italien errichteten vielerorts wohlhabende Kaufleute und Handwerker eine kommunale Selbstverwaltung. Zugleich entfaltete sich an den Fürstenhöfen ein intensives kulturelles Leben. Auch durch das maurische Spanien beeinflußt, begründeten die Troubadoure die Tradition der europäischen Liebeslyrik. Überall in der Provence entstanden romanische Kirchen und Klosterbauten. Die Zisterzienser errichteten ihre Abteien, von denen wesentliche Impulse für Kultur, Landwirtschaft und Technik ausgingen.

Seit 1229 waren auch die **Päpste** Herren über einen Teil der Provence: nach dem Vernichtungsfeldzug gegen die ketzerischen Albigenser fiel ihnen das Gebiet um Carpentras zu, das Comtat Venaissin. 80 Jahre später sollte gar Clemens V. den päpstlichen Sitz von Rom hierher verlegen, die Päpste später nach Avignon umziehen, das im gesamten 14. Jh. Papstsitz blieb.

1246 geriet die Provence an die **Dynastie der Anjou,** die bis 1481 regierte. Unter ihrer Herrschaft wurde 1388 der östliche Zipfel der Region, die Grafschaft Nizza, an Piemont-Savoyen abgetreten. Für fast 500 Jahre blieb dieses Gebiet unter italienischer Herrschaft. Unter den Anjou-Königen ist der ›gute König René‹ in die historische Legende eingegangen. Der in Aix residierende Souverän war ein gebildeter Förderer der Künste und Wissenschaft. Seine Regierungszeit (1434–1480), die letzte Periode der Unabhängigkeit, kennzeichneten allerdings auch viele politische Mißerfolge. Kurz nach dem Tode Renés fiel die Provence an Frankreich (1481).

Der Anschluß vollzog sich nicht ohne Widerstände und wurde von vielen Provenzalen als Beginn einer Fremdherrschaft empfunden. Die **französischen Könige** ließen der Provence zunächst noch einige Sonderrechte. So gab es ein eigenes provenzalisches Parlament, und das Provenzalische blieb vorerst Amtssprache. Die Sonderrechte wurden aber im Zug der Zentralisierung Frankreichs immer weiter eingeschränkt. Gelegentliche Revolten wurden von der übermächtigen französischen Armee niedergeschlagen. Die Provence entwickelte sich so zu einer von Paris abhängigen Region, ihre kulturelle und ökonomische Blütezeit endete. Die Bedeutung der Städte ging zurück, die Landwirtschaft stagnierte, in Wissenschaft und Kunst wurde das Gebiet im wörtlichen Sinn ›provinziell‹. Im 17. und 18. Jh. hatte nur das italienisch beeinflußte Gebiet um Nizza sowie das Verwaltungszentrum Aix an den bedeutenden Kunstströmungen der Zeit teil.

Auch nach der **Französischen Revolution** blieb die Provence wirtschaftlich und kulturell im Abseits. Die Industrialisierung wirkte sich nur in Marseille aus, alle anderen Gebiete blieben weitgehend landwirtschaftlich geprägt. Dem

Historiker Jules Michelet erschien Ende des 19. Jh. ». . . der Süden, so schön er auch ist, im Vergleich zum Norden doch ein Land der Ruinen.« Schon zeichnete sich allerdings ein neuer Schwerpunkt ab, der im 20. Jh. weiter an Bedeutung gewinnen sollte: An der Côte d'Azur entwickelte sich allmählich der Tourismus.

Im **20. Jh.** wandelte sich die soziale und wirtschaftliche Struktur der Provence tiefgreifend. Die Agrargesellschaft mit ihren traditionellen Lebensformen löste sich fast überall auf, weite Gebiete wurden durch die Landflucht entvölkert. Im Rhône-Tal und in manchen Bereichen der Küste entstand eine industrielle Infrastruktur. In den Ebenen der Crau und des Comtat entwickelte sich eine im industriellen Maßstab betriebene Landwirtschaft. Die Küste wurde zu großen Teilen in eine vorwiegend vom Tourismus lebende Ferienlandschaft umgewandelt. Dabei haben die Auswirkungen der Modernität aber bis heute nicht die gesamte Provence erreicht. Weite Gebiete scheinen noch immer außerhalb der modernen Welt zu liegen, ohne Städte, große Straßen und Industrie.

In den Karten verwendete Symbole

– –	Wanderweg
······	Abkürzung, Abstecher, Variante
☼	Aussichtspunkt
○	Borie
⌯	Brücke
+	Friedhof
■	Gebäude, Bauernhof
▲	Gipfel
□	Gîte d'Etape
∩	Grotte
Ⓗ	Haltestelle
⟷	Hochspannungsleitung
♁	Kapelle, Kirche
✦	Leuchtturm
●	Orientierungspunkt
🅿	Parkplatz
≈	Quelle, Wasserentnahmestelle
∴	Ruine
♜	Schloß, Burg
≍	Tunnel
⚠	Zeltplatz

Hinweise zu den Wegbeschreibungen

Die Beschreibungen der Wanderungen beginnen mit einer kurzen Charakteristik des Weges sowie der berührten Landschaften und Örtlichkeiten, die die Auswahl im Hinblick auf individuelle Interessen erleichtern soll. Daran schließen sich eine Reihe von Hinweisen zu Dauer, Wegbeschaffenheit, Anstiegen usw. an. Soweit zwei Angaben gemacht sind, bezieht sich die zweite auf eine im folgenden beschriebene kürzere Variante.

– Die **Dauer** des Weges umfaßt die reine Wanderzeit ohne Pausen bei mittlerem Gehtempo.

– Unter **Wegbeschaffenheit** ist die Art der Wege (Breite, Untergrund, Straßenanteil) angegeben.

– Bei **Orientierung** ist die Abfolge der Markierungen zusammenfassend aufgeführt.

– Die Wanderungen sind in sechs **Schwierigkeitsgrade** eingeteilt, wobei die Stufe eins für eine kurze Wanderung ohne nennenswerte Steigungen steht, die Stufe sechs eine anstrengende Bergwanderung bezeichnet. Maßstab ist der durchschnittlich trainierte Wanderer, nicht der Sonntagsspaziergänger.

– Beim Stichwort **Anstiege** sind die insgesamt zu steigenden Höhenmeter notiert.

– Die **Übernachtungsmöglichkeiten** sind nur bei den mehrtägigen Wanderungen detailliert aufgelistet. Im übrigen handelt es sich um eine beschränkte Auswahl. Erwähnt sind einfachere Hotels mit einem und zwei Sternen sowie Gîtes d'Etape, Wandererherbergen, in den kleineren Orten an den Wanderwegen.

– Der überwiegende Teil der Wanderungen wird als **Rundweg** geführt, bei Ausnahmen die **Verkehrsverbindung** zwischen Ziel- und Ausgangsort angegeben. Vor Beginn der Wanderungen vergewissere man sich von der Richtigkeit der angegebenen Zeiten und Abfahrtsorte, die sich kurzfristig ändern können. Die Busse fahren meist nicht sehr häufig. Günstiger kann es unter Umständen sein, vom Zielort morgens mit Bus oder Bahn zum Ausgangsort zu fahren und zurück zu wandern. Man ist dann zeitlich weniger gebunden. Auch sollte man die Benutzung eines Taxis in Erwägung ziehen.

Es folgt dann die eigentliche **Beschreibung der Wanderstrecke,** die auf nicht markierten Abschnitten detaillierter erfolgt. Die Orientierung ist in der Regel einfacher, als es nach den ausführlichen Angaben zunächst erscheinen mag.

Die **Wegmarkierungen** sind im Text erwähnt, wobei eine neue Angabe in einer Klammer anzeigt, daß ab dem betreffenden Punkt eine andere Markierung maßgeblich ist. Es sind nicht immer alle Markierungen angegeben: Im Luberon und Vaucluse wurde diesbezüglich mancherorts zuviel des Guten getan. Einige Wegabschnitte weisen hier bis zu vier konkurrierende Markierungen auf, von denen im Text dann nur eine erwähnt ist. Die Zeitangaben beziehen sich auf die Gesamtzeit, die für den Weg bis zu dem Punkt, an dem die Angabe steht, benötigt wird. Bei den Wegbeschreibungen werden die häufigsten Begriffe gleichlautend verwendet:

Piste: nicht asphaltierte Nebenstraße, breiter Fahrweg
Fahrweg: befahrbarer Weg ohne Asphalt
Feldweg, Waldweg, Weg: von Autos nicht befahrbare Wege
(Maultier-)Pfad: sehr schmale Wege
Querweg:  Abzweig:  Gabelung: 

Viele Abschnitte der Wanderungen folgen gekennzeichneten Fernwanderwegen, den *Sentiers de Grande Randonnée,* kurz GR genannt. Die rot-weißen Markierungen dieser Wege sind in ganz Frankreich gleichbleibend:

 = man ist auf dem richtigen Weg

 = diesen Weg nicht nehmen

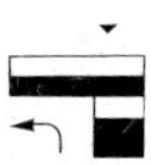 = beim nächsten Abzweig nach links biegen

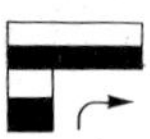 = beim nächsten Abzweig nach rechts biegen

Nach dem gleichen Schema sind auch die *GR de Pays* – regionale Fernwanderwege – gekennzeichnet, wobei der weiße Balken durch einen gelben ersetzt ist.

Es sind recht häufig Markierungen angebracht. Sollte man für längere Zeit kein GR-Zeichen mehr sehen, kann man im allgemeinen davon ausgehen, daß man den GR verlassen hat.

Wegen des manchmal steinigen Untergrunds ist vor allem gutes Schuhwerk mit dicker Profilsohle unerläßlich. Eine Kopfbedeckung schützt gegen die oft auch schon im Frühjahr intensive Sonneneinstrahlung. Einen Trinkwasservorrat sollte man immer dabei haben, denn Quellen sind oft schon im späten Frühjahr versiegt.

Zum Schluß noch einige Hinweise, um deren Beachtung ich den Wanderer unbedingt bitten möchte:

– Die Provence ist eine durch **Waldbrände** stark gefährdete Region. Jegliches Feuerrisiko muß vermieden werden. Die Wege dieses Buches führen zwar nicht durch die besonders kritischen Gebiete, eine gewisse Gefahr besteht jedoch überall (s. S. 237).

– Aus **Obst- und Weingärten** am Wege sollte man sich nicht selbst bedienen. Kleine Verluste summieren sich und führen zu einer spürbaren Einbuße für die Bauern.

– Nicht wahllos **Pflanzen** pflücken! Ein Sträußchen der häufig vorkommenden Garrigue-Kräuter zu sammeln ist allerdings unbedenklich.

Wanderer in den Dentelles de Montmirail

– Bitte durchqueren Sie nicht ziellos abseits der Wege **Weiden, Obstpflanzungen und Rebhänge!** Insbesondere sollten Feuchtwiesen nicht betreten werden, um die Vegetation nicht zu zerstören.

– **Privateigentum** ist unbedingt zu respektieren. Weite Teile offener, unkultivierter Landschaften, ja ganze Schluchten befinden sich nach wie vor in privatem Besitz. Auf einigen Wanderstrecken sind nur die Wege selber – aufgrund alter Wegerechte – öffentlich. Ein Schild ›Defense d'Entrer‹ (Eintritt verboten) oder eine andersartige Sperrung des Weges sollte in jedem Falle beachtet werden, also auch dann, wenn man einer Wegbeschreibung dieses Buches folgt (Durchgangsrechte können kurzfristig abgeändert oder aufgehoben werden). Andererseits gibt es mit dem aufkommenden Zweitwohnungs- und Restaurierungsboom auch Privatbesitzer, die die Benutzung der alten Wege unberechtigterweise zu behindern suchen. In einschlägigen Immobilienzeitschriften werden psychologische Tricks nahegelegt: z. B. ein Seil über den Weg zu spannen, einen Hund frei herumlaufen zu lassen, den öffentlichen Weg mit ›Privé‹-Schildern – die sich auf das Grundstück, nicht den Weg beziehen – zu säumen. Manche Neubesitzer sind sogar dazu übergegangen, offizielle Markierungen heimlich zu übermalen oder durch eigene, veränderte Wegführungen zu ersetzen. Insbesondere im Bereich des neu geschaffenen Parc Naturel du Luberon ist dies zu beobachten.

Wanderer in den Calanques bei Cassis

Schwerpunkte der Wanderungen

Die in diesem Band vorgeschlagenen Wanderwege stellen ausnahmslos keine besonderen sportlichen oder bergsteigerischen Anforderungen. Sie sind für jeden Wanderer zu bewältigen, sofern die üblichen Sicherheitsmaßnahmen beachtet werden (s. S. 236f.).

Recht einfache, kurze Wanderungen ohne längere Anstiege bieten die Wege Nr. 2, 4, 5, 7, 8, 12, 19, 21, 24, 25 (kurze Variante), 26, 32, 40. Die Wanderungen Nr. 3 (kurze Variante), 6, 16, 17, 22, 34, 37 sind zwar ebenfalls recht kurz, wegen der zu überwindenden Höhenmeter dennoch nicht ganz leicht. Länger, aber problemlos sind die Wege Nr. 1, 13, 14, 20, 23, 28, 29, 30, 33, 38, 39, während die Touren 3, 9, 10, 11, 15, 18 (lange Variante), 31, 35 anspruchsvoller sind und gewisse Anforderungen an Kondition und Trittsicherheit stellen.

Für kunst- und kulturhistorisch Interessierte sind die Wanderungen 4, 6, 7, 13, 20, 26 besonders reizvoll, da sie antike Bauten, Klöster und andere historische Zeugnisse berühren. Das Wandern mit dem Baden verbinden kann man bei den Wegen in den Calanques (Nr. 17, 18). Nr. 27 und 36 sind mehrtägige Wanderungen mit 6 bzw. 4 Tagesetappen.

Wegen des ausgedünnten Bus- und Bahnnetzes der ländlichen Provence sind eine Reihe der Ausgangs- und Endpunkte der Wanderungen nicht mit öffentlichen Verkehrsmitteln zu erreichen. Dies gilt für die Wege Nr. 5, 8, 12, 14, 16, 25, 26, 27, 28, 29, 30, 35, 39. Auch bei den übrigen Wanderungen bestehen meist nur wenige Verbindungen pro Tag, so daß eine sorgfältige Planung angezeigt ist.

Wanderungen in der Provence

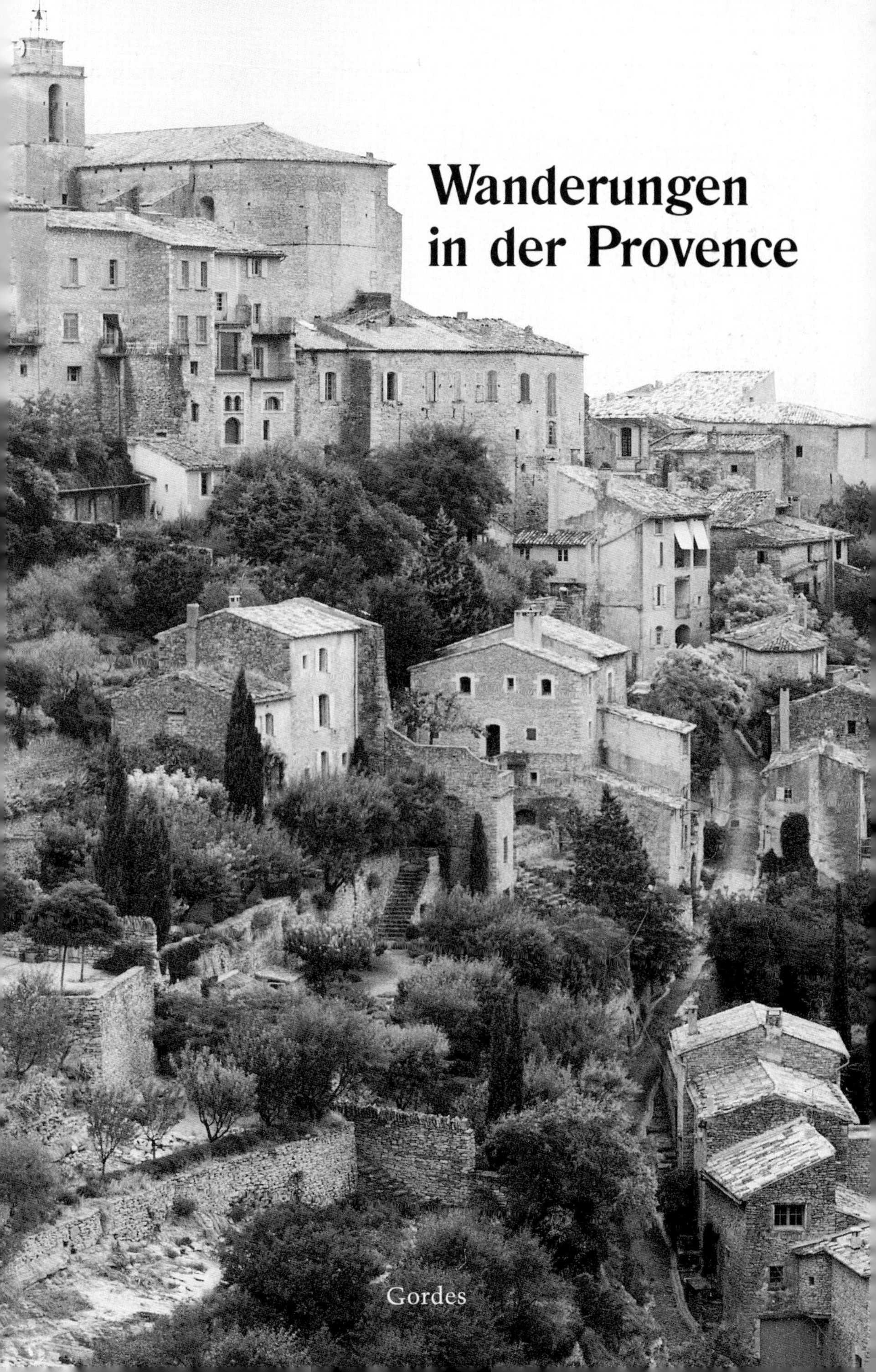

Gordes

In den Dentelles de Montmirail

Die Dentelles de Montmirail – hier am Pas du Loup – verdanken ihren Namen den von der Erosion zu Zacken und Zähnen geformten Kalkklippen

Einige Kilometer östlich des Städtchens Orange, einer der nördlichen ›Pforten zur Provence‹, erhebt sich vor der Silhouette des Mont Ventoux ein kleiner Höhenzug aus der Rhône-Ebene, der durch seine gezackte Felskrone schon von weitem den Blick des Reisenden auf sich zieht. Die Dentelles de Montmirail (*Dentelles* = Zähnchen, Klöppelspitzen) sind der westliche Ausläufer des Ventoux-Massivs, ein nur gut 700 m hoher Hügelzug, der aber durch seine vertikal aufgefalteten Felswände stellenweise alpinen Charakter besitzt; Bruchstücke eines Hochgebirges scheinen auf einem Mittelgebirge zu ruhen.

Das kleine Kalksteingebirge vermittelt auf engem Raum einen Querschnitt provence-typischer Landschaftseindrücke. In den niedrigen Lagen, um Ortschaften und einzeln stehende große Anwesen herum, wird das Land inten-

siv landwirtschaftlich genutzt. Ausgedehnte Weinberge bedecken die Hügelflanken. Daneben gibt es große Obstkulturen mit Mandel-, Kirsch- und Aprikosenbäumen, die zur Zeit der Frühjahrsblüte besonders reizvoll wirken. Von dieser durch den Menschen gestalteten Kulturlandschaft gelangt man bald zu einsamen Höhen, mit niedrigem Buschwald und intensiv nach Kräutern duftender Garrigue bestanden, von hell in der Sonne aufleuchtenden Kalkfelsen gesäumt.

An den Rändern des Höhenzuges liegen ruhige Landstädtchen mit verwinkelten Ortskernen wie Vaison-la-Romaine oder Malaucène und auf Felskuppen gelegene Dörfer, deren Häuserkuben sich um kleine Brunnenplätze gruppieren. Der Ort Montmirail, nach dem das kleine Gebirge benannt wurde, besteht heute nur noch aus einem Hotel und einer Villa. Das im 19. Jh. vielbesuchte Thermalbad, einige Kilometer östlich von Vacqueyras gelegen, war zeitweise als Badeort bekannter als Aix oder Gréoux, geriet dann aber in Vergessenheit. Von den Badeanlagen findet man heute nur noch überwucherte Ruinen.

Dem Liebhaber guter Weine ist dieses Gebiet, das zur Weinregion Côtes du Rhône gehört, besonders zu empfehlen. Die hier erzeugten Tropfen tragen ausnahmslos die kontrollierte Herkunftsbezeichnung A.O.C. *(Appellation d'Origine Contrôlée)*, müssen also genau festgelegten Qualitätsanforderungen genügen. Am bekanntesten ist das Anbaugebiet von Gigondas, das einen kräftigen, alkoholreichen Rotwein hervorbringt. Einen guten Ruf besitzen auch die Weine aus den Dörfern Vacqueyras, Sablet, Séguret und Beaumes-de-Venise, die zur Appellation Côtes du Rhône Villages gehören. Den Muscat de Beaumes-de-Venise, einen natürlichen Süßwein, trinkt man vor allem gekühlt als Aperitif. In den Weinorten findet man überall Probiermöglichkeiten *(Caves de Dégustation)*, wovon ich wegen der reichhaltigen Auswahl und angenehmen Bedienung vor allem die Gemeinschaftskellerei *(Cave Coopérative)* im Ortszentrum von Vacqueyras empfehlen kann.

Die Dentelles de Montmirail sind ideales Wandergebiet. Eine Vielzahl abwechslungsreicher Wege durchzieht den Höhenzug. Die Steigungen halten sich in Grenzen, viele Wege wurden in den letzten Jahren markiert. Überwachsene Pfade, alte Verbindungswege zwischen den Dörfern, wurden wieder freigelegt. Das Gebiet ist nur an den Rändern einigermaßen touristisch ›erschlossen‹ – auf den beschriebenen Wegen wandert man meist allein. Hilfreich für die Orientierung ist es, sich bei einem der Touristenbüros der Region ein Faltblatt mit der Karte der Wanderwege zu besorgen, aus dem die farbigen Wegmarkierungen zu ersehen sind.

1 Über den Wolfspaß

Von Vaison-la-Romaine nach Crestet und Malaucène

Diese ausgedehnte Wanderung verläuft in abwechslungsreicher, typisch provenzalischer Hügellandschaft. Vom vielbesuchten Römerstädtchen Vaison-la-Romaine wandert man zunächst auf Waldwegen und zwischen Rebhängen zu dem auf einem Höhenkamm gelegenen mittelalterlichen Dorf Crestet. Von hier führt der Weg durch einsame Landschaft zum Pas du Loup (Wolfspaß), einer Engstelle zwischen Kalkfelsen, dann mit beeindruckender Fernsicht durch die Garrigue. Auf bequemen Waldwegen und Macchia-Pfaden, schließlich einem Sträßchen zwischen Wiesen und Feldern erreicht man das beschauliche Landstädtchen Malaucène.

Dauer: 5:30 Std.
Streckenlänge: 19 km.
Wegbeschaffenheit: bis Crestet überwiegend auf Fahrwegen, dann meist auf schmalen Wegen; kurze Stücke Asphalt am Anfang, bei Crestet und vor Malaucène.
Anstiege: ca. 500 m.
Orientierung: recht einfach; wegen der vielen Abzweige ist jedoch etwas Aufmerksamkeit erforderlich.
Markierung: Am Anfang kurzes Stück gelber Punkt, dann gelb-roter Balken (GR de Pays) für ca. 2:30 Std., einige Minuten ohne, dann GR 4 bis Malaucène.
Schwierigkeitsgrad: fünf.
Restaurants und Hotels: in Vaison-la-Romaine und Malaucène; unterwegs keine Einkaufsmöglichkeit, Trinkwasser nur in Crestet.
Busverbindung: Malaucène ab 17.40 Uhr nach Vaison-la-Romaine (außer So- und Feiertage); weiterer Bus um 9.30 Uhr (außer Fr, So- und Feiertage); Haltestelle bei der Einmündung der D 153 in die D 938, gegenüber dem Café Le Cours.

Wegbeschreibung

Ausgangspunkt ist in **Vaison-la-Romaine** die Römerbrücke über die Ouvèze.

Man geht auf der D 938 ca. 50 m Richtung Malaucène, biegt dann nach rechts auf einen ansteigenden Pfad (Markierung: gelber Punkt). Nach ca. 10 Min. Anstieg erreicht man eine Straße hinter der Burgruine von Vaison-la-Romaine und wendet sich nach links. Bei einer Gabelung 50 m

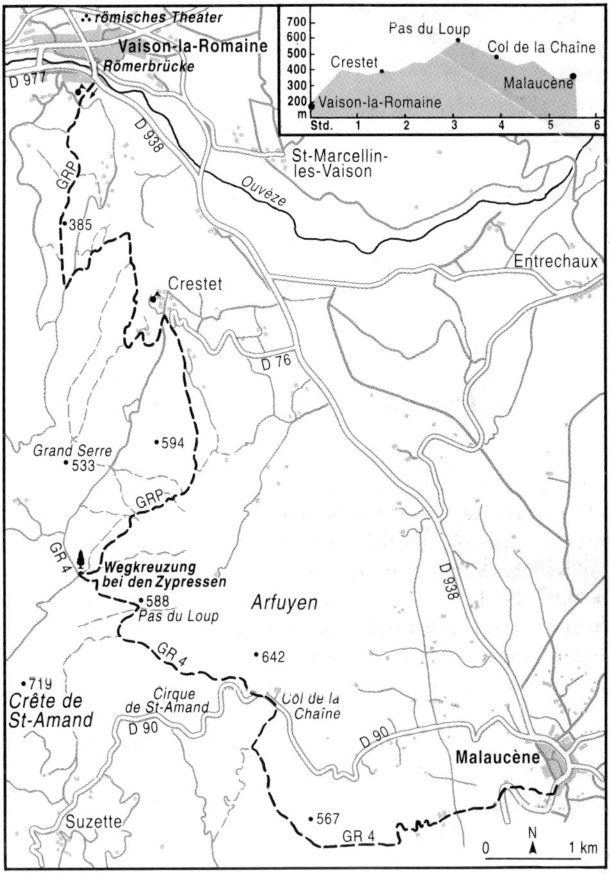

Wanderung 1

weiter rechts auf ebenem Sträßchen gehen (ohne Markierung), von diesem in der ersten Rechtskurve nach links auf einen ansteigenden Fahrweg abzweigen (Markierung: gelb-roter Balken). In der Rechtskurve des Fahrweges einen links ansteigenden Waldweg einschlagen, der nach anfangs steilem Anstieg zu einer Wegkreuzung führt; nach Süden wird die Burgruine von Crestet sichtbar.

Man geht rechts und 50 m weiter links. Auf breitem Fahrweg erreicht man ein Sträßchen (45 Min.), hält sich links, passiert bald darauf ein Haus linker Hand. 50 m danach biegt man nach rechts, geht zwischen Weinreben, dann nach links biegend parallel zur Pflanzung linker Hand zur Wegkreuzung bei einem Häuschen (55 Min.).

Man wandert rechts auf einem ebenen Fahrweg, der bald in südliche Richtung biegt. Die Burgruine von Crestet wird wieder sichtbar. Man bleibt auf dem Hauptweg, der dann eine Linkskurve beschreibt und auf **Crestet** zu ansteigt.

Auf einem Sträßchen erreicht man den Ortsrand (1:30 Std.) und geht nicht in den Ort hinein, sondern wandert auf dem Sträßchen weiter, auf welchem man den Ort erreicht hat (gelb-roter Balken). In der ersten Linkskurve unterhalb des Ortes biegt man nach rechts in einen befestigten Fahrweg und zweigt von diesem ca. 300 m weiter nach rechts auf einen ansteigenden Weg ab (schöner Blick auf den Mont Ventoux). Der Weg verengt sich; bei einer Gabelung rechts gehen. Bei einer weiteren Gabelung kurz vor Ende des Anstiegs (2:05 Std.) hält man sich links. Der Weg führt durch verkohlten Wald, senkt sich zu Tal. Bei einer Gabelung links gehen und bei einem Querweg kurz darauf nach rechts biegen. Wenige Meter weiter trifft man erneut auf einen Querweg, hält sich links und erreicht ein Weinfeld. Man geht auf einem Pfad an der Weinpflanzung linker Hand entlang, kreuzt nacheinander zwei Bäche und steigt zu einer Wiesenfläche an.

An einem schönen Rastplatz in menschenleerer Landschaft nach rechts biegen, bei zwei Querwegen geradeaus gehen und bei der Gabelung darauf den rechten Weg einschlagen. Der Weg steigt nach Süden mit Blick auf die Crête de St-Amand an. Bei einem Querweg (2:40 Std.) biegt man nach rechts, verläßt hier den gelb-rot markierten Weg. Ca. 5 Min. später erreicht man eine Wegkreuzung bei einigen Zypressen. Man biegt hier ganz nach links, folgt jetzt dem GR 4. Dieser steigt nach Osten an, biegt dann in mehr südliche Richtung. Einige Minuten später einen nach rechts abzweigenden Pfad einschlagen. Nach ca. 10 Min. Anstieg erreicht man einen Paß zwischen Felsen, den **Pas du Loup** (3:10 Std.).

Man geht auf ebenem Pfad in südliche Richtung weiter und geht bei einem Querpfad links. Man durchquert ein Wäldchen, erreicht dann, etwas nach links biegend, einen Garrigue-Hang mit schöner Fernsicht; nach Osten blickt man auf den Mont Ventoux, nach Süden erkennt man die Silhouette des Schlosses von Le Barroux und ein im neoromanischem Stil errichtetes Kloster; südwestlich ragt die gezackte Felskrone der Dentelles Sarrasines auf. Auf absteigendem Waldpfad erreicht man die D 90 (Malaucène–Suzette) beim **Col de la Chaîne** (3:50 Std.).

Man biegt nach links, zweigt kurz darauf nach rechts auf einen Fahrweg. Nach Westen erblickt man Suzette und die Dentelles Sarrasines. Bei einer Gabelung rechts gehen und ca. 100 m weiter nach links auf einen schmaleren Weg biegen, der sich bald zu einem Pfad verengt. Man geht auf einem schönen Hangpfad. Bei einem Querpfad (4:20 Std.) links gehen. Nach kurzem Anstieg verläuft der Pfad wieder eben am Hang, steigt im Wald an und dann, mit Blickrichtung nach Nordosten, ab. Der Weg beschreibt eine scharfe Rechtskurve, passiert eine Obstbaumpflanzung und erreicht ein neu erbautes Haus (4:50 Std.). Man nimmt hier den beginnenden Fahrweg, der eine Häusergruppe passiert (Asphaltierung beginnt), ein Quersträßchen kreuzt und ansteigend auf die D 938 trifft. Man geht links und zweigt vor einer Hauseinfahrt sofort auf einen Pfad, der absteigend auf einen Fahrweg trifft. Kurz darauf ist Malaucène erreicht (5:30 Std.).

Die mittelalterliche Oberstadt von Vaison-la-Romaine kann am besten zu Fuß erkundet werden

Am Wege

Vaison-la-Romaine (5500 Einwohner), der Hauptort der Dentelles de Montmirail, ist eine der ältesten Ansiedlungen der Provence. Im 4. Jh. v. Chr. hatte hier der keltische Stamm der Vocontier seinen Hauptsitz. Das befestigte Oppidum befand sich auf dem heutigen Burghügel südlich der Ouvèze. Nach Einnahme des Oppidums verlegten die Römer das Zentrum der Besiedlung in die Ebene nördlich des Flusses. Hier entstand unter dem Namen Vasio Vocontiorum eine der wohlhabendsten Städte der römischen Provinz.

Die römischen Ausgrabungen verteilen sich auf die beiden benachbarten, durch eine moderne Straße getrennten Areale ›La Villasse‹ und ›Puymin‹. In La Villasse findet der Besucher eine gut erhaltene Ladenstraße und Grundmauern von Thermen, vor allem aber Fundamente zweier großer Villenanlagen mit Wohnräumen, Innenhöfen, Bädern und Küchen. In Puymin wurden ebenfalls Reste von Wohnungen wohlhabender Römer, z.T. mit erhaltenen Mosaikfußböden, freigelegt. Durch einen Felsgang gelangt man zu dem am Nordhang des Puymin-Hügels gelegenen kleinen Theater, das ca. 7000 Personen Platz bot. Im Quartier de Puymin befindet sich auch das kleine Museum mit den wichtigsten Fundstücken der Ausgrabungen. Das Gelände kann

9–13 und 14–17 Uhr besichtigt werden, im Sommer bis 19 Uhr.

Nach dem Niedergang des Römischen Reiches füllten die Bischöfe das entstandene Machtvakuum. Aus dieser Zeit stammt die westlich des Ausgrabungsgeländes gelegene, im Stil der provenzalischen Romanik errichtete Kathedrale Notre-Dame-de-Nazareth (11./12. Jh.), die auf den Fundamenten einer frühchristlichen Basilika ruht. Auffallend ist die Verwendung römischer Bauteile: Die Chormauern beispielsweise ruhen auf Säulenteilen eines römischen Tempels. Sehenswert ist auch der romanische Kreuzgang aus dem 13. Jh.

Im 12. Jh. mußten sich die Bischöfe den Grafen von Toulouse beugen, die den Ort wieder auf den Hügel südlich der Ouvèze verlegten, der den Einwohnern mehr Schutz bot. Erst im 19. Jh. entstand auf dem Boden der römischen Ansiedlung das Zentrum der heutigen Stadt. Der alte Ort auf dem Hügel, die Haute Ville, verfiel, wurde aber in den letzten Jahrzehnten weitestgehend wieder restauriert. Ein Rundgang durch die verwinkelten Gassen, vorbei an Brunnenplätzen und liebevoll instandgesetzten Renaissanceportalen, lohnt sich. Zur Burgruine der Grafen von Toulouse, von wo sich ein schöner Blick auf den Ort bietet, führt ein schmaler Pfad.

Heute ist Vaison-la-Romaine eine lebendige Kleinstadt. Vor allem der große Dienstagsmarkt verdient einen Besuch. Die Straßenverbindung zwischen den beiden Ortsteilen diesseits und jenseits der Ouvèze führt immer noch über die 2000 Jahre alte, einbogige Römerbrücke.

Crestet (320 Einwohner), ein behutsam restauriertes, ehemals völlig verlassenes mittelalterliches Dorf, thront in schöner Lage auf einem Höhenrücken über der Ebene der Ouvèze (s. Farbabb. 11). Am höchsten Punkt des Ortes findet man die Burgruine der Bischöfe von Vaison, die hier im 12. Jh. vor den Grafen von Toulouse Zuflucht nahmen.

Malaucène (gut 2000 Einwohner) ist mit seiner platanenbestandenen Hauptstraße ein typisches Beispiel einer Provinzkleinstadt des Midi (s. Abb. S. 11). Westlich der Hauptstraße liegt der alte Ortskern mit dunklen Gassen, Waschhaus und Brunnen. Ein kurzer Anstieg führt zur Schloßruine auf dem Burgberg, um den sich das alte Dorf gruppiert.

Die etwas überdimensioniert wirkende Wehrkirche (1309) beim südlichen Ortseingang wurde von Clemens V., dem ersten der in Avignon residierenden Päpste, errichtet: Malaucène war zeitweise die Sommerresidenz.

2 Das Oppidum der Memini

Rundweg über die Crête de Beaumes-de-Venise

Nördlich des noch in der Ebene gelegenen kleinen Ortes Beaumes-de-Venise erhebt sich ein langgestreckter, felsiger Höhenrücken *(Crête)*, der den Ort vor dem Mistral schützt. Der kurze Rundweg führt, durch Pinienwald und über Wein- und Ölbaumterrassen ansteigend, auf die Höhe, von wo sich ein weiter Blick auf die Ebene des Comtat Venaissin bietet. Man überquert eine mit niedrigem Buschwerk bestandene kleine Hochfläche – geheimnisvoll wirkend mit ihren Relikten frühzeitlicher und mittelalterlicher Besiedlung –, steigt dann zum sehenswerten romanischen Kirchlein Notre-Dame-d'Aubune ab. Auf ebenem Weg geht man von hier am Fuße des Höhenrückens zurück zum Ausgangspunkt.

Dauer: 2 Std. (ohne den Abstecher).
Streckenlänge: 5 km.
Wegbeschaffenheit: überwiegend auf Pfaden, kurze Stücke ohne Weg an Pflanzungen entlang; ca. 25 Min. auf Asphalt.
Anstiege: 220 m.
Orientierung: die ersten 10 Min. nicht ganz einfach, im übrigen problemlos.
Markierung: ohne, gelber Punkt, ohne, gelb-rot.
Schwierigkeitsgrad: zwei.
Restaurants: in Beaumes-de-Venise; preiswert und sehr zu empfehlen ist die Auberge St-Roch.
Hotels: in 84 190 Beaumes-de-Venise (Auberge St-Roch *, Av. Jules Ferry, ✆ 90 62 94 29); im sehenswerten alten Ort 84 330 Le Barroux 8 km östlich (Les Geraniums *, Place de la Croix, ✆ 90 62 41 08); in Carpentras (größere Auswahl).

Wegbeschreibung

Ausgangspunkt ist die Hauptkirche im Ortszentrum von **Beaumes-de-Venise.** Vom Kirchenportal geht man durch einen Torbogen zum Place de la Liberté und nimmt hier die halbrechts ansteigende Gasse. Durch einen weiteren Torbogen tritt man auf einen kleinen Platz mit Brunnen und Waschhaus. Hier nach links auf den Treppenweg biegen und vorbei an einem Wasserspeicher ansteigen. Hinter dem Burgfelsen von Beaumes-de-Venise geht man an einer Weinpflanzung entlang zu einem Sträßchen und biegt nach links. Das Sträßchen beschreibt ansteigend eine Rechtskurve. Die Asphaltierung endet. Nach einer Linkskurve geht man geradeaus und passiert eine Barriere. 20 m dahinter nach rechts auf einen Pfad abzweigen (20 Min., Markierung: gelber Punkt).

Der Pfad steigt für 10 Min. an und endet bei einer Weinpflanzung. Man

Wanderung 2

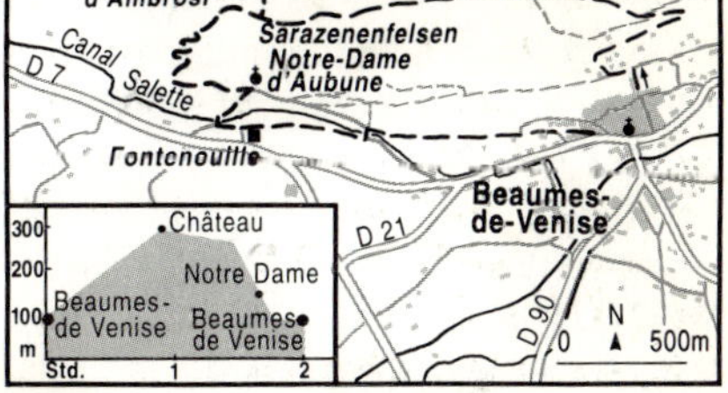

geht 50 m am Weinfeld rechter Hand entlang, nimmt dann einen Pfad nach Westen. Bei einer Pfadgabelung nach wenigen Metern hält man sich rechts: Der schöne Weg am Rand der Höhe mit weitem Blick auf die Ebene führt zu einem Olivenhain; oberhalb wird eine Ruine sichtbar (40 Min.). Man wendet sich etwas nach links, steigt über Terrassen ab – aus der Mauerung herausragende Steine benutzend – und trifft bald auf einen Querpfad. Man geht auf diesem rechts aufwärts zu der sichtbaren Ruine, dem **Château de Durban** (50 Min.).

Man wendet sich nach links (ohne Markierung), geht auf der Höhe an Weinfeldern entlang zur Ruine einer romanischen Kapelle **(St-Hilaire)**, dann weiter auf einem Pfad am linken Rand des Höhenrückens. Ein Querpfad biegt bei einem einzeln stehenden Felsblock, im Volksmund Teufels- oder Sarazenenfelsen genannt, ab; wir folgen geradeaus dem Hauptweg (gelb-rote Markierung).

Kurzer Abstecher: Nach rechts biegend erreicht man auf dem markierten Weg nach wenigen Minuten zwei große Höhlen im Fels, die **Grottes d'Ambrosi.** Man vermutet hier eine prähistorische Siedlungsstätte.

Der Hauptweg verläuft noch ein kurzes Stück auf der Höhe, biegt dann nach links und steigt in Serpentinen – vorbei an einem alten Steinbruch rechts des Weges – zur Kapelle **Notre-Dame-d'Aubune** ab (1:30 Std.).

Bei Erreichen der Kapelle wendet man sich nach rechts und geht auf

In Serpentinen steigt man zur Kapelle Nôtre-Dame d'Aubune hinunter

einem Sträßchen zu einem kleinen Kanal; dahinter liegt das Anwesen Fontenouille. Man biegt nach links, geht auf einem Grasweg am Kanal entlang. Bei einem Quersträßchen nach links über eine Brücke und gleich wieder nach rechts biegen. Auf der Nebenstraße erreicht man in knapp 15 Min. den Ausgangspunkt (2 Std.).

Am Wege

Beaumes-de-Venise (1700 Einwohner) besitzt einen verwinkelten alten Ortskern, ist aber weniger restauriert als die meisten anderen Orte der Dentelles de Montmirail. Der Name des Ortes stammt von den vielen Höhlen (provenzalisch *Baume*) im Höhenzug nördlich des Ortes (›Höhlen des Venaissin‹). Der Muscat de Beaumes-de-Venise ist ein in ganz Frankreich bekannter, natürlicher, d. h. ohne Zuckerzusatz hergestellter Süßwein, der vor allem gekühlt als Aperitif getrunken wird.

Die Höhlen der **Crête de Beaumes-de-Venise** waren vermutlich schon in der Eisenzeit besiedelt. Später lag hier – in der typisch exponierten Höhenlage – ein Oppidum des kelto-ligurischen Stamms der Memini, das dann von den Römern zerstört wurde. Gegen Ende der Römerzeit war der Höhenrücken wieder bewohnt. Ein Gräberfeld aus frühchristlicher Zeit wurde gefunden. 732 soll dann die Ansiedlung von den Truppen Karl Martells nach siegreichem Kampf gegen ein sarazenisches Reitergeschwader zerstört worden sein, weil die Bewohner sich auf die Seite der Araber geschlagen hatten. Die Ruinen der Kapelle

St-Hilaire und der kleinen Burganlage stammen aus dem Mittelalter.

Notre-Dame-d'Aubune: Das schlichte Kirchlein wurde in der Mitte des 12. Jh. im Stil der provenzalischen Romanik errichtet. Auffallend ist der hoch aufragende Glockenturm mit seinen auf römische Vorbilder weisenden kannelierten Pilastern. Im Innern des Baus findet man naive Wandmalereien. Den Schlüssel für die Kirche erhält man beim Anwesen Fontenouille (s. Wegbeschreibung).

3 ›Sarazenenzähnchen‹

Rundweg durch die Dentelles Sarrasines über Gigondas und Séguret

Die Dentelles Sarrasines (Sarazenenzähnchen) bei Gigondas sind der wohl markanteste Punkt des kleinen Gebirges von Montmirail: von den Kräften der Natur abgeschliffene und eingekerbte weiße Kalkklippen, die, meist windumtost, senkrecht in den Himmel ragen.

Die Wanderung führt von Sablet zunächst am Rande des Hügelzuges mit einigem Auf und Ab zu dem bekannten Weinort Gigondas und steigt dann von hier bis unmittelbar zu dem Felsriegel der Dentelles Sarrasines an. Nach kurzem Abstieg und erneutem (recht anstrengendem) Anstieg folgt ein langes Wegstück auf der Höhe durch schöne Buschwaldvegetation und mit weitem Ausblick auf Rhône-Ebene und Mont Ventoux. Auf Wegen zwischen Wein- und Obstbaumkulturen erreicht man dann das gut restaurierte, malerisch unter einen Felshang gebaute alte Dorf Séguret und geht von hier auf kurzem Weg zurück nach Sablet.

Die Wanderung ist recht lang und anstrengend. Als abkürzende Variante ist ein von Gigondas ausgehender Rundweg beschrieben.

Dauer: 5:30 Std. / 2:15 Std.
Streckenlänge: 16 / 6,5 km.
Wegbeschaffenheit: Feld- und Fahrwege, schmale Pfade, z. T. steiniger Untergrund; bei Sablet, anfangs und am Ende der Wanderung, jeweils längeres Stück auf Asphalt.
Anstiege: 700 m / knapp 300 m.
Orientierung: trotz meist vorhandener Markierungen nicht ganz einfach (viele Abzweige).
Markierung: ohne, gelber Punkt, blauer Punkt bis Gigondas; dann ohne, blauer Punkt bis zum Col de Cayron; gelber Punkt, blauer Punkt, gelber und roter Balken bis Séguret; ohne bis Sablet.

Ohne, dann gelber und roter Balken vom Col de Cayron bis Gigondas (kurze Variante).
Schwierigkeitsgrad: fünf / drei.
Restaurants/Bars: in Gigondas, Séguret (u. a. das bekannte und teure La Table du Comtat) sowie Sablet.
Hotels: in 84190 Gigondas (Les Florets **, Route des Dentelles, 2 km östlich des Ortszentrums Richtung Col de Cayron, ruhige Lage, ✆ 90 65 85 01; L'Oustalet *, Place de la Mairie, ✆ 90 65 85 30). Ein einfaches Hotel auch im Ortszentrum von Sablet. Empfehlenswerte Gîte d'Etape unterhalb von Séguret an der Straße nach Sablet.

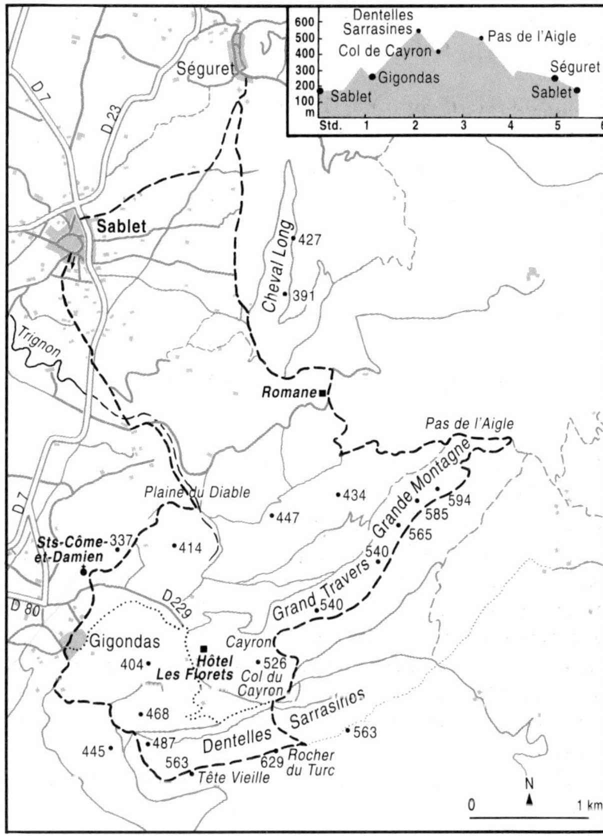

Wanderung 3

Wegbeschreibung

Ausgangspunkt in **Sablet** ist der Dorfplatz östlich unterhalb des alten Ortskerns (Geschäfte, Bar, Touristenbüro). Beim Café des Sports nimmt man den Boulevard des Remparts, biegt nach wenigen Metern – vor der Apotheke – nach links in die Rue du Fiallard, die sofort eine Rechtskurve beschreibt; hier geradeaus auf einem Weg weitergehen, danach eine Querstraße kreuzen. Auf einem Sträßchen erreicht man die D 7 beim Ortsende von Sablet. Von dieser 50 m weiter nach links in ein Nebensträßchen biegen. In der ersten Linkskurve des Straßchens schlägt man geradeaus einen Feldweg ein (15 Min.; Markierung: gelber Punkt). Man kreuzt einen Bach, erreicht nach kurzem Anstieg links an einigen Häusern vorbei ein Sträßchen, biegt nach links. Vor einer kleinen Brücke, ca. 100 m weiter, zweigt man nach rechts auf einen Pfad, der sofort zum Bach hinabführt und anschließend durch schönen Wald im Tal verläuft. Bei einem Abzweig nach links ca. 5 Min. später geradeaus gehen. Einige Minuten darauf kreuzt man den Bach, steigt auf steilem Pfad aus dem Tal hinaus. Am Waldrand, vor einer Weinpflanzung, wendet man sich nach rechts und trifft dann bald auf einen breiten Weg (40 Min.).

Man biegt nach rechts (Markierung: hellblauer Punkt), kreuzt einen Bach, steigt dann an. In einer Rechtskurve nach links auf einen schmaleren Weg abzweigen. Nach gut 5 Min. Anstieg erreicht man eine Weinpflanzung auf der Höhe. Bei einer Gabelung hier geht man links und steigt noch einmal kurz an. Gigondas und die Dentelles Sarrasines werden sichtbar. Bei einer Gabelung den rechten, ebenen Weg nehmen, der zur romanischen **Kapelle Sts-Côme-et-Damien** absteigt (s. Farbabb. 10). Von hier zu einem Sträßchen, nach links und gleich wieder nach rechts biegen und auf einem Grasweg nach **Gigondas** gehen (1:10 Std.).

Im Ortszentrum (Place du Porthil) biegt man hinter der *Mairie* (Bürgermeisteramt) nach links in ein nach Süden ansteigendes Sträßchen, das vom Ort wegführt (ohne Markierung). Hinter einer Linkskurve endet die Asphaltierung. Der Weg biegt nach Nordosten, stößt auf einen Querweg (1:25 Std.); man wendet sich scharf nach rechts und zweigt ca. 3 Min. später nach links auf einen Waldpfad (Markierung: blauer Punkt).

Der Pfad steigt an, trifft auf einen breiten Fahrweg bei einem kleinen Paß (1:50 Std., weiter Blick über Rebhänge zum Mont Ventoux). Man biegt nach links und zweigt 20 m weiter nach rechts auf einen Garrigue-Pfad, der zu den markanten Felsspitzen der **Dentelles Sarrasines** hinaufführt (2:05 Std.).

Der Pfad verläuft hier unterhalb der Felsen rechter Hand. Man passiert zwei Breschen nach rechts mit weitem Blick nach Süden, geht dann unter der großen Felswand des Rocher du Turc. Bei einem Abzweig nach rechts, der ebenfalls blau markiert ist, geht man geradeaus. (Der markierte Pfad nach rechts führt zur Felsspitze des Rocher du Turc; dieser Abstecher ist nur sportlichen Wanderern ohne Höhenangst zu empfehlen. Der Pfad ist zum Teil steil und exponiert. Zuletzt muß man durch eine schmale Höhlung im Fels kriechen.) Der Hauptpfad trifft etwas absteigend auf einen deutlichen Querweg aus dem Tal. Man wendet sich hier nach links, geht zur Wegkreuzung beim **Col de Cayron** abwärts (2:35 Std.).

Man nimmt hier den nach Osten absteigenden breiten Hauptweg. Bei einer Gabelung nach 50 m links den ebenen Hangweg nehmen (Markierung: gelber Punkt), dem man für ca. 5 Min. folgt. In einer Rechtskurve biegt man nach links auf einen ansteigenden Pfad und wendet sich dann vor einigen Felsen nach rechts. Bei der folgenden Gabelung geht man ebenfalls rechts. Es folgen gut 10 Min. steilen Anstiegs im Buschwald. Der Pfad verläuft dann ein langes Stück auf der Höhe des Bergrückens Grand Travers, z.T. im Wald, z.T. mit weiten Blicken am offenen Hang. Nach einem kurzen Anstieg über Felsen (3:05 Std.) hält man sich links. Einige Minuten steinigen Pfades, dann bequemer im Buschwald. Bei einer Gabelung am Ende des Buschwaldes links gehen, nochmals etwas ansteigen. Neuerlich ein steiniger Pfad, dann ein Waldweg, der absteigend einen Fahrweg beim **Pas de l'Aigle** erreicht (3:35 Std.).

Die Dentelles Sarrasines bei Gigondas zeigen markante Kalksteinformationen

Man biegt nach links (Markierung: blauer Punkt). Nach knapp 10 Min. auf dem Fahrweg nach rechts auf einen Waldpfad abzweigen (Markierung: gelber und roter Balken; der Abzweig ist leicht zu übersehen!). Der Pfad senkt sich zu einem Querweg; man geht links, am Waldrand oberhalb einer Weinpflanzung. 5 Min. später biegt man nach rechts, geht zwischen Weinfeldern zu einem Sträßchen hinab, das man beim Bauernhaus Romane erreicht (4:05 Std.). Man biegt nach rechts und zweigt in der folgenden Rechtskurve des Sträßchens nach links auf einen kurz ansteigenden Weg. Wenige Meter weiter schlägt man nach rechts einen Waldpfad ein, der zu einer kleinen Schlucht hinabführt, durchquert den Bachgrund und steigt auf der anderen Seite für gut 10 Min. recht steil an. Bei Erreichen eines Fahrwegs biegt man nach links, 5 Min. darauf nach rechts auf ein hier beginnendes Sträßchen. Nach ca. 5 Min. auf Asphalt zweigt man nach rechts auf einen eben verlaufenden Feldweg. Dieser führt am Fuße des Hügelzuges zum mittelalterlichen Dorf **Séguret** (5 Std.).

Von Séguret geht man ein Stück auf dem Weg zurück, auf dem man den Ort erreicht hat. Bei einer Gabelung nach einem Brückchen (3 Wege) nimmt man den rechten, leicht abwärts führenden Weg (ohne Markierung), der bald auf ein Quersträßchen trifft, auf welchem man in ca. 20 Min. wieder **Sablet** erreicht.

Romanische Baukunst in der Provence

Immer wieder trifft der Provence-Reisende auf romanische Kirchen: auf Kathedralen, Abteikirchen und versteckte ländliche Kapellen. Bei aller Verschiedenheit weisen die meisten dieser Bauten gemeinsame Stilmerkmale auf. Der Grundzug der provenzalischen Romanik ist die Einfachheit in Grundriß und Dekor: Selbst die städtischen Dome zeigen meist sehr schlichte Formen. Viele Kirchen sind einschiffig, häufig fehlt selbst das Querhaus. Einfache Tonnengewölbe überdecken den Raum. Der Skulpturenschmuck ist bescheiden oder fehlt völlig; nur wenige Bauten wie St-Trophime in Arles weisen reich verzierte Fassaden und Kreuzgänge auf. Massige quadratische Glockentürme überragen die Kirchen, dicke Mauern mit kleinen Fensteröffnungen umgeben halbdunkle Innenräume. Eine Besonderheit der provenzalischen Romanik stellen die hier und da vorkommenden Kuppeln dar.

Die Blütezeit der provenzalischen Romanik liegt zwischen 1125 und 1225. Ein allgemeiner wirtschaftlicher Aufschwung, der vor allem durch Verbesserung der Anbaumethoden in der Landwirtschaft und durch die Intensivierung des Mittelmeerhandels ab dem 11. Jh. bedingt war, bildete die ökonomische Grundlage der gesteigerten Bautätigkeit. Die Provence wurde sowohl von vielen Rom- als auch von Jakobspilgern, die nach Santiago de Compostela reisten, durchquert, und barg zudem selbst wichtige Reliquien: diejenigen der hl. Martha in Tarascon, der hl. Maria Magdalena in St-Maximin-la-Ste-Baume, des hl. Stephan und des hl. Trophimus in Arles sowie eine Kreuzreliquie in Montmajour. Das religiöse Bauen wurde darüber hinaus durch die gregorianische Kirchenreform (um 1080) gefördert, welche die Gemeinden und das kirchliche Einnahmensystem neu organisierte. Schließlich

Sénanque

ermöglichten zahlreiche Stiftungen des Adels neue Kirchenbauten. Große Kathedralen und Klöster entstanden vor allem in den reichen, verkehrsmäßig zentral gelegenen Gebieten des Rhône-Tals. In der Haute-Provence dagegen baute man bescheidene Dorfkirchen. Diese sind heute oft stilreiner erhalten als die Dome, die in späterer Zeit umgebaut oder zerstört wurden: im 14./15. Jh. durch die Söldnerbanden des Hundertjährigen Krieges, im späten 16. Jh. durch die Religionskriege und zwei Jahrhunderte später durch die Französische Revolution.

Die romanischen Baumeister ließen sich vielfach von antiken Werken inspirieren, deren Zeugnisse in der Provence im Mittelalter noch zahlreicher waren als heute. Schmuckformen und Fassaden sind oft von den Formen römischer Tempel beeinflußt. Vielfach wurden antike Säulen und Sarkophage wiederverwendet. Auch die Bautechniken – vor allem die sorgfältige Bearbeitung und Fugung der Steine – scheinen teilweise auf römische Vorbilder zurückzugehen. Neben den antiken Modellen übte die Romanik Norditaliens großen Einfluß aus. Er findet sich beispielsweise im sog. lombardischen Bänderfries einiger Kirchen. Nicht belegte kunsthistorische Mutmaßungen wollen auch orientalische Einflüsse in Mosaiken oder Tiersymboliken erkennen.

Anders als z. B. Burgund und Südwestfrankreich hat die sehr spät einsetzende Romanik der Provence keinen Einfluß auf die Baukunst anderer Regionen ausgeübt. Ihre einfachen, eher konservativen Bauformen blieben auf den Entstehungsbereich beschränkt. Die Schlichtheit der provenzalischen Romanik wird besonders anschaulich in den Dorf- und Landkirchen. Viele von ihnen werden auf den Wanderungen dieses Buches erreicht: Fontaine-de-Vaucluse, Venasque, Notre-Dame-d'Aubune, Crestet und Séguret, Bonnioux und Saignon, Ganagobie, Moustiers-Ste-Marie, Castellane, Le-Bar-sur-Loup u. v. a.

Kurze Variante (Rundweg)

Wie oben beschrieben geht man von Gigondas zum **Col de Cayron.** Hier nimmt man den in Richtung Gigondas absteigenden breiten Fahrweg. 100 m weiter biegt man nach links in einen Feldweg. Nach kurzem Anstieg wird rechts unterhalb ein Schuppen sichtbar. Man geht zum Gebäude hinunter (ohne Weg) und von hier auf einem beginnenden Feldweg weiter, der bald scharf nach rechts biegt. Beim Hotel Les Florets erreicht man ein Sträßchen, dem man weiter folgt. Nach ca. 10 Min. auf Asphalt, hinter einer kleinen Brücke, biegt man nach links in einen Feldweg (gelb-rote Markierung). Dem markierten Weg folgend erreicht man in ca. 15 Min. **Gigondas** (2:15 Std.).

Am Wege

Gigondas: Der ca. 750 Einwohner zählende Ort ist vor allem wegen seiner schweren Rotweine über die Grenzen der Provence hinaus bekannt. Die besten Qualitäten konkurrieren mit den Weinen aus Châteauneuf-du-Pape. Eine Probierstube liegt am Dorfplatz. Im oberen Teil des verwinkelten alten Ortes findet man Reste einer mittelalterlichen Befestigungsanlage sowie die romanische, im 18. Jh. umgestaltete Dorfkirche.

Dentelles Sarrasines: Der Bezug auf die Sarazenen in den Ortsnamen – es gibt noch einen Sarazenenturm und einen Sarazenenfelsen bei Gigondas – erinnert an die Zeit, als die Provenzalen auf der Seite arabischer Heere gegen das fränkische Abendland kämpften. Man vermutet, daß unterhalb der Dentelles Sarrasines im Jahre 739 Truppen des Hildebrand, eines Verbündeten Karl Martells, ein hier verschanztes Sarazenenheer angriffen. Auch der Name eines Passes südlich des Felsrückens, Col d'Alsau oder Col d'Assaut (*Assaut* = Angriff), weist darauf hin.

Séguret (700 Einwohner) besitzt eine gut erhaltene, unverbaute mittelalterliche Dorfanlage mit einem Wehrturm (14. Jh.) und einem schönen Brunnen (15. Jh.) im Ortszentrum sowie der romanischen Dorfkirche (10.–13. Jh.) im oberen Ortsteil.

Portalplastik von St-Trophime (Arles)

Im Rhône-Tal

Das Rhône-Tal zwischen Orange und der Flußmündung gilt als das Kernland der Provence. Hier finden sich die berühmten antiken Bauten der Römerzeit wie das Theater von Orange, die Arenen von Nîmes und Arles sowie der Pont du Gard, hier liegen die bedeutenden Stätten mittelalterlicher Baukunst sowie mit Avignon und Marseille die Kulturmetropolen der Region. Die Schwemmlandschaft des Rhône-Deltas, die Camargue, stellt das wohl bekannteste Naturdenkmal der Provence dar.

Das Rhône-Tal und seine unmittelbare Umgebung ist jedoch im großen und ganzen keine Region unberührter Natur, die dazu einlädt, zu Fuß erkundet zu werden. Zahlreiche Verkehrswege, Autobahnen und Zugtrassen durchschneiden die Landschaft. Im Süden um den Golf von Fos sind große Industriekomplexe, insbesondere der Petrochemie, entstanden, die die Umwelt erheblich belasten. Sinnfällig wird die Veränderung der Landschaft, wenn man die riesigen Mülldeponien entlang der Bahnlinie Arles-Marseille passiert, die inzwischen von hohen Schutzzäunen umgeben sind, da der Unrat vom Mistral über die ganze Camargue verstreut zu werden drohte.

Weiter nördlich wird das Land um die Rhône nach wie vor durch landwirtschaftliche Nutzung geprägt. Agrarische Massenproduktion hat hier allerdings die traditionellen Formen bäuerlichen Wirtschaftens weitgehend verdrängt. Die Nähe des EG-Nachbarn Spanien führt zu einem verschärften Wettbewerb. Aufwendige Bewässerungssysteme, die ständig ausgebaut und erweitert werden, helfen, den Boden intensiv zu nutzen. Äpfel, Birnen, Tomaten, Frühgemüse, Mandeln und Melonen werden in großem Stil angebaut. Den Kritikern des EG-genormten Landbaus sind die ›Apfelgebirge‹ von Avignon bekannt: Um den Preis hochzuhalten, werden in guten Erntejahren zum willkürlichen Verderb bestimmte riesige Apfelhalden aufgeschüttet!

Relativ unberührte Landschaft findet man noch im kleinen Kalkgebirge der Alpilles nördlich von Arles sowie entlang des Gardon, in einem Gebiet, das zwar zum Languedoc gehört, geschichtlich aber eng mit der Provence verbunden war und ist. Die Wanderstrecken müssen sich auf diese Landstriche beschränken. Viele Baudenkmäler der Vergangenheit liegen heute inmitten innerstädtischer oder zersiedelter, für den Fußgänger jedenfalls unattraktiver Zonen.

4 Den Römern auf der Spur

Von Sernhac zum Pont du Gard und zurück

Der Weg verläuft durch die Buschheidenlandschaft der Garrigues (s. S. 86) am westlichen Rand der Rhône-Ebene. Auf schönem Pfad wandert man durch reiche, im Frühjahr intensiv blühende Vegetation (Zistrosen, Rosmarin, Ginster) von Sernhac nach St-Bonnet-du-Gard. Hinter dem reizvollen Dorf St-Bonnet führt der Weg zunächst an Weinfeldern vorbei, steigt dann in einem Steineichenwäldchen an und erreicht nach Auf und Ab durch die Garrigue den Pont du Gard, den berühmten Aquädukt aus der Römerzeit. Fast während der gesamten Wanderung bieten sich weite Blicke auf die Rhône-Ebene und die Hügelketten des Niederen Languedoc.

Man kann den Weg abkürzen, wenn man die Wanderung statt in Sernhac in St-Bonnet-du-Gard beginnt.

Dauer: 3 Std. / 1:45 Std. ab St-Bonnet.
Streckenlänge: 10 / 6 km.
Wegbeschaffenheit: Buschwaldpfade, kurze Stücke auf Asphalt.
Anstiege: 240 m / 140 m.
Orientierung: einfach.
Markierung: GR 6 bis zum Pont du Gard, dann kurzes Stück ohne.
Schwierigkeitsgrad: zwei.
Restaurant: beim Pont du Gard.
Bar und Geschäft: in St-Bonnet.

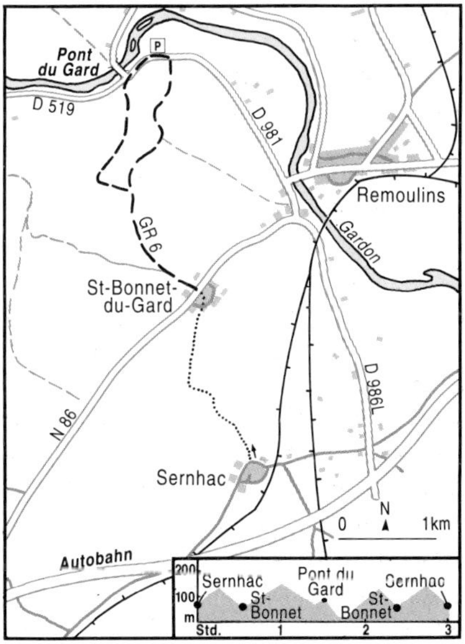

Wanderung 4

Wegbeschreibung

In **Sernhac** geht man – von der Straße aus Remoulins kommend – ortsaufwarts bis zu einem Quersträßchen, wendet sich hier nach rechts (GR 6). Man verläßt den Ortskern an seinem nordwestlichen Rand, biegt bei einigen neuen Häusern in einen asphaltierten Weg links aufwärts. Die Asphaltierung endet nach 50 m; nach weiteren 100 m geht man geradeaus auf schmalem Pfad weiter (zwischen Zaun links und Gebüsch rechts). In schöner Buschheidenlandschaft steigt man zu einem kleinen Paß an (15 Min.). Der Weg senkt sich, wendet sich nach rechts, verläuft am Hang und wird breiter (25 Min.); bei einer Gabelung wenig später rechts aufwärts gehen. Links unterhalb wird St-Bonnet sichtbar. Bei einer Kreuzung biegt man nach links und geht auf dem Hügelkamm in Richtung St-Bonnet. Man erreicht die Kirche am oberen Ortsrand, steigt im Ort nach links ab, kreuzt die Hauptstraße (N 86) und gelangt zum Café la Fontaine in **St-Bonnet-du-Gard** (40 Min.).

Man geht links am Café vorbei, auf einem Sträßchen in nordöstliche Richtung. Bei einer Gabelung 300 m weiter hält man sich rechts. Bei einem Abzweig wenige Minuten später – die Asphaltierung endet hier – geht man geradeaus auf steinigem Weg aufwärts: knapp zehnminütiger Anstieg durch Steineichenwald zu einem Sattel; bei der Gabelung hier geht man halblinks, leicht ansteigend, gelangt zu einem Querweg (1 Std.) und biegt nach rechts. Auf

Pont du Gard: der römische Aquädukt bildet ein Teilstück der 49 km langen Wasserleitung von Uzès nach Nîmes

absteigendem Weg erreicht man gut 20 Min. später einen Querweg, in den man nach links aufwärts biegt. Gleich darauf geradeaus durch einen Tunnel gehen – und man steht am oberen Rand des **Pont du Gard** (1:30 Std.). Man biegt vor dem Aquädukt nach links, gelangt zu einem Aussichtspunkt mit Blick auf den Pont du Gard und das Gardon-Tal. Von hier steigt man zur Straße ab.

Man biegt nach rechts (ohne Markierung) und geht ein Stück auf der D 981 in Richtung Remoulins. 100 m nach Passieren eines Parkplatzes, in einer leichten Linkskurve der Straße, biegt man nach rechts auf einen Pfad. Man geht im Buschwald ansteigend, vorbei an Resten der römischen Wasserleitung, erreicht eine offene Talsenke. Am Ende des Anstiegs trifft man auf den Hinweg (2:10 Std.) und geht auf diesem zurück nach **Sernhac.**

Am Wege

Der **Pont du Gard** ist eines der eindrucksvollsten erhaltenen Beispiele römischer Ingenieurkunst. Die 275 m lange und 49 m hohe Brücke über das Gardon-Tal bildet das aufwendigste Teilstück eines Aquädukts, das Wasser von der Eure-Quelle bei Uzès in die Römerstadt Augusta Nemausensis, das heutige Nîmes, führte. Mit ihren gewaltigen, großartig geschwungenen Bögen stellt die Brücke nicht nur eine technische Meisterleistung dar, sondern gehört auch zu den ästhetisch ansprechendsten Großbauten der Römerzeit. Die Architektur aus hellem Muschelkalk fügt sich harmonisch in die liebliche Landschaft des Gardon-Tals ein.

Die Brücke wurde vermutlich um 20 v. Chr. errichtet. Man hält Augustus' Schwiegersohn Agrippa, der damals Statthalter in Gallien war, für den Auftraggeber des Baus. Agrippa hatte bereits in Rom die Errichtung monumentaler Anlagen der Wasserversorgung veranlaßt. Nîmes, ursprünglich ein Ort des keltischen Stamms der Volsker, wurde von den Römern ab 21 v. Chr. planmäßig besiedelt und ausgebaut. Wie in anderen römischen Städten, so spielte auch hier die Wasserversorgung eine zentrale Rolle. Trinkwasser mußte herbeigeführt, Thermen und Brunnen sollten ausreichend gespeist werden. Man hat berechnet, daß der Wasser-

verbrauch der Einwohner von Nîmes täglich bei rund 400 l pro Kopf lag – erheblich mehr, als in modernen Städten von Privatleuten verbraucht wird. Wasser, ein in südlichen Ländern knappes und kostbares Gut, stellte für die Römer auch ein Symbol des Luxus und des Überflusses dar.

Die Eure-Quelle ist von Nîmes in der Luftlinie nur 20 km entfernt, der Aquädukt aber 50 km lang. Er beschreibt einen großen Bogen, um das Hügelland zu umgehen. Das durchschnittliche Gefälle der Strecke beträgt nur 34 cm pro Kilometer. Bewußt wurde in kurvigen Abschnitten das Gefälle unter diesen Durchschnittswert verringert, damit die Geschwindigkeit des fließenden Wassers nachließ und sich der Druck auf die Wände der Leitung minderte. Es ist bis heute rätselhaft, wie die römischen Ingenieure das Gefälle mit derartiger Präzision berechneten.

Für den Brückenbau verwendeten die Römer große Muschelkalkblöcke, deren Gewicht bis zu 6t beträgt. Beim Bau setzten Sklaven in einer zylinderförmigen Winde Flaschenzüge in Bewegung, mit deren Hilfe die enormen Steinblöcke gehoben wurden.

Die Wasserleitung befindet sich im obersten Stockwerk der Brücke. An ihren Innenwänden finden sich bis zu 50 cm dicke Kalkschichten. Man hat daraus geschlossen, daß die Leitung jahrhundertelang in Betrieb war – vermutlich bis ins 9. Jh. Ab dem 13. Jh. wurde das unterste Stockwerk als Straßenbrücke benutzt: Um Platz zu schaffen, verkleinerte man die Pfeiler des zweiten Stockwerks. Im Laufe der folgenden Jahrhunderte beschädigten die durchfahrenden Wagen durch die ständige Abnutzung die Brücke – ihre Spuren erreichten in dem brüchigen Kalk eine Tiefe von bis zu 65 cm. Im 18. Jh. wurde daher eine neue Straßenbrücke an den Pont du Gard angebaut. Sie steht heute noch an seiner Ostseite.

Im 19. Jh., als die Einwohnerzahl von Nîmes beträchtlich anwuchs, plante die Stadtverwaltung, den antiken Aquädukt wieder in Betrieb zu setzen. Damals entstand der Tunnel an seinem Südende, durch den der Wanderweg führt. (Die antike Leitung hatte hier um den Hügel herum geführt.) Das Projekt wurde jedoch nicht zu Ende geführt, die Wasserversorgung von Nîmes erfolgte schließlich durch Grundwasser.

5 Auf Uferpfaden und durch die Garrigue
Rundweg im Tal des Gardon

Einige Kilometer oberhalb des Pont du Gard durchfließt der Gardon in einem reizvollen Felstal die Hügellandschaft der Garrigues nördlich von Nîmes. Die Wanderung führt in diese abwechslungsreiche Flußlandschaft mit ihren schönen Kalkformationen, Auwäldern und Wiesenflächen. Auf Uferpfaden folgt man für eine gute Stunde dem unverbauten und unregulierten Lauf des Gardon, steigt dann auf steilem Weg aus dem Tal hinaus. Der Rückweg verläuft über offene Höhen in der für diesen Landstrich so typischen Buschwaldvegetation (Garrigue).

Dauer: knapp 3 Std. / 2:30 Std., wenn man auf dem Weg im Flußtal zurück geht (ohne Abstecher zur Kapelle).
Streckenlänge: 10,5 / 9,5 km.
Wegbeschaffenheit: im Flußtal meist auf Pfaden oder über ausgewaschene Steinflächen; Rückweg auf der Höhe auf Fahrweg; ca. 15 Min. auf Asphalt (kaum Verkehr).
Anstiege: 200 m, teilweise steiler Anstieg aus dem Flußtal / keine.
Orientierung: der Aufstieg aus dem Flußtal ist nicht ganz problemlos; im übrigen einfach.
Markierung: Hinweg keine; Rückweg hellrot (undeutlich), dann GR.
Schwierigkeitsgrad: zwei / drei.
Restaurants, Bars und Hotel: in Collias.

Wegbeschreibung

Ausgangspunkt ist das einige Kilometer östlich des Pont du Gard am Gardon gelegene Dorf **Collias.** Man geht durch den Ort zum Flußufer hinunter (Bootsverleih), nimmt den hier beginnenden, unmittelbar am Flußufer nach Westen führenden Weg. Für ca. 1:15 Std. folgt man dem Flußlauf, zunächst auf breiterem Weg, dann auf einem Pfad, der z. T. über vom Flußwasser abgeschliffene Steinflächen führt, bis man einen kleinen Steindamm erreicht; am gegenüberliegenden Ufer sieht man einige Ruinen **(La Baume).** Es bietet sich an, von hier auf einem kurzen Abstecher zur in den Fels gebauten Kapelle St-Véré-

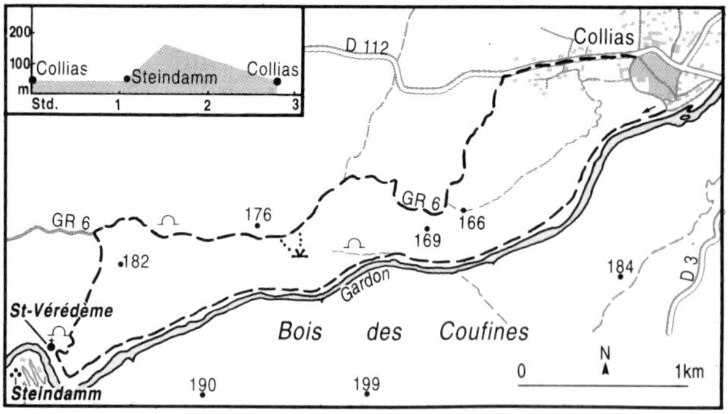

Wanderung 5

Im Tal des Gardon nördlich von Nîmes führt der Pfad über vom Flußwasser abgeschliffene Steinflächen

dème anzusteigen, von wo sich ein schöner Blick auf das Gardon-Tal bietet. Man wendet sich dazu hinter dem Damm etwas nach rechts aufwärts und findet einen Pfad, der in einigen Minuten zur Kapelle St-Vérédème und einer Höhle dahinter ansteigt.

Für den Weg zurück ist es am einfachsten, dem Hinweg im Flußtal zu folgen. Stattdessen kann man aber auch beim Steindamm – ohne diesen zu überqueren – aus dem Flußtal hinaussteigen und auf der Höhe nach Collias wandern. Man geht dann vom Damm ein Stück unmittelbar am Fuße der Felsen auf einem leicht ansteigenden Hangpfad in östliche Richtung, biegt etwas nach links und nimmt bei einer Gabelung nach kurzem Anstieg den linken Pfad (hellrote Markierung). In Serpentinen steigt man auf steilem Weg nach Norden an, erreicht 10 Min. nach dem Steindamm eine Höhle mit gemauertem Eingang. Kurz vor der Höhle wendet man sich nach rechts, geht ein kurzes Stück auf ebenem Pfad und steigt dann, wieder nach Norden biegend, über eine Steinstufe an. Man kreuzt einen Querpfad, passiert eine weitere Felsstufe, geht dann auf deutlichem, weniger steilem Pfad zu einer niedrigen Felskuppe aufwärts. Von hier hat man einen schönen Blick auf das Tal des Gardon. Auf ebenem Pfad durch Buschwald erreicht man von hier in ca. 10 Min. einen breiten Querweg.

Man biegt nach links, wenige Meter weiter scharf nach rechts auf einen nach Osten führenden Fahrweg (GR 6). Nach ca. 15 Min. auf dem GR, nach kurzem absteigendem Wegstück, erreicht man einen deutlichen Querweg (2 Std.). Der GR verläuft links: nach rechts kurzer Abstecher (50 m) zu einem Aussichtspunkt mit Blick auf das Flußtal. Man folgt weiter dem GR, geht bei deutlicher Gabelung und Querweg jeweils rechts. Der markierte Weg steigt nach Süden biegend noch etwas an, senkt sich dann in nordöstliche Richtung und trifft auf ein Sträßchen (D 112), auf welchem man in ca. 15 Min. **Collias** erreicht (2:50 Std.).

6 In den ›kleinen Alpen‹
Rundweg durch die Alpilles bei St-Rémy

Die Alpilles, ein bis knapp 500 m ansteigendes Kalksteingebirge, das sich südlich von Avignon unvermittelt aus der Ebene erhebt, bietet auf kleinem Raum einen erstaunlich vollständigen Querschnitt provence-typischer Impressionen: in der Sonne hell aufleuchtende, zerklüftete Bergspitzen, die das Gebirge höher erscheinen lassen, als es ist, karge, mit aromatischen Kräutern bewachsene Macchia-Hänge, vor den Höhen silbrig schimmernde Olivenhaine und dunkle Zypressenhecken, die das Bauernland vor dem Mistral schützen sollen.

Auch kulturgeschichtliche Zeugnisse lassen sich finden wie die antiken Bauten bei St-Rémy, das mittelalterliche Felsnest Les Baux oder die romanische Abtei von Montmajour. Es ist deshalb nicht verwunderlich, daß das kleine Gebirge und seine Orte vielbesucht sind. Avignon und Arles sind nicht weit. Auch auf den Wegen im Bergland selbst, das fast unbesiedelt ist, wird man des öfteren auf Mitwanderer treffen.

Die Wanderung, die bei den südlich von St-Rémy gelegenen, ›Les Antiques‹ genannten römischen Monumenten beginnt, verläuft zunächst in einem von Felsen gesäumten, zur Kammlinie des Gebirges ansteigenden Tal mit schöner Vegetation (u. a. Zedern und Lorbeerbäume). Auf einem Garrigue-Pfad erreicht man eine Anhöhe oberhalb des Rocher des Deux Trous, eines durchlöcherten Felsens, von wo sich an klaren Tagen eine Sicht von der Camargue bis zum Mont Ventoux bietet. Der Abstieg von der Höhe führt wiederum durch ein langgestrecktes Felstal, dann ein Stück auf ebenen Wegen am Fuße des Gebirges und passiert zuletzt das Kloster St-Paul-de-Mausole.

Dauer: 2:20 Std. (2. Variante); die 1. Variante ist ca. 20 Min. kürzer.
Streckenlänge: 6,5 / 7,5 km.
Wegbeschaffenheit: überwiegend auf breiten Wegen; ca. 15 Min. auf Asphalt; kurzes steiles und steiniges Wegstück (Geröll) bei der ersten Variante.
Anstiege: ca. 250 m.
Orientierung: einfach.
Markierung: anfangs ohne, dann GR 6, zuletzt wieder ohne.
Schwierigkeitsgrad: drei.
Restaurants und Hotels: in größerer Auswahl in St-Rémy.
Hinweis: In der sommerlichen Hitzeperiode wird der Weg wegen der Waldbrandgefahr zeitweise gesperrt. Auskunft bei der Information an der Place Jean-Jaurès in St-Rémy.

Wegbeschreibung

Der Ausgangspunkt der Wanderung (**Les Antiques**; s. Abb. S. 20) befindet sich ca. 2 km südlich von St-Rémy an der D 5 Richtung Maussane.

Man geht von hier ein kurzes Stück auf dem von der D 5 abzweigenden breiten Zufahrtsweg zum Ausgrabungsgelände von Glanum, biegt nach wenigen Metern nach links auf einen Fahrweg, der sich zu einem Pfad verengt und ein Haus erreicht. Man passiert dieses ansteigend rechter Hand. Der Weg senkt sich etwas und führt zum südlichen Ende des Ausgrabungsgeländes von Glanum. Man geht auf dem Hauptweg im Tal weiter (Vallon de St-Clerq). Der Weg passiert eine Barriere, dann eine Engstelle zwischen Felsen. Gut 5 Min. später zweigt nach links ein deutlicher Pfad ab (20 Min.); man bleibt auf dem Hauptweg. Nach weiteren 3 Min. – vor einer leichten Rechtskurve – taucht ein erneuter Abzweig nach links auf. Hier ergeben sich zwei Varianten:

1. Man biegt nach links auf einen Weg, der sofort eine kleine Wiesenfläche rechter Hand passiert, sich zu einem Pfad verengt, einige Minuten durch dichten Niederwald führt und dann auf zuletzt steilem, steinigen Pfad zum sichtbaren **Rocher des Deux Trous** ansteigt.

2. Man bleibt auf dem Hauptweg, der weiter im Tal ansteigt und auf ein Sträßchen trifft (55 Min.). Man biegt hier nach links aufwärts auf einen anfangs recht steil ansteigenden Pfad. Der Pfad biegt dann in mehr nördliche Richtung, erreicht eine Kuppe mit schöner Fernsicht und nach kurzem Abstieg den Rocher des Deux Trous

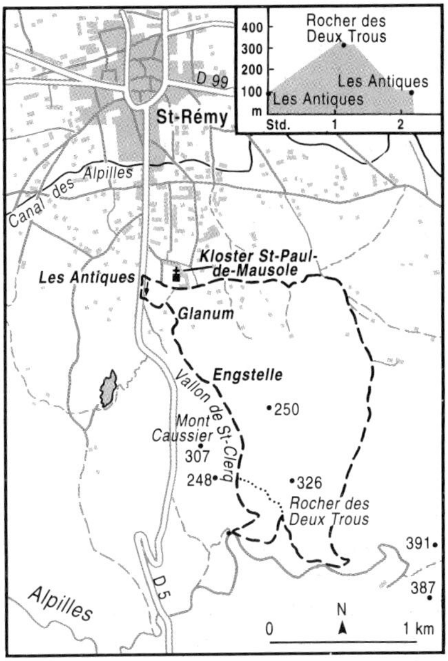

Wanderung 6

Von Platanen beschattete Allee ▷

(längere, aber einfacher zu gehende Variante).

Beim Felsen nimmt man den beginnenden Fahrweg, der bald eine Rechtskurve beschreibt. Hier nach links auf einen Pfad biegen, der zu einem Sträßchen führt. Man wendet sich nach links, nimmt 20 m weiter einen nach links abwärts führenden breiten Weg (1:25 Std., Markierung: GR). Man bleibt auf dem Hauptweg, der in einer Talsenke absteigt (schöne Zedern am Wege). Nach einem steinigen Wegstück zwischen Felsen verbreitert sich der Weg und verläuft nun zwischen Grundstücken. Nach einem kurzen Wegstück in einem Wäldchen erreicht man eine Wegkreuzung (fünf Wege); man biegt nach links in einen Feld-

weg (ohne Markierung). Dieser beschreibt zweimal eine Links- und dann eine Rechtskurve und trifft auf ein Sträßchen. Auf diesem erreicht man in knapp 10 Min. das **Kloster St-Paul-de-Mausole** und kurz darauf den Ausgangspunkt (2:20 Std.).

Am Wege

St-Rémy (8500 Einwohner) ist eine lebendige Kleinstadt am Rand der Alpilles. Der Astrologe Nostradamus wurde 1503 hier geboren.

Die Hauptsehenswürdigkeiten des Ortes liegen südlich des Stadtkerns an der Straße Richtung Maussane. Mit dem Namen ›Les Antiques‹ werden zwei römische Monumente bezeichnet. Das hervorragend erhaltene Juliermonument ist ein Memorialbau vermutlich für zwei Enkel des Kaisers Augustus, Caius und Lucius. Von den drei Geschossen zeigt das unterste große Reliefs mit Schlachtszenen. Plastischer Schmuck findet sich auch an den Bögen im zweiten Geschoß (Medusenhäupter) sowie am Fries zwischen Mittel- und Obergeschoß (Meerestiere, in der römischen Bildsprache Begleiter auf dem Weg in die Unterwelt).

Neben dem Juliermonument steht ein römischer Stadtgründungsbogen, ebenfalls mit reichem plastischem Dekor. Paarweise angeordnete Gefangene symbolisieren die Unterwerfung Galliens durch Rom; außerdem fin-

Die gallorömische Anlage von Glanum bei St-Rémy lag an der Via Domitia, die von Italien nach Spanien führte

den sich Motive aus der lokalen Pflanzenwelt wie Granatäpfel, Weinreben und Ölbaumzweige. Ehrenbogen und Juliermonument wurden in den Jahren um die Zeitenwende errichtet.

Das Ausgrabungsgelände von **Glanum** in unmittelbarer Nähe von ›Les Antiques‹ zeigt Ruinen aus kelto-ligurischer, hellenistischer und römischer Zeit. Hier befand sich bereits ein keltisches Quellheiligtum des 6. Jh. v. Chr. Seine (römisch überbauten) Reste liegen am äußersten südlichen Ende des Geländes, dort, wo sich das Tal an den ersten Hängen der Alpilles verengt. Die Abfolge verschiedener Bauperioden auf dem Gelände erschwert die Identifizierung einzelner Ruinen: oftmals überlagern sich die Bauten verschiedener Epochen. Für eine eingehende Besichtigung ist der am Kassenhäuschen zum Verkauf stehende Spezialführer (auch in deutscher Sprache) hilfreich.

Von Glanum erreicht man in wenigen Minuten das **Kloster St-Paul-de-Mausole,** wo Vincent van Gogh 1889–1890 lebte. Der Maler hatte sich im Mai 1889 von Arles aus freiwillig in die Nervenheilanstalt im Kloster begeben. Er verließ den Ort im Mai 1890; zwei Monate darauf beging er Selbstmord. In St-Paul-de-Mausole entstanden zahlreiche der bedeutendsten Werke des Künstlers. Die romanische Kirche und der kleine Kreuzgang lohnen den Besuch.

7 Burgruine hoch über der Ebene
Rundweg bei Les Baux

Kaum ein Ort der Provence entspricht so dem Bild einer mittelalterlichen Bergfeste wie das nicht weit von Arles am Südrand der Alpilles gelegene Les Baux: ein kleines Dorf am Hang über dem Tal, dessen dichtgedrängte Häuser unter einem zerklüfteten, von einer Burgruine bekrönten Felsrücken Schutz suchen. Der Besuch von Les Baux hinterläßt jedoch einen zwiespältigen Eindruck. Zu viele Touristen drängen sich in den engen Gassen, so daß der Eindruck entsteht, sich in einem Museumsdorf zu befinden.

Die kurze Wanderung verläuft durch die karge und teilweise wilde Landschaft um Les Baux, das, aus der Ferne betrachtet, ein Stück seines verlorenen Reizes zurückgewinnt. Ein längerer Anstieg führt zur offenen Kammlinie der Alpilles, von wo sich weite Blicke auf felsgesäumte Höhen und die vorgelagerten Ebenen bieten. Auf dem Rückweg passiert man das Val d'Enfer (Höllental), eine Landschaft schroffer, zernarbter Felsformationen inmitten der im Frühjahr üppig blühenden Macchia.

Dauer: 2 Std.
Streckenlänge: 7,5 km.
Wegbeschaffenheit: überwiegend breitere Wege; Macchia-Pfade; im letzten Drittel zwei Wegstücke auf Asphalt.
Orientierung: recht einfach.
Markierung: GR 6, dann ohne.
Anstiege: 180 m.
Schwierigkeitsgrad: zwei.
Restaurants und Hotels: in Les Baux (ausnahmslos teuer); preiswerte Möglichkeiten in St-Rémy und Fontvieille.

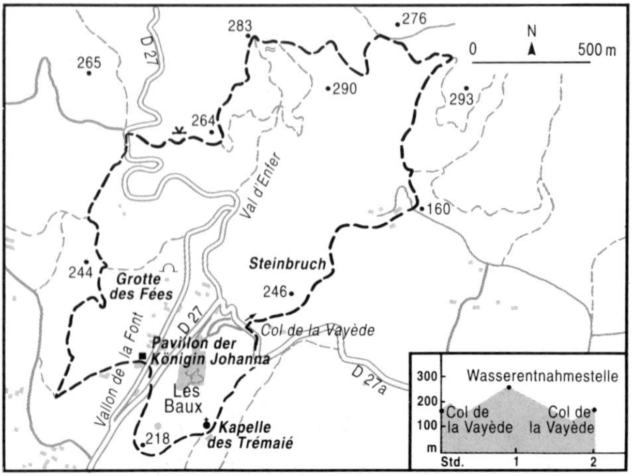

Wanderung 7

Wegbeschreibung

Der Ausgangspunkt befindet sich beim nördlichen Ortsende von **Les Baux,** am höchsten Punkt der D 27a, dem Col de la Vayède. Hier beginnt ein Pfad, der nach Nordosten ansteigt (GR 6). Man nimmt diesen Pfad. Nach ca. 10 Min. trifft man auf einen Querweg, der von einem aufgelassenen Steinbruch kommt. Man geht auf dem absteigenden breiten Weg weiter, der bald in östliche Richtung biegt. Bei einer Gabelung geht man rechts, unmittelbar an einem Haus vorbei. Kurz darauf führen zwei Abzweige nach links; man nimmt den zweiten, deutlicheren Weg, der in einer Talsenke zwischen kargen Hängen aufwärts führt. Bei einer Gabelung hält man sich links, ebenso bei einem Querweg ca. 10 Min. später. Hier verläßt man den GR 6.

Man steigt nach Westen an, biegt bei einem weiteren Querweg nach links. Man geht jetzt auf der offenen Höhe. Linker Hand eine Wasserentnahmestelle; man folgt weiter dem leicht absteigenden Hauptweg. Die Asphaltierung beginnt. Von einem Aussichtspunkt rechts des Weges bietet sich ein weiter Blick auf die Alpilles und das Felsmeer des Val d'Enfer. Man gelangt zur D 27 (1:15 Std.).

Man biegt nach links und zweigt ca. 50 m weiter nach rechts in einen ebenen Weg. Bei einer Gabelung geht man links, an einer Ruine vorbei. Der Weg senkt sich mit Blickrichtung Les Baux, führt auf ein kleines Plateau. Bei einer Gabelung geht man rechts zum südlichen Ende des Plateaus. Hier verläßt man den Weg, steigt über einige in den Fels geschlagene Stufen ab – die letzte Stufe ist einen guten Meter hoch!

Auf einem schmalen Garrigue-Pfad gelangt man zu einem gut sichtbaren

Die mittelalterlichen Ruinen von Schloß und Befestigungsmauern in Les Baux erinnern an die Epoche der provenzalischen Feudalherren ▷

Querweg, dem man nach links folgt. Bei einigen Häusern gelangt man zu einem Sträßchen, kreuzt bei der Gendarmerie eine Querstraße – linker Hand der kleine Renaissancepavillon für die Königin Johanna – und geht auf einem Fahrweg zur D 27 aufwärts. Man überquert die Straße und nimmt einen ansteigenden gepflasterten Weg, zweigt nach wenigen Metern, unterhalb einer Madonnenstatue, nach rechts auf einen Pfad. Dieser beschreibt einen Linksbogen am Fuße des Burgfelsens von **Les Baux,** passiert eine mit einem Relief geschmückte kleine Kapelle und trifft dann kurz unterhalb des Col de la Vayède auf die D 27a, der man zum Ausgangspunkt folgt (2 Std.).

Am Wege

Les Baux (430 Einwohner) zählt zu den malerischsten, aber auch zu den überlaufensten Orten der Provence. »Ein termitenhaftes Gewimmel: Tausende von Touristen« ließ den Schriftsteller Rolf Schneider aus dem Ort fliehen. Das kleine Bergdorf war im Mittelalter Sitz eines bedeutenden Fürstengeschlechts, das über weite Gebiete der Provence herrschte und im 12. und 13. Jh. ein raffiniertes kulturelles Leben entfaltete: Les Baux war einer jener ›Minnehöfe‹, an denen die Gesänge der Troubadoure erklangen. Der Niedergang begann 1372, als der grausame Raimund von Turenne zum Herren von Baux wurde.

In der Renaissance erlebte Les Baux, das protestantisch geworden war, erneut eine kurze Blütezeit. Diese endete 1631, als Ludwig XIII. Mauern und Burg des Ortes, der sich immer wieder in Opposition zum König gestellt hatte, zerstören ließ. Seit 1642 gehört Les Baux den Grimaldi, den Fürsten von Monaco.

Als Touristenattraktion ersten Ranges hat sich Les Baux heute wieder belebt. Zahlreiche Geschäfte säumen die kopfsteingepflasterten Gassen, Kunsthandwerker haben sich in dem Ort niedergelassen. Über den restaurierten mittelalterlichen und Renaissancegebäuden des Dorfes erheben sich die malerischen, teils vom Gestrüpp überwucherten Ruinen der Oberstadt, der Ville morte (tote Stadt).

In der Kirche St-Vincent, im 12. Jh. erbaut und später mehrfach verändert, findet am Heiligen Abend die berühmte traditionelle Christmette der Hirten statt. Das Hôtel de Manville (16. Jh.) beherbergt heute das Rathaus sowie ein Museum mit Ausstellungen zu den Restaurierungen von Les Baux sowie zur Geschichte des Bauxitabbaus. Bauxit, das bei der Produktion von Aluminium verwendet wird, wurde 1822 bei Les Baux entdeckt und erhielt so seinen Namen. Das Mineral ist für die rötliche Färbung der Erde verantwortlich. Die Lagerstätten des Bauxit sind heute erschöpft. In der Bildhauerei sehr begehrt ist der helle, weiche Kalkstein aus der Gegend von Les Baux. Bei den Abbauarbeiten entstehen große, glattwandige Höhlen, wie man sie auch auf der Wanderung sehen kann.

Am höchsten Punkt des Ortes steht die Ruine der mittelalterlichen Burganlage. Von der Höhe genießt man eine großartige Aussicht: nach Süden über Olivenhaine, die Ebenen von Crau und Camargue bis zum Meer, nach Norden in die wilde Felslandschaft des Val d'Enfer mit seinen gewaltigen Kalkblöcken.

8 Zwischen Meer und Land
Kleiner Deichspaziergang in der Camargue

Die Camargue ist gewiß keine Wanderlandschaft. In der weiten Ebene des Rhône-Deltas mit den ausgedehnten Reisfeldern, Seen, Pferde- und Stierweiden wird man zu Pferde oder radfahrend mehr erleben und sehen können als zu Fuß. Ich mache daher für die Camargue nur einen einzigen Wandervorschlag, einen Spaziergang auf den Deichen, welche die großen Binnenseen (Etangs) in unmittelbarer Meernähe begrenzen. An der ausgesuchten Stelle wird man mit einiger Wahrscheinlichkeit Flamingos beobachten können. Auf der Anfahrt sieht man die berühmten Camargue-Pferde und -Stiere. Die Wanderung vermittelt unmittelbare Eindrücke von der besonderen Camargue-Atmosphäre mit den Farbharmonien des Wassers, des Sandes und der Seegräser, mit Meeresgerüchen und -geräuschen, Wind- und Wolkenimpressionen.

Dauer: 1:45 Std.
Streckenlänge: 6 km.
Wegbeschaffenheit: Hinweg auf Fahrweg, Rückweg auf Pfad.
Anstiege: keine.
Orientierung: sehr einfach.
Schwierigkeitsgrad: eins.
Besonderer Hinweis: In der gesamten Camargue sind professionelle Autoknacker am Werk. Man sollte hier sein Auto – auch nur für ganz kurze Zeit – nur dann allein lassen, wenn es völlig leer von Gepäck und Wertsachen ist. Einen leeren Wagen kann man hingegen relativ unbesorgt stehen lassen.

Wegbeschreibung

Anfahrt: Von Arles nimmt man die D 570 (Richtung Les-Stes-Maries-de-la-Mer), biegt nach 3 km nach links in die D 36 (Richtung Salin-de-Giraud), von dieser nach weiteren 5 km nach rechts in die D 36b (Richtung Gageron). Auf dieser fährt man 22 km nach Süden; die schöne Fahrt durch eine typische Camargue-Landschaft am Rande des Naturschutzgebietes des Etang de Vaccarès bietet ausreichend Gelegenheit zur Beobachtung von Seevögeln. Nach 11 km findet man linker Hand das kleine Museum ›La Capellière‹; auf Schautafeln werden Fauna und Flora der Camargue beschrieben; es gibt eine Vogelbeobachtungsstation und einen naturkundlichen Wanderweg

Wanderung 8

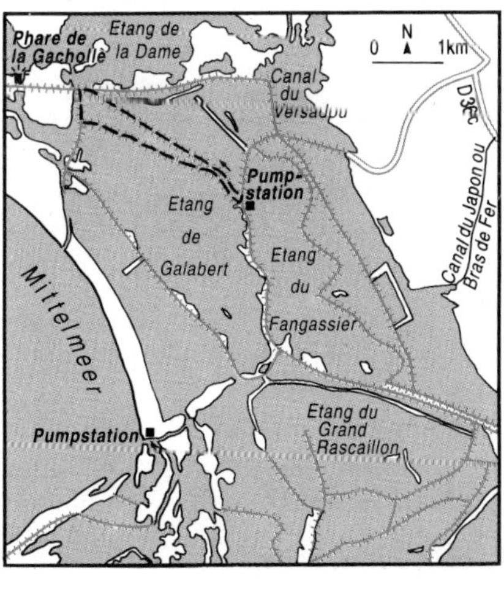

von ca. 30 Min. Gehzeit. Bei der Straßengabelung (links geht es nach Salin-de-Giraud) fährt man rechts. Die Asphaltierung endet nach ca. 5 km. Man fährt auf der Piste noch gut 1 km weiter bis zu einer Pumpstation, bei der die Wanderung beginnt.

Wanderung: Von der Pumpstation geht man auf dem Deich nach rechts (Fahrweg) in Richtung auf den im Westen sichtbaren **Leuchtturm Phare de la Gacholle.** Man bleibt etwa 40 Min. auf dem Fahrweg bis zu einer Brücke. Vor der Brücke biegt man nach links. 300 m weiter wiederum nach links, auf einen zweiten Deich biegen, der etwa parallel zu dem Deich verläuft, auf dem man gekommen ist. Auf schönem schmalen Pfad wandert man durch Seegräser und niedriges Gesträuch zurück zum Ausgangspunkt (1:45 Std.).

Halbwilde Pferde in der Camargue

Gefährdete Landschaft – Die Camargue

Die Camargue gilt als besonders urtümliche Landschaft. Bildbände und Fotokalender haben das Image malerischer Sümpfe mit Flamingos, wilden Pferden und Stieren verbreitet. Diese Bilder findet man aber in der Wirklichkeit nur noch an wenigen Stellen wieder. Die unberührteste Zone der Camargue, der Etang de Vaccarès, steht unter strengem Naturschutz und ist Reisenden nicht zugänglich.

Der größte Teil der Camargue wird landwirtschaftlich genutzt. Die Rinder- und Pferdezucht paßt unter den agrarischen Aktivitäten noch am ehesten ins gängige Camargue-Klischee; bezeichnenderweise verdankt die Pferdezucht ihren heutigen Aufschwung vorwiegend dem Tourismus. 1947 gab es nur noch 200 der kleinen Camargue-Pferde, heute sind es fast 2000 – soviel wie zuletzt vor 150 Jahren.

Charakteristisch für die nördlichen Regionen der Camargue ist der Reisanbau. Er war in den sechziger und siebziger Jahren stark im Rückgang begriffen, weil die EG-Reismarktordnung sich an den niedrigeren Produktionskosten Italiens orientierte und die Konkurrenz aus den USA und Asien wuchs. Die französischen Reisbauern stellten sich damals auf Obst und Gemüse um. Aber die Umwandlung der Reisfelder hatte unerwartete Probleme zur Folge. Im Rhône-Delta verhindern heute Deichbauten die früher üblichen Überschwemmungen des Landes. Der Reisanbau – traditionell zur Entsalzung der Böden genutzt – hatte für die natürlichen Überflutungen einen Ersatz geschaffen, denn Reisfelder werden systematisch be- und entwässert. Als die Reisanbaufläche der Camargue zurückging, stieg der Salzgehalt der Erde wieder an. Für die landwirtschaftliche Nutzung ein unerwünschter Effekt. Die französische Regierung fördert daher seit 1981 den Reisanbau, um dem Steigen des Salzpegels entgegenzuwirken. Die Maßnahmen hatten Erfolg; die Camargue produziert heute wieder große Mengen Reis. Der monokulturelle Anbau entspricht jedoch nur bedingt der typischen Physiognomie dieser Region und ihrer von der Nähe des Meeres und dem Salzgehalt im Boden abhängigen Flora und Fauna. Neue Umweltprobleme für das Ökosystem entstehen überdies durch die starke Verwendung von Chemikalien im Reisanbau. Naturschützer bemühen sich daher seit den siebziger Jahren (zum Teil mit Erfolg) darum, die Camargue zum ›Parc naturel régional‹ erklären zu lassen.

Wein wird in der Camargue seit dem Ende des 19. Jh. vermehrt angebaut. Damals vernichtete die Reblaus einen großen Teil der französischen Weinberge. In der Camargue konnten die Rebfelder geflutet werden, was die Weinstöcke resistent gegen die Reblausplage machte. Den damaligen Konkurrenzvorteil haben die Camargue-Weine allerdings längst verloren. Auf den sandigen Böden gedeihen allenfalls mittelmäßige Tropfen, die bei der heutigen Tendenz zu gehobenen Qualitätsweinen auf dem Markt keine guten Chancen haben. Der Weinanbau geht daher ständig zurück. Zum Teil werden die Rebflächen nun zum Spargelanbau genutzt, der sich, da er besonders arbeitsintensiv ist, vor allem für kleine Familienbetriebe lohnt.

Die intensive Landwirtschaft mit der starken Verwendung von Unkrautvernichtungs- und Düngemitteln gefährdet das ökologische Gleichgewicht der Camargue ebenso wie die Abgase und Ölemissionen der Industriezone um Fos, wo sich Raffinerien, Chemie- und Stahlwerke konzentrieren.

Eine besondere Umweltgefahr geht von den zahllosen Jägern aus. Sie verfeuern jährlich im Rhône-Delta rund 800 000 Patronen, von denen jede bis zu 300 Bleischrotkugeln enthält. Das Blei setzt sich im Boden ab und wird von den Vögeln mit der Nahrung aufgenommen. Mehr als die Hälfte von ihnen zeigen Symptome von Bleivergiftung! Am härtesten trifft es die Wildenten, die kleine Steinchen zur Verdauung der Nahrung aufnehmen und in der steinarmen Camargue besonders viele Bleikugeln verzehren.

Trotz dieser ökologischen Gefährdungen haben sich die Symboltiere der Landschaft, die Flamingos, in den letzten Jahren stark vermehrt. Das ist vor allem auf konsequente Schutzmaßnahmen zurückzuführen. Seit 1962 brüteten die Flamingos für mehrere Jahre nicht mehr in der Camargue. Forscher fanden heraus, daß ihnen vor allem ruhige Brutplätze fehlten. Sie bauten daraufhin künstliche Brutinseln in den Salzwasserlagunen bei Salin-de-Giraud, schützten sie vor Neugierigen und erreichten bei der französischen Luftwaffe den Verzicht auf Tiefflüge in diesem Gebiet. Die Maßnahmen erwiesen sich als richtig: Mittlerweile ziehen jährlich bis zu 20 000 Flamingopaare in der Camargue ihren Nachwuchs groß.

Flamingos brüten zu Tausenden in großen Kolonien. Da sie ausgedehnte Feuchtgebiete für ihre Vermehrung benötigen, gibt es nur wenige Plätze, an denen sie sich niederlassen – in Europa außer in der Camargue vor allem im Delta des Guadalquivir in Südspanien. Sie legen ihre Eier in Nester auf Sand- oder Lehminseln. Die Küken verbringen die Zeit von der dritten bis zur zehnten Lebenswoche gemeinsam in großen ›Kindergärten‹. Bei der abendlichen Fütterung identifizieren die Eltern unter Tausenden von Küken ihr eigenes Junges an seinem Schrei.

Die Brutplätze der Camargue liegen u. a. in Salzgewinnungsbecken, die zu den Salinen von Salin-de-Giraud gehören. Die künstlich angelegten Brackwasserseen werden für die Salzgewinnung regelmäßig mit Meerwasser vollgepumpt. Sie sind daher nicht, wie viele andere Flamingobrutplätze, dem Risiko des Austrocknens ausgesetzt. Der gleichbleibende Wasserstand sorgt auch dafür, daß die Vögel regelmäßig Futter finden. Flamingos sind extrem leicht irritierbare Tiere. 1987 flog zufällig während der Brutperiode ein bunter Kinderluftballon in eine der Kolonien: Der Vorfall führte zur Massenflucht der Vögel. Als sie nach einigen Stunden zurückkehrten, hatten Möwen mehr als 4000 Flamingoeier zerstört. Zum Glück jedoch sind die Flamingos der Camargue – selbst im Falle solcher Katastrophen – heute nicht mehr vom Aussterben bedroht.

Lourmarin

Der Luberon ist der Inbegriff der geheimnisvollen, steinigkargen Provence. Der schmale, in West-Ost-Richtung verlaufende Höhenrücken von ca. 60 km Länge bildet einen Querriegel durch die Provence zwischen der Calavon-Ebene im Norden und dem Durance-Tal im Süden. Das kleine Gebirge birgt in seinem Innern eine Vielzahl eigenwilliger Landschaftsbilder, oft düster-schwermütigen Charakters, die sich vor allem demjenigen erschließen, der den Luberon zu Fuß erkundet: durch verborgene, schroffe Felstäler gelangt man zu windzerzausten Hochheiden, auf denen markant geformte Zedern aufragen, geht über ausgedehnte Schafweiden hoch über dem Bauernland der Ebenen, passiert ein mit Eichen und Lavendel bestandenes Plateau, auf dem sich rätselhafte kleine Steinbauten, die Bories, erheben.

Nur eine einzige Nord-Süd-Straßenverbindung führt durch das Gebirge. Sie verläuft zwischen Apt und Lourmarin durch ein Engtal, das den Höhenrücken in zwei Teile von leicht unterschiedlichem Charakter gliedert. Der nur 700 m hohe Petit Luberon im Westen ist der kargste und einsamste Teil des Gebirges. Auf seinen unbewohnten Höhen findet sich nur so spärlicher Bewuchs, daß noch nicht einmal die Schafweidung lohnt. Der östlich gelegene, bis über 1100 m ansteigende Grand Luberon ist vegetationsreicher und weist lieblichere Landschaftsformen auf.

Auf baugeschichtliche Zeugnisse von besonderem Rang trifft man im Luberon nicht. Dafür findet sich an seinen Hängen eine Reihe sehenswerter, in ihrer ursprünglichen Baugestalt erhaltener Orte, die mit ihren verschachtelt gebauten Steinhäusern, gedrungenen kleinen Kirchen, mit ihren Brunnen und Waschhäusern so ganz dem Vorstellungsbild von einem ›authentischen‹

Provence-Dorf entsprechen. Auf der Nordseite des Höhenzuges liegen sie meist auf halber Höhe, unter Felsen oder auf Vorsprüngen Schutz suchend (Saignon, Ménerbes, Bonnieux), auf der sonnenzugewandten Südseite offener und zugänglicher am Rande der Ebene (Lourmarin, Cucuron).

Wie viele andere ländliche Gebiete Südfrankreichs lag der Luberon und sein Umland über lange Jahre abseits der ökonomischen und kulturellen Entwicklung des übrigen Landes. Viele Bewohner zogen in die städtischen Ballungszentren, da die Landwirtschaft keine ausreichende Existenzgrundlage mehr bot. Dörfer entvölkerten sich, verfielen teilweise zu Ruinen. In den fünfziger Jahren setzte dann eine gegenläufige Bewegung ein, die auch heute noch anhält: Auf der Suche nach unverfälschter Ländlichkeit und auf der Flucht vor den Vermassungserscheinungen der Côte d'Azur ließen sich Künstler, Intellektuelle, Politiker, Leute mit Geld und hohem Bekanntheitsgrad, an den Rändern des Luberon und des benachbarten Vaucluse-Hochlands nieder, um hier in der chic gewordenen Abgeschiedenheit ihre komfortablen Zweitwohnsitze einzurichten. Halbverfallene Ortschaften wurden zu ersten Adressen, die Preise für Immobilien stiegen in unerwartete Höhen. Die Kernzone des Luberon konnte glücklicherweise von dieser Entwicklung weitgehend freigehalten werden. Der größte Teil des Gebirges wurde 1977 dem Parc naturel régional du Luberon eingegliedert, in dem die bauliche Nutzung strengen Reglementierungen unterliegt.

Der 120 000 ha große Regionalpark, der auch die südlichen Ausläufer der Vaucluse-Höhen einbezieht, umfaßt ein Gebiet abwechslungsreicher Fauna und Flora. Das gesamte Spektrum der provence-typischen Pflanzengemeinschaften ist vertreten. Ausgedehnte Garrigue-Flächen mit ihren niedrigen, oft dornenbewehrten Sträuchern und intensiv duftenden Kräutern bedecken vor allem den durch den Mistral ausgedörrten Westteil des Petit Luberon. Weiter östlich sind große Gebiete mit Buschwäldern aus immergrünen Steineichen, Wacholder- und Buchsbäumen, Ginstersträuchen und Zistrosen bestanden. Einen unerwarteten Anblick bieten vereinzelte Zedernpflanzungen, die zur Wiederaufforstung angelegt wurden.

So reichhaltig wie die Flora ist auch die Fauna. Für einige Tierarten stellt das Gebirge eines der letzten Rückzugsgebiete dar. So findet man vereinzelt noch Schmutzgeier und eine äußerst selten gewordene Adlerform (Aigle Bonelli). In den trockenen Felstälern und an den Karsträndern sind vor allem Reptilien heimisch, viele Eidechsen, u. a. die größte Eidechsenart Europas (bis 90 cm) sowie die bis zu 2 m lange Montpellier-Natter, aber auch kleine, giftige Aspis-Vipern. Ebenfalls giftig ist der vereinzelt vorkommende gelbe okzitanische Skorpion.

Den Luberon überzieht ein dichtes Wegenetz, das noch aus der Zeit stammt, als der Höhenzug stärker bevölkert und intensiver weidewirtschaftlich genutzt wurde. Daß die dann überwucherten und vergessenen Wege dem Wanderer wieder offenstehen, ist vor allem das Verdienst von François und Claude Morenas, die seit langen Jahren – im Luberon wie auch auf dem Plateau de Vaucluse – alte Wege wieder freilegen. Zentrum der anfangs belächelten, heute oft nachgeahmten Aktivitäten ist die Jugendherberge ›Regain‹ bei Saignon.

Auch im Luberon sind die Wege nicht immer einfach zu gehen. Insbesondere die Wanderungen im Petit Luberon weisen steinige und daher etwas mühselig zu bewältigende Abschnitte auf. Gutes Schuhwerk ist unerläßlich.

9 Felsgründe und karge Höhen
Rundweg durch das Vallon de Combrès bei Oppède-le-Vieux

Das Vallon de Combrès ist eines jener düsterschroffen Felstäler, die den gesamten Petit Luberon durchziehen. Die Wanderung, die von dem am Nordwestrand des Höhenzuges gelegenen ehemaligen Waldenserdorf Oppède-le-Vieux ausgeht, führt zunächst durch den etwas unheimlich wirkenden Felsgrund mit seinen von Höhlen durchsetzten Kalksteinformationen. Aus der Enge des Tales gelangt man dann zu einer offenen, windgekämmten Hochebene. Auf einem Abstecher erreicht man einen Aussichtspunkt mit schönem Blick auf die Durance-Ebene und den südlichen Steilabfall des Petit Luberon.

Vom Rückweg, der in ruhigerer Landschaft verläuft, bieten sich weite Ausblicke nach Norden, auf die Vaucluse-Höhen, den Mont Ventoux und zuletzt die Ruinen von Oppède-le-Vieux.

Dauer: 3 Std.; für den Abstecher sind ca. 30 Min. hinzuzurechnen.
Streckenlänge: 7,5 / 9 km.
Wegbeschaffenheit: auf teilweise recht steinigen Pfaden; gutes Schuhwerk ist u. a. auch erforderlich, weil Schlangen vorkommen.
Anstiege: insgesamt ca. 480 m; mehrere kurze, steile Abschnitte im Vallon de Combrès.
Orientierung: einfach.
Markierung: anfangs GR 6, dann hellblauer und gelber Balken, zuletzt wieder GR 6.
Schwierigkeitsgrad: fünf.
Restaurant und Bar: in Oppède-le-Vieux; unterwegs keine Wasserstelle (Trinkwasser mitnehmen).

Wanderung 9

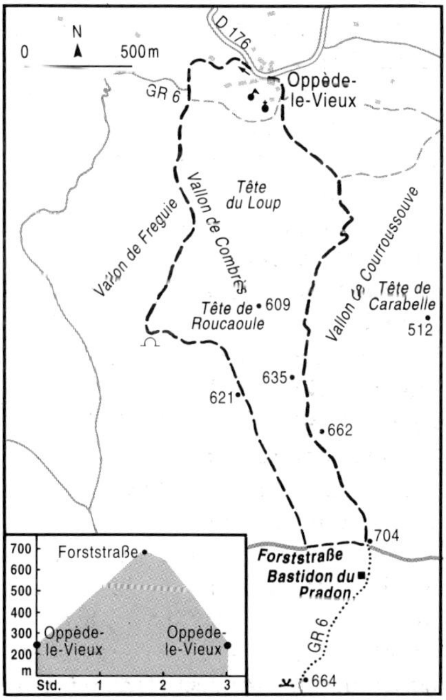

Wegbeschreibung

In **Oppède** geht man von der Ortsmitte (großer Platz, Bar) ca. 30 m auf der D 176 Richtung Cavaillon und zweigt vor dem Ortsausgangsschild nach links in einen absteigenden Weg (GR 6). Nach 5 Min. biegt man bei einem Haus rechts des Weges nach links, geht an einer Weinpflanzung entlang auf den Eingang des Vallon de Combrès zu. Vor den Kalkfelsen des Schluchteingangs erheben sich markante Zedern. Bei zwei Abzweigen geht man geradeaus, verläßt den GR (neue Markierung: hellblauer sowie auch gelber Balken).

Der Weg verengt sich, steigt unter Felsen im Taleinschnitt an. Man passiert zwei Höhlen und geht in einem niedrigen Wäldchen parallel zur Talsenke rechter Hand aufwärts. Auf steinigem Weg geht man zwischen engstehenden Felsen (35 Min.), erreicht kurz darauf einen Talkessel unter Steilwänden. Man wendet sich etwas nach links, steigt am Rand der Felswände z. T. recht steil an, biegt dann etwas nach rechts und passiert eine weitere Engstelle (45 Min.). Der Pfad führt dann an der rechten Talseite recht steil über Schottergestein aufwärts, beschreibt einige Serpentinen in einem Wäldchen und erreicht eine Gabelung (1 Std.); man biegt nach links. Der Pfad nach rechts endet nach wenigen Min. bei einer großen Höhle. Man geht in östliche Richtung hoch über dem Vallon de Combrès, ein kurzes Stück am Rande einer Steilkante (Vorsicht!), passiert eine kleine Senke und steigt dann noch einmal für ca. 15 Min. an. Der Pfad führt dann durch niedrigen Garrigue-Bewuchs und trifft auf die auf der Höhe des Petit Luberon verlaufende **Forststraße** (1:50 Std.). Man biegt nach links (ohne Markierung).

Nach ca. 5 Min. kreuzt der GR 6 das Sträßchen. Hier bietet sich die Möglichkeit für einen kurzen Abstecher, indem man dem GR für ca. 15 Min. nach Süden folgt. Man erreicht einen offenen Höhenrücken mit sehr schö-

nem Blick auf die Felskanten des südlichen Petit Luberon.

Richtung **Oppède** folgt man dem GR 6 nach Norden. Auf zuletzt steiler absteigendem Pfad, der rot-weißen Markierung folgend, erreicht man in einer guten Stunde ab der Forststraße den Ausgangspunkt der Wanderung.

Am Wege

Oppède-le-Vieux: Das schön gelegene, teilweise verfallene Dorf war vor noch nicht allzu langer Zeit völlig entvölkert. Inzwischen ist ein Teil der Häuser restauriert und wieder bewohnt. Im 16. Jh. war Oppède Stammsitz des blutrünstigen Jean Meynier d'Oppède, der im Auftrag des Parlaments von Aix das Massaker an den Waldensern verübte (s. S. 73). An der Spitze des Ortes findet man noch die Ruinen der Burganlage der Meyniers sowie die gut erhaltene Dorfkirche, deren ältester Teil aus dem 11. Jh. stammt.

10 Durch enge Felsklüfte im alten Waldenserland

Rundweg in den Gorges de Régalon bei Mérindol

Die am Südrand des Petit Luberon bei Mérindol gelegene Schlucht des Régalon ist weder sehr lang noch sehr tief (ca. 40 m), beeindruckt aber durch ihre ungewöhnliche Enge. Die senkrecht aufragenden Felswände stehen teilweise nur 1 m auseinander. Der Rundweg, der in Mérindol beginnt, verläuft unmittelbar durch diesen feuchten und dunklen Felsspalt. Mit Ausnahme der ersten 3 km führen die übrigen Wegstücke durch abwechslungsreiche Landschafts- und Vegetationsformen: Pinienwald unter Kalkfelsen, ein Olivenhain, dichter Wald mit schönen Buchsbäumen, eine kleine Hochfläche mit verlassenem Anwesen, zuletzt ein spärlich bewachsener Garrigue-Hang mit weiter Aussicht auf die Durance-Ebene.

Dauer: knapp 4 Std.
Streckenlänge: 11 km.
Wegbeschaffenheit: auf Feldwegen und Waldpfaden; am Anfang gut 30 Min. auf Asphalt; Durchquerung der Schlucht auf steinigem Weg im Bachbett, wobei einige Felsstufen zu überklettern sind. Hilfestellung ist hier insbesondere bei Feuchtigkeit ratsam – die Steine können sehr glatt sein. Der Bach führt nur nach starken Regenfällen Wasser, im Regelfall ist er trocken.
Anstiege: 370 m.
Orientierung: am Anfang, bis Erreichen der Schlucht, nicht ganz einfach; im übrigen problemlos.
Markierung: erst ohne, dann GR 6.
Schwierigkeitsgrad: vier.
Restaurant und Bar: in Mérindol.
Hotel: in Mérindol (Auberge du Vieux Pont **, ✆ 90 72 85 28).

◁ Zeder im Petit Luberon

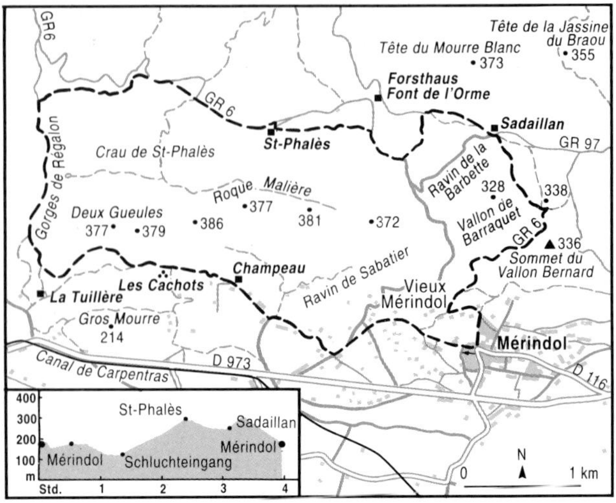

Wanderung 10

Wegbeschreibung

Ausgangspunkt ist das Café de l'Avenir im Ortszentrum von **Mérindol.** Man geht nach Westen, rechts an der Kirche vorbei, folgt dann der Rue de la Muse. Bei einer Kreuzung nimmt man den Chemin de la Muse und geht bei der Straßengabelung darauf rechts. Das Sträßchen senkt sich in südwestliche Richtung. Man kreuzt eine Querstraße und geht ein Stück auf einem Weg, der bald erneut zu einem Sträßchen führt. Man biegt nach links und bei einer Kreuzung 200 m weiter nach rechts. Bei einer Querstraße (Chemin de Champeau) rechts gehen. Gut 5 Min. darauf erreicht man das Anwesen **Champeau** (40 Min.) beim Ende des Sträßchen.

Wir biegen hier nach rechts zwischen die Gebäude des Anwesens und wenden uns sofort nach links auf einen nach Nordosten ansteigenden Weg. Dieser passiert ca. 10 Min. darauf eine Ruine linker Hand. Der Weg senkt sich im Wald. Bei einer Gabelung geht man rechts, an einer Wiesenfläche entlang (1:10 Std.). Kurz darauf trifft man auf einen breiten Querweg und biegt nach rechts. Man erreicht eine mit Olivenbäumen bestandene Fläche, hält sich am rechten Rand der Pflanzung und geht dann nach Norden biegend zum Eingang der **Gorges de Régalon.**

Dem Pfad im Schluchtgrund folgend, geht man zwischen engen Felsen. An zwei Stellen sind große Felsblöcke zu übersteigen. Nach ca. 20 Min. verläßt man die eigentliche Schlucht (1:50 Std.), geht ein Stück durch niedrigen Wald und erreicht eine Pfadgabelung; man biegt nach rechts (GR 6) auf einen schattigen Waldpfad zwischen Felsen, der nach Osten leicht ansteigt und auf einen Fahrweg trifft. Man folgt diesem bis zu dem auf einer kleinen Hochebene gelegenen Anwesen **St-Phalès,** zweigt hier nach rechts vom Fahrweg ab. Unterhalb des Forsthauses Font de l'Orme trifft man auf ein Sträßchen und biegt nach rechts. Bei der folgenden Gabelung geht man links aufwärts. Die Asphaltierung endet. Man passiert ein Haus links des Weges und erreicht kurz darauf das Anwesen **Sadaillan** bei einer Wegkreuzung (3:10 Std.).

Man geht einige Meter geradeaus und zweigt dann nach rechts auf einen ansteigenden Pfad, der zu einer kahlen Kuppe führt, von wo sich ein weiter Blick auf die Durance-Ebene bietet. Auf absteigendem Weg erreicht man von hier in knapp 30 Min. die Ruinen von **Vieux Mérindol** (rechts des Weges) und kurz darauf den Ausgangspunkt.

Am Wege

Vieux Mérindol war im 16. Jh. das Zentrum der Waldenser im Luberon. 1545 wurde es von den Truppen des Jean Meynier d'Oppède vollständig zerstört (s. S. 73).

11 Über die Höhen des Petit Luberon

Von Bonnieux nach Lourmarin

Diese recht anstrengende Tageswanderung verläuft quer über den Höhenrücken des Petit Luberon, verbindet von Nord nach Süd die beiden sehenswerten Orte Bonnieux und Lourmarin. Sie führt durch fast menschenleere Landschaft von recht herbem Charakter. Unterwegs passiert man den Fôret des Cèdres, den größten Atlaszedernwald im Luberon, das Vallon de Sanguinette, ein von hohen Felsen begrenztes, stilles Tal, sowie das Cap de Serre, eine kahle Höhe mit beeindruckender Fernsicht, die schon den Dichter Henri Bosco begeisterte, der lange im Luberon gelebt hat. Sehr schön ist auch der Abstieg auf der sonnenbeschienenen Südflanke des Gebirges: Von den kargen, fast nordisch wirkenden Höhen gelangt man in eine Landschaft von warmem, mediterranem Charakter.

Dauer: 6 Std.
Streckenlänge: 18,5 km.
Wegbeschaffenheit: auf breiten Wegen und Buschwaldpfaden; z. T. steiniger Untergrund; eine Felsstufe ist zu überwinden, was aber, sofern man nicht alleine ist, keine Schwierigkeiten bereitet; zwei längere Wegstücke auf Asphalt.
Anstiege: 700 m.
Orientierung: einfach.
Markierung: hellblauer Balken, ohne, dunkelblauer Balken, GR 97.
Schwierigkeitsgrad: fünf.
Restaurants, Bars und Geschäfte: in Bonnieux und Lourmarin.
Hotels: in 84 480 Bonnieux (u. a. César*, Place de la Liberté, ✆ 90 75 80 18) und 84 160 Cadenet-Lourmarin (Hôstellerie du Paradou*, an der D 943 Richtung Apt, 1 km außerhalb von Lourmarin, ✆ 90 68 04 05). Gîte d'Etape in Lourmarin (Le Four à Chaux, M. Geardon, ✆ 90 68 11 10).
Busverbindung: Lourmarin 9.05 und 19.15 Uhr Richtung Bonnieux (Linie Marseille – Aix – Apt); beide Busse verkehren täglich; Bushalt nördlich vom Ortszentrum von Lourmarin, am Boulevard du 8 Mai 1945 gegenüber der Cave Coopérative Viticole. Der Busfahrplan hängt in der Mairie (Bür-

germeisteramt) aus (Rue Henri de Savournin 21).

Wegbeschreibung

Der Ausgangspunkt befindet sich in **Bonnieux** im unteren Ortsteil bei der Gabelung D 3/D 36. Man nimmt die D 3 Richtung Ménerbes. Die Straße beschreibt unterhalb des Ortes eine Rechtskurve; nach links führt ein Abzweig zu einem Campingplatz. Bei dem folgenden Abzweig biegt man nach links auf einen anfangs asphaltierten Fahrweg (Markierung: hellblauer Balken). Der Weg wendet sich in westliche Richtung. Kurz darauf biegt man nach links auf einen Pfad; nach Westen blickt man auf Lacoste. Der Pfad steigt an und trifft auf einen Fahrweg (30 Min.).

Man biegt nach rechts und zweigt gleich wieder nach links; linker Hand ist eine Borie zu sehen (s. S. 124f.). Man steigt gut 20 Min. in schönem Luberon-Wald an und erreicht die auf der Höhe des Petit Luberon verlaufende **Forststraße** (55 Min.). Man biegt nach rechts (ohne Markierung), folgt jetzt für knapp 3 km der Forststraße; trotz des Asphalts ist dies wegen des weiten Panoramas kein langweiliges Wegstück. Nachdem man eine Barriere passiert hat, er-

Wanderung 11

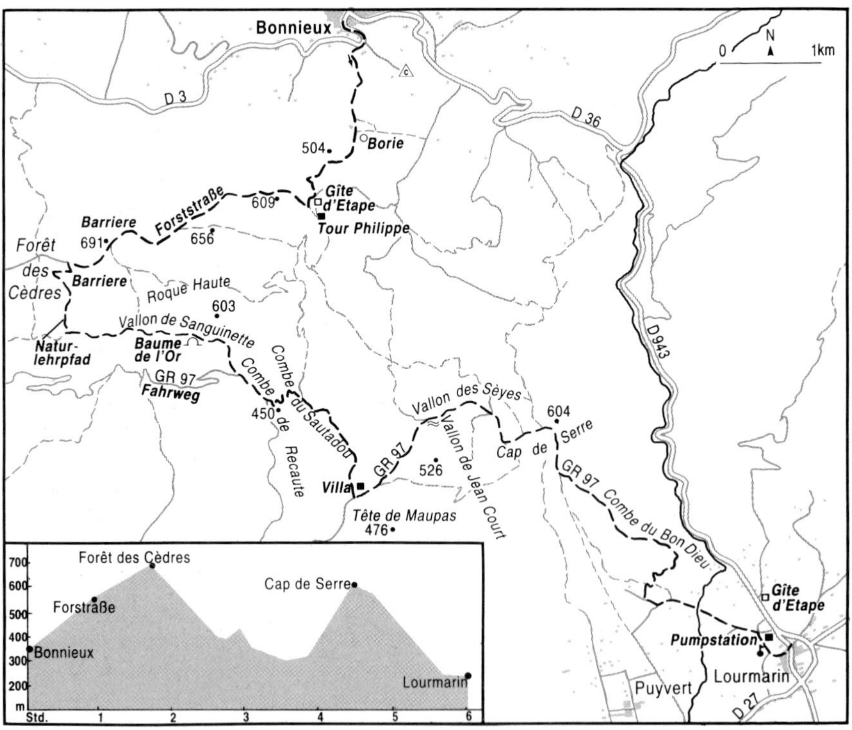

Das Massaker an den Waldensern

Die Waldenser bildeten eine jener Reformbewegungen, die die Rückbesinnung auf urchristliche Ideale wie Armut, Gleichheit und Einfachheit predigten und damit die mittelalterliche Amtskirche provozierten.

Ihr Gründer und Namengeber war der um 1140 in Lyon geborene Kaufmann Waldes, der Familie und Beruf aufgab, um als Wanderprediger umherzuziehen. Er betonte die Wichtigkeit des einfachen und arbeitsamen Lebens, mißachtete die Hierarchie der Amtskirche und äußerte den damals ungeheuerlichen Gedanken, der Klerus sei als Mittler zwischen Gott und den Menschen nicht erforderlich. Ablaßhandel, Heiligenverehrung und die Todesstrafe wurden abgelehnt, später auch jede religiöse Autorität des Papsttums negiert. Die Bewegung gewann schnell an Anhängerschaft, zunächst in der verarmten Landbevölkerung, dann auch unter gebildeten Klerikern, die der Amtskirche und dem etablierten Mönchswesen kritisch gegenüberstanden. Die Waldenser breiteten sich über Frankreich hinaus nach Deutschland, Italien, Böhmen und Ungarn aus.

Die Reaktion der offiziellen Kirche blieb nicht aus. Papst Lucius III. verhängte 1184 den Bannfluch über die Gemeinschaft, Innozenz III. setzte die Inquisition gegen die ›ketzerische‹ Sekte in Gang. Die Waldenser mußten ihre Heimat verlassen, um den Verfolgungen der Inquisitoren zu entgehen. In den abgelegenen Bergregionen der Dauphiné und Piemonts fanden sie Schutz.

Zu einer weiteren Zufluchtsstätte entwickelte sich der Luberon. Die einflußreiche Adelsfamilie von Tour d'Aigues hatte die zivilisatorische Kraft des dem Ideal der Arbeitsamkeit verpflichteten Waldensertums erkannt und ab dem 14. Jh. gezielt Familien dieser Gemeinschaft in einigen verödeten Dörfern ihrer Lehen angesiedelt. In 24 Orten, darunter Mérindol, Lourmarin, Lacoste und Ménerbes, ließen sich Waldenser nieder. Unter dem Schutz der Feudalherren konnten sie unbehelligt ihre religiösen Überzeugungen pflegen – der Bannfluch der Amtskirche blieb jedoch bestehen.

Im Zeitalter der Reformation reagierten Kirche und Staat empfindlicher auf protestantische Strömungen, zu denen sich auch die Waldenser zählten. Das 1501 von der französischen Krone zur Kontrolle über die entfernte Provinz eingesetzte Parlament von Aix – nach einem alten Sprichwort eine der drei schlimmsten Geißeln der Provence – beschloß 1540 auf Betreiben seines Präsidenten Jean Meynier d'Oppède, als erste Strafmaßnahme gegen die Abweichler das Dorf Mérindol zu zerstören.

Nicht in erster Linie religiöse, sondern weltliche Motive – Besitzgier und Rachsucht – waren für diesen Beschluß ausschlaggebend. Der Feudalherr von Oppède hatte ohne Erfolg versucht, die Baronin von Tour d'Aigues zu ehelichen und sich so in den Besitz der florierenden Waldensergemeinden zu bringen. Mit Zustimmung des französischen Königs, der so seine Papsttreue bekunden wollte, ließ Meynier d'Oppède in einem mit äußerster Grausamkeit geführten Vernichtungsfeldzug zerstören, was er durch Heirat nicht hatte erlangen können. Im April 1545 überfielen seine Truppen die Dörfer der Waldenser und metzelten deren Bewohner erbarmungslos nieder. Die wenigen, die man am Leben ließ, wurden zum Dienst auf den Galeeren der königlichen Kriegsflotte verurteilt. Nur einem winzigen Teil der Gemeinschaft gelang die Flucht in die Alpentäler Piemont-Savoyens, wo es auch heute noch – neben Kolonien in italienischen Großstädten und in Südamerika – Waldensergemeinden gibt.

reicht man den **Forêt des Cèdres** (1:40 Std.).

Bei einer Erläuterungstafel der Forstverwaltung biegt man nach links auf einen nach Süden absteigenden Weg (Naturlehrpfad mit Hinweistafeln). Bei Hinweistafel Nr. 5 zweigt man nach links (östlich) auf einen schmalen Pfad, der in dichtem Buschwald verläuft. Bei einem Querpfad geht man rechts (Markierung: blauer Balken). Der Weg führt über eine Felsstufe abwärts, verläuft dann – bequemer werdend – durch das einsame **Vallon de Sanguinette** mit seinen schroffen Kalkfelsen. Man erreicht einen Fahrweg (2:40 Std.), dem man die Richtung beibehaltend folgt (Markierung ab hier: GR 97).

Für ca. 10 Min. bleibt man auf dem breiten Weg im Tal. In einer Rechtskurve zweigt man dann nach links auf einen Pfad, der über einen niedrigen Höhenrücken führt und dann im Tal (Combe du Sautadou) auf einen breiten Fahrweg trifft. Man folgt diesem etwas eintönigen Weg nach Süden, bis man ein Hausgrundstück (Villa) linker Hand erreicht (3:30 Std.). Hier nach links auf den schmaleren Weg biegen. Gut 20 Min. später passiert man eine Wasserentnahmestelle und geht bei der Gabelung darauf geradeaus. Es folgt jetzt der anstrengende Anstieg zum Cap de Serre. Man kreuzt einen Querpfad, geht bei einer Gabelung danach rechts. Nach weiteren 15 Min. auf ansteigendem Pfad erreicht man das **Cap de Serre** (4:30 Std.), eine offene Höhe mit niedriger Vegetation.

Man wendet sich hier nach links, geht zunächst in östliche, dann mehr südliche Richtung abwärts. Bei einer Pfadgabelung noch auf der Höhe

(4:45 Std.) biegt man nach links. Der Pfad senkt sich im Wald, führt dann am Hang entlang mit Blick auf Lourmarin; am Wege Rosmarin und Thymian. Bei einem Haus trifft man auf einen Fahrweg, geht auf diesem, nach links biegend, zu einem Sträßchen, wendet sich erneut nach links. Nach ca. 15 Min. auf Asphalt wird rechts oberhalb das Schloß von Lourmarin sichtbar. Man biegt nach rechts auf einen Weg, der zu einer Pumpstation führt, kreuzt hier einen Bach und steigt zum Schloßgebäude aufwärts. Von hier sind es nur wenige Minuten zum Ortszentrum von **Lourmarin** (6 Std.).

Am Wege

Bonnieux (1350 Einwohner): Die Häuser des verwinkelten alten Ortes liegen übereinander gestaffelt am Hang. Überragt wird das Dorf von einem Kirchlein aus dem 12. Jh., das in den schlichten Formen der provenzalischen Romanik errichtet wurde. Vom Kirchplatz, um den sich schöne Zedern gruppieren, bietet sich ein weiter Blick auf Lacoste, das Calavon-Tal und das Plateau de Vaucluse vor der Silhouette des Mont Ventoux.

Der **Forêt des Cèdres** besteht aus nordafrikanischen Atlaszedern. Die Zeder ist keine ursprünglich in Südfrankreich heimische Pflanze. Sie wurde im 19. Jh. als Zierbaum für Parks und Gärten eingeführt, gedieh jedoch in den tieferen Lagen nicht besonders gut. 1860 erfolgte die erste Anpflanzung auf den Kalkböden des Petit Luberon. Ein für die Wiederaufforstung zuständiger Forstrat hatte gelesen, daß schon die Römer in der Pro-

vence Zedern als Nutzholz kultiviert hatten. Der Versuch auf den Höhen des Luberon war wider Erwarten erfolgreich. Heute bedeckt Zedernwald auf einer Fläche von 250 ha den Höhenzug. Die Qualität der Luberon-Zedern gilt inzwischen als so gut, daß Setzlinge zur Verbesserung der Bestände in andere Regionen exportiert werden.

Die Zeder entwickelt im Alter von 60–80 Jahren ihre schön gegliederte Form. Das Zedernholz eignet sich gut für Tischlerarbeiten, u. a., weil es fast wasserundurchlässig ist. Der durch die ausladenden Kronen der älteren Bäume sehr schattige Zedernwald mindert die Verdunstung und läßt infolge der Lichtarmut kaum Unterholz entstehen: Die Garrigue wird verdrängt.

Lourmarin: Das knapp 1000 Einwohner zählende Dorf (s. Abb. S. 65) mit schönem alten Ortskern besitzt ein gut erhaltenes Renaissanceschloß. Dieses besteht aus zwei Bauteilen: dem zwischen 1495 und 1525 errichteten Château Vieux und dem Château Neuf, dessen Bau 1540 begonnen wurde. 1920 erwarb ein Industrieller aus Lyon die verfallene Anlage, ließ sie restaurieren und vermachte sie testamentarisch der Akademie der Künste und Wissenschaften in Aix. Ein Teil des Schlosses kann besichtigt werden. Die restaurierten Wohnräume sind mit alten provenzalischen Möbeln, Fayencen, Stichen und Gemälden ausgestattet.

In Lourmarin verbrachte der Schriftsteller und Philosoph Albert Camus seine letzten Lebensjahre. Camus, der 1957 den Nobelpreis für Literatur erhalten hatte, starb 1960 bei einem Autounfall. Er ist auf dem Friedhof von Lourmarin begraben.

12 Ein grünes Tal zwischen kargen Felsen ...

Rundweg im Tal der Aiguebrun zwischen Buoux und Sivergues

Eine Ausnahme im ansonsten eher kargen Luberon stellt die einige Kilometer südlich von Apt an der Nordflanke des Grand Luberon verlaufende Schlucht der Aiguebrun dar: ein frisches, grünes, von Kalkfelsen gesäumtes Bachtal mit Wiesenflächen, die im Frühjahr mit einem Blütenteppich bedeckt sind. Die Wanderstrecke führt rund um dieses überaus reizvolle Felstal. Am Weg liegen die beiden alten Weiler Buoux und Sivergues, Orte, in denen die Zeit stehengeblieben zu sein scheint.

Dauer: 3:10 Std.
Streckenlänge: 11 km.
Wegbeschaffenheit: Feld- und Fahrwege, Pfade (kurze Stücke steinig); ca. 1 km auf Nebenstraße.
Anstiege: 250 m.
Orientierung: recht einfach.
Markierung: blaue Punkte, kurz GR 9, langes Stück hellblauer Balken, GR 9.
Schwierigkeitsgrad: drei.
Restaurant: in Buoux und Seguin; hier auch Imbiß (Buvette).
Hotel: in 84 480 Seguin (die unter Felsen gelegene Auberge des Seguins *, ✆ 90 74 16 37). Gîte d'Etape in Buoux (La Sparagoule, ✆ 90 74 47 82).

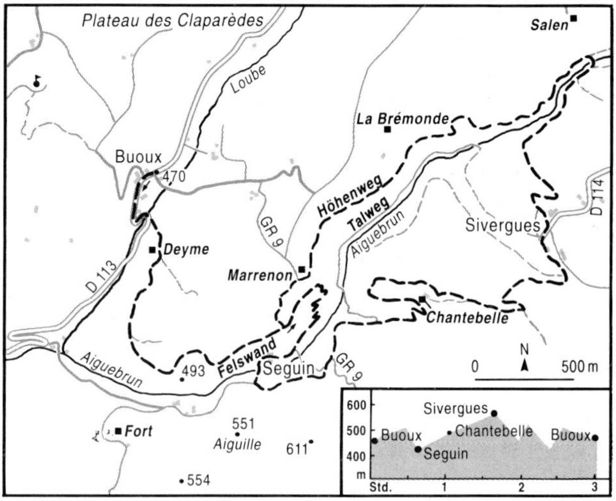

Wanderung 12

Wegbeschreibung

Man verläßt **Buoux** auf der D 113 in südliche Richtung. Am Ende des Weilers biegt man nach links auf einen Fahrweg, der bei einer kleinen Brücke wieder auf die D 113 trifft. Hinter der Brücke nimmt man den nach links ansteigenden Fahrweg (anfangs asphaltiert), der am Anwesen **Deyme** vorbeiführt. Bei der Gabelung darauf hält man sich rechts. Der Weg beschreibt einen langgezogenen Linksbogen, steigt etwas an und führt zu einem Lavendelfeld. Man geht am Feld linker Hand entlang und erreicht kurz darauf den Steilabfall zum Tal der Aiguebrun: wir stehen über einer senkrechten Felswand, unter die sich – links unterhalb – die wenigen Häuser von Seguin ducken. Man geht ein Stück parallel zur Steilkante, nimmt dann einen nach rechts abwärts führenden Pfad, der bald auf den GR 9 trifft. Man wendet sich nach rechts, steigt auf dem GR zu Tal. Hier bei einem Abzweig nach links geradeaus gehen (GR verlassen). 50 m weiter erreicht man **Seguin** (40 Min.).

Falls man nicht beabsichtigt, auch noch den Wanderweg von Apt nach Lourmarin zu gehen, bietet es sich an, von Seguin aus auf einem Abstecher das **Fort de Buoux** zu besichtigen (s. Wegbeschreibung S. 81); für Hin- und Rückweg sind ca. 45 Min. einzuplanen.

Von Seguin folgt man dem breiten Fahrweg, zweigt nach Überqueren der Aiguebrun nach links auf einen etwas ansteigenden Weg (Markierung: hellblauer Balken). Von links trifft der GR 9 auf den Weg; in der folgenden Rechtskurve geht man geradeaus auf dem schmaleren Weg weiter. Auf ansteigendem Pfad erreicht man das hoch über dem Tal der Aiguebrun gelegene alte Anwesen **Chantebelle** (1:10 Std.). Man geht von hier ein Stück in Richtung auf das Tal der Aiguebrun, biegt nach rechts und nimmt bei einer Gabelung den rechten, ebenen Weg. Bei einer erneuten Gabelung rechts aufwärts gehen. Man erreicht einen breiten Fahrweg und geht auf diesem die Richtung beibehaltend nach **Sivergues** (1:40 Std.).

Man geht durch den winzigen Ort und trifft hinter dem Dorfkirchlein auf die D 114. Bei Beginn der Straße biegt man nach links auf einen breiten Fahrweg, der bald eine scharfe Linkskurve beschreibt. Hier nach rechts auf einen schmaleren Weg abzweigen, der zum Tal der Aiguebrun hinabführt. Im Talgrund wendet man sich nach rechts, kreuzt den Bach und geht bei der Gabelung darauf links. Nach kurzem Anstieg erreicht man eine Pfadgabelung unterhalb des Anwesens Salen (2:05 Std.). Man biegt nach links, steigt aus dem Tal hinaus. Nach kurzem Anstieg geht man ein längeres Stück auf ebenem Weg mit Blick auf das Tal der Aiguebrun und den dunklen Höhenrücken des Grand Luberon. Nach ca. 30 Min. auf dem Hangweg über der Schlucht erreicht man unterhalb des Anwesens **Marrenon** einen Querweg (2:40 Std.). Man biegt nach links auf den GR 9 und zweigt in einer Linkskurve ca. 30 m weiter nach rechts auf einen Waldpfad, trifft kurz darauf auf den Hinweg, dem man zurück zum Ausgangspunkt folgt (3:10 Std.).

Am Wege

Buoux (70 Einwohner): Die Dorfkapelle neueren Datums besitzt einen Altar aus frühchristlicher Zeit (5. Jh.). Das in einem Seitental der Aiguebrun 2 km nordwestlich des Ortes gelegene Château de Buoux stammt aus dem 13. Jh., wurde aber im 18. Jh. im Renaissancestil umgebaut. Das Schloß befindet sich in Privatbesitz und kann nicht besichtigt werden.

Das wasserreiche **Tal der Aiguebrun** (Aiguebrun = gutes, braunes Wasser) mit seinen schützenden Felswänden muß schon die Menschen der steinzeitlichen Jägerkulturen angezogen haben. In den Höhlen und Felsüberhängen längs des Baches hat man mehrere Grabstellen gefunden, die aus der Zeit des Cromagnonmenschen stammen.

Die Aiguebrun ist der einzige Wasserlauf des Luberon, der, zumindest in seinem unteren Teil, ganzjährig Wasser führt. Die Artenvielfalt der Pflanzenwelt ist für diese trockene Region ungewöhnlich, das Gebiet längs des Bachlaufes von besonderer ökologischer Bedeutung. Bei den Wanderungen, die das Tal berühren, sollte man deshalb unbedingt auf den Wegen bleiben und insbesondere die

Wiesenflächen nicht als Rast- oder gar Spielplatz benutzen.

Sivergues (35 Einwohner): Der ›am Ende der Welt‹ gelegene Weiler war Zufluchtsort für Waldenser und Protestanten. Etwas außerhalb des Ortes, an der D 114, findet man noch die evangelische Kirche. Das Dorf ist durch Henri Boscos Roman »L'habitat de Sivergues« in die französische Literatur eingegangen.

13 Zum Oppidum von Buoux

Von Apt nach Lourmarin durch den Grand Luberon

Diese lange Wanderung durch den Grand Luberon erschließt die ganze Vielgestaltigkeit des Gebirges: Maultierpfade im Eichenwald, stolze Anwesen und von der Vegetation überwucherte Ruinen, das schattige Felstal der Aiguebrun, unter senkrechten Felsen die Häuser von Seguin. Ein kurzer Abstecher führt zu dem auf einem Bergsporn gelegenen kelto-ligurischen Oppidum von Buoux. Danach steigt man zur offenen Kammlinie des Gebirges an, von wo sich weite Blicke ins Land bieten. Der Abstieg auf der sonnigtrockenen Südflanke verläuft zunächst über karge Garrigue-Hänge, dann durch ein stilles Engtal voller Kräuter- und Piniendüfte, zuletzt zwischen ausgedehnten Weinfeldern zum freundlichen Dorf Lourmarin mit seinem kleinen Renaissanceschloß.

Dauer: 5:30 Std. ohne den Abstecher zum Fort de Buoux.
Streckenlänge: 17,5 km.
Wegbeschaffenheit: überwiegend auf Maultierpfaden; am Anfang und Ende jeweils eine halbe Stunde auf Asphalt (kaum Verkehr).
Anstiege: 700 m.
Orientierung: meist einfach, etwas schwieriger ist die Wegstrecke bis zum Erreichen des Tals der Aiguebrun.
Markierung: ohne, blauer Balken, blauer Punkt, gelber Balken, ohne bis zum Tal der Aiguebrun; blaues Kreuz, dunkelblauer Balken, GR 9 bis Seguin; bis Lourmarin hellblauer Balken.

In Sivergues gab es vor Jahrhunderten eine bedeutende Waldenserkolonie

Schwierigkeitsgrad: vier bis fünf.
Hotels und Restaurants: in Apt und Lourmarin; ein Hotel mit Restaurant auch in Seguin (s. S. 171).
Verkehrsverbindung: Lourmarin 9.05 Uhr und 19.15 Uhr nach Apt; beide Busse täglich; Bushalt nördlich vom Ortszentrum von Lourmarin, am Boulevard du 8 Mai 1945 gegenüber der Cave Coopérative Viticole. Der Busfahrplan hängt in der *Mairie* (Bürgermeisteramt) aus (Rue Henri de Savournin 21).

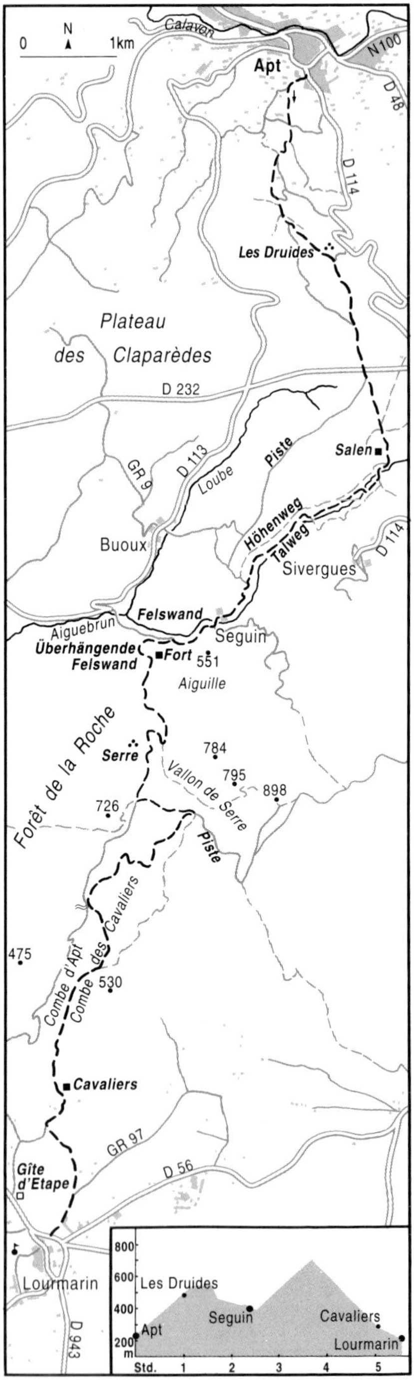

Wegbeschreibung

Man verläßt **Apt** auf der D 114 Richtung Sivergues. Bei einer Kreuzung nach einer Linkskurve - noch im Ort - nach rechts in die Rue des Bassins biegen. Bei der Straßengabelung darauf nimmt man links den Chemin St-Vincent (Markierung: blauer Balken). Man kreuzt ansteigend ein Quersträßchen und zweigt 50 m weiter nach rechts auf einen Pfad, der bald zurück zur Straße führt (20 Min.); ihr folgt man weiter aufwärts. Man bleibt auf dem Sträßchen, das dann ein Stück eben verläuft.

In einer deutlichen Linkskurve nimmt man einen nach rechts aufwärts führenden breiten Fahrweg. Der Fahrweg beschreibt eine Links- und dann eine Rechtskurve, in der man einen nach links abzweigenden Pfad einschlägt. Man folgt einem alten Maultierweg im Eichenwald aufwärts. Man kreuzt einen Querpfad (40 Min.), geht bei einer Gabelung 5 Min. später links (Markierung:

blauer Punkt). Der Pfad verläuft eben am Hang mit Blick auf das sich hinter einen Felsen duckende Saignon, senkt sich etwas und führt zu einem hohlen Felsen (**Les Druides,** 1 Std.).

Man steigt hier nach rechts über einige Steinstufen und geht auf einem Pfad im Wald aufwärts (Markierung: gelber Balken). Man erreicht einen Fahrweg, geht auf diesem geradeaus zur D 232, kreuzt die Straße. Wir folgen einem undeutlichen Weg (ohne Markierung) geradeaus an einer Baumreihe entlang, bis wir nach gut 500 m auf einen Querweg bei einer Gabelung (drei Wege) treffen. Man nimmt den mittleren Weg, der sofort endet; rechts, auf der anderen Seite der Senke, erblickt man das Anwesen **Salen.** Wir gehen ein Stück an einer Feldfläche linker Hand entlang und steigen über Hangstufen auf einem undeutlichen Pfad zum Tal der Aiguebrun abwärts. Unterhalb des Anwesens Salen wendet man sich nach rechts, biegt bei einem Querpfad kurz darauf nach links und geht bis zum Talgrund hinab.

Man biegt hier nach rechts, kreuzt die **Aiguebrun** (Markierung: blaues Kreuz; s. a. S. 78f.), hält sich bei zwei Gabelungen darauf ebenfalls rechts. Nach einer Wiesenfläche unter Felsen auf die rechte Bachseite wechseln. Man folgt jetzt ein langes Stück dem Lauf der Aiguebrun (Markierung: dunkelblauer Balken). Nach ca. 25 Min. auf dem Talweg steigt man etwas an und trifft auf den GR 9. Man biegt nach links zu Tal und geht hier geradeaus, den GR verlassend, zu den Häusern von **Seguin** (2:20 Std.).

Man nimmt von hier den Fahrweg, der die Aiguebrun kreuzt (ohne Markierung); die Asphaltierung beginnt. Bei einer Häusergruppe biegt man nach links auf einen anfangs asphaltierten Fahrweg, der bald einen mächtigen, überhängenden Felsen passiert (Markierung: hellblauer Balken). Bei der folgenden Gabelung biegt der Hauptweg nach rechts; nach links erreicht man nach kurzer Wegstrecke das **Fort de Buoux.**

Der Hauptweg verläuft in Kurven ansteigend, dann weniger steil in einer langgestreckten Talsenke. Ca. 20 Min. nach der überhängenden Felswand zweigt man nach rechts auf einen Pfad (Abzweig leicht zu übersehen). Man steigt aus dem Tal hinaus und gelangt zu einer Ruine eines Hauses **(Serre).** Bei einer Gabelung hier geht man links und steigt nach Süden steiler an, bis die offene Höhe erreicht ist (3:35 Std., weiter Blick vom Mont Ventoux bis zu den Alpilles).

Man wendet sich nach links, geht auf der Höhe in östliche Richtung (ohne Markierung, man kann auch weiter dem markierten Weg folgen, der aber teilweise sehr unbequem ist). Man gelangt zu einem breiten Fahrweg, biegt nach rechts. Bei Erreichen einer Wasserentnahmestelle ca. 25 Min. später (hier ein Stück Asphalt), zweigt man nach links auf einen abwärts führenden Pfad (hellblaue Markierung beginnt wieder). Bei einem Querweg im Tal (Combe des Cavaliers) wendet man sich nach rechts. Man folgt dem Talweg für ca. 30 Min. bis zum Anwesen Cavaliers (4:55 Std.).

Man geht rechts um die Häuser herum und gelangt zu einem Sträßchen, auf welchem man in einer halben Stunde **Lourmarin** (s. S. 76) erreicht.

Außer Knoblauch und getrockneten Kräutern kann man auf provenzalischen Märkten neben Obst und Gemüse Lavendelhonig, Olivenöl und Ziegenkäse erstehen

Am Wege

Apt: Die Kleinstadt von knapp 12 000 Einwohnern bietet mit ihren alten Gassen, den Stadttoren und Plätzen, den Cafés und Geschäften das typische Bild eines provenzalischen Provinzzentrums. Besonders lohnend ist der Besuch des großen Wochenmarktes am Samstagvormittag, der zu den farbigsten der Provence zählt.

Apt wurde zwischen 45 und 30 v. Chr. als römische Kolonie Apta Julia an der Via Domitia gegründet, die von der Po-Ebene über die Alpen nach Nîmes führte. Ab dem 3. Jh. war die Stadt Bischofssitz. Im 12. und 13. Jh. erreichten die örtlichen Kaufleute und Handwerker eine städtische Selbstverwaltung. Im 19. Jh. gewann Apt wirtschaftliche Bedeutung durch die nahegelegenen Ockerbrüche und Eisenwerke von Rustrel sowie durch die Produktion kandierter Früchte. Noch heute rühmt sich Apt, die ›Welthauptstadt der kandierten Früchte‹ zu sein.

Die Kathedrale Ste-Anne, ein ursprünglich romanischer Bau (12. Jh.), hat durch zahlreiche Umbauten die Originalformen weitgehend verloren. Ungewöhnlich sind die übereinandergebauten Krypten: Die sehr schlichte Unterkrypta stammt vermutlich aus karolingischer Zeit. Die reicher gestaltete romanische Oberkrypta (11./12. Jh.) weist eine harmonische räumliche Gliederung auf. Die Kirche beherbergt die Reliquien der heiligen Anna, der Mutter der Jungfrau Maria, und war so Ziel großer Pilgerfahrten.

Die Maison des pays du Luberon an der Place Jean-Jaurès ist Sitz der Verwaltung des Luberon-Nationalparks. Ein ›Centre de géologie et de paléontologie‹ zeigt hier u. a. Fossilien aus der Umgebung und Darstellungen frühzeitlicher Tiere.

Les Druides: Der eigentümliche, isoliert stehende Felsklotz, der einen in den Stein gemeißelten leeren Raum umschließt, gehörte vermutlich zu einer Verteidigungsanlage aus kelto-ligurischer Zeit.

Der Felsrücken des **Fort de Buoux** (Buoux s. S. 78) war schon in ligurischer Zeit besiedelt, wovon ein noch vorhandener Opferstein zeugt. Die verstreut liegenden und teilweise von der Vegetation überwucherten Baureste, die man heute hier noch finden kann, stammen von einer mittelalterlichen befestigten Dorfanlage. Man erkennt Ruinen einer romanischen Kapelle, eines Wehrturms, in den Boden gegrabene Vorratskeller und Weinlager sowie eine in den Fels gegrabene Treppe, über die man das Wehrdorf unbemerkt verlassen konnte. Das Fort de Buoux diente während der Glaubenskämpfe Waldensern und Protestanten als Fluchtburg (s. S. 73). Im Jahre 1660 wurde die Anlage auf Befehl Ludwigs XIV. zerstört, die Bewohner wurden vertrieben. Seither blieb alles der Natur überlassen.

14 Maultierpfade zu den Höhen
Rundweg über die Crête du Luberon bei Saignon

Dieser Rundweg im Herzen des Grand Luberon führt von dem südlich von Saignon am Rande des Plateau des Claparèdes gelegenen Anwesen Regain zum Höhenkamm des Gebirges. Auf alten, von Steinmauern begrenzten Pfaden und Wegen durch schönen Luberon-Wald und an aufgelassenen Hangkulturen vorbei steigt man ein langes Wegstück an und erreicht die offene Höhe. Intensive Schafweidung und die ausdörrende Kraft des Mistral haben hier ausgedehnte Flächen niedrigen Bewuchses entstehen lassen, die ein weites Panorama eröffnen. Man bleibt für ca. 1 Std. auf der Höhe, um dann zum Tal der Aiguebrun abzusteigen. Von den kahlen, windigen Höhen gelangt man in die lieblich-grüne Landschaft des oberen Aiguebrun-Tales (s. a. S. 78) mit seinen Wiesenflächen und Felsformationen.

Dauer: 4:20 Std.
Streckenlänge: 15,5 km.
Wegbeschaffenheit: überwiegend auf Maultierpfaden, kurze Stücke steinig; kurzer steiler Anstieg über kiesige Fläche.
Anstiege: 550 m.
Orientierung: nicht immer einfach (viele Abzweige).
Markierung: GR 92 bis zur Crête, auf der Höhe ohne, dann gelber Balken (z. T. undeutlich), zuletzt blaue Kreuze, gelbe Punkte.
Schwierigkeitsgrad: vier.

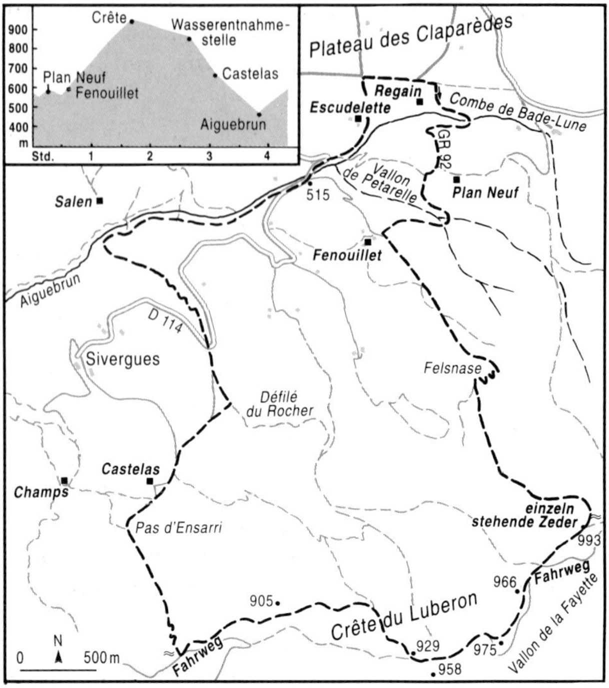

Wanderung 14

Restaurant, Bar und Geschäft: in Saignon.
Hotel: in 84 400 Saignon (Auberge du Presbytère, mittlere Preisklasse, ✆ 90 74 11 50).
Jugendherberge: beim Ausgangspunkt der Wanderung; das Anwesen ›Regain‹ wird von den Wanderpionieren Claude und François Morenas betrieben, s. S. 171).
Anfahrt: Man verläßt Saignon auf der D 48 Richtung Auribeau. Ca. 2 km nach Saignon rechts in ein Nebensträßchen biegen. Nach gut 1,5 km auf diesem Sträßchen zweigt in einer Rechtskurve nach links ein Fahrweg zum Anwesen Regain (Jugendherberge) ab.

Wegbeschreibung

Man nimmt den Fahrweg zur Jugendherberge und geht nach wenigen Metern geradeaus auf einem Pfad weiter. An einer Wegkreuzung bei einem Holzkreuz biegt man nach rechts auf den GR 92. Der GR führt bald durch eine Talsenke, steigt etwas an, trifft dann eben führend auf einen Fahrweg beim Anwesen **Plan Neuf** linker Hand. Man geht rechts und zweigt 30 m weiter nach links auf einen schmaleren Weg, der sich zu einem Pfad verengt. Bei einer Gabelung hält man sich rechts und durchquert eine weitere Talsenke. Vor dem etwas verdeckten Anwesen **Fenouillet** biegt man nach links (40 Min.) und steigt nach Süden im Wald an.

Man erreicht die Garrigue, hält sich bei einer undeutlichen Gabelung hier links. Bei dem folgenden Abzweig nach links geht man geradeaus. Der GR steigt zunächst im Wald, dann in einer offenen Talsenke stetig an, biegt daraufhin plötzlich nach rechts und führt über eine Geröllfläche steil aufwärts zu einer Felsnase, wo sich ein weiter Blick nach Norden ergibt (1:20 Std.). Wir steigen weiter auf einem Waldpfad an und halten uns bei einer Gabelung links. Man gelangt zu einem Querweg, einer grasüberwachsenen Fahrspur, und wendet sich nach links. Bei einer einzeln stehenden Zeder erreicht man die Höhenlinie, die **Crête du Luberon** (1:45 Std.).

Man geht auf der Höhe nach Westen (ohne Markierung) und gelangt zu einem Fahrweg, dem man weiter folgt. Am Ende der Linkskurve darauf biegt man nach rechts und geht über zwei niedrige Kuppen parallel zum Fahrweg, um diesen erneut zu erreichen. Man bleibt jetzt auf dem Hauptfahrweg auf der Höhe, passiert eine Wasserentnahmestelle links des Weges (2:05 Std.) und erreicht nach Abzweig eines breiten Fahrwegs nach links eine weitere Wasserentnahmestelle rechter Hand (2:40 Std.).

Wir biegen hier nach rechts und steigen auf steinigem Pfad zu Tal (Markierung: gelber Balken). Ein kurzes Wegstück steigt unter einem Felsen an (Pas des Ensarri); nach Westen blickt man auf den Bauernhof Champs. Kurz darauf erreicht man das Anwesen **Castelas** und geht von hier auf einem Fahrweg weiter. Nach ca. 200 m nach rechts auf einen Weg biegen, der nach Osten absteigend einige Kurven in einem Wäldchen beschreibt und eine offene Fläche, eine Rodung, erreicht. Man geht an deren rechtem Rand und dann auf einem Pfad, der zu einem Wiesental unter Felsen abwärts führt **(Défilé du Rocher).**

Bei einem Querweg links gehen. Der Weg führt durch ein kurzes, feuchtes Engtal und trifft auf die D 114 (3:30 Std.). Man kreuzt die Straße, geht (ohne Markierung) geradeaus auf Wiesenpfaden zum **Tal der Aiguebrun** (anfangs links halten). Bei einem Querpfad biegt man nach rechts (Markierung: blaues Kreuz), um bachaufwärts zurück zur D 114 zu gehen. Auf der Straße kreuzt man die Aiguebrun, zweigt dann in der folgenden Linkskurve nach rechts auf einen Fahrweg. Ca. 50 m weiter nach links auf einen Pfad biegen (Markierung: gelber Punkt), der in einem Linksbogen aus dem Bachtal hinaus führt und auf das Bauernhaus **Escudelette** zuläuft. Vor dem Gebäude ganz nach rechts biegen und durch Buschsaum, dann Fahrweg zu einem Sträßchen gehen. Man biegt nach rechts und gelangt zum Ausgangspunkt (4:20 Std.).

Am Wege

Saignon (690 Einwohner): Die Häuser des mittelalterlichen Dorfes ducken sich hinter einen großen Felsen, auf dem noch Reste einer Burganlage zu finden sind. An gleicher Stelle stand schon ein kelto-ligurisches Oppidum. Ein Pfad führt zu den Ruinen hoch, von wo sich ein schöner Ausblick auf die Dächer von Saignon bietet. Das Ortszentrum bildet der idyllische Dorfplatz mit Brunnenanlage und Waschhaus. Die sehenswerte romanische Kirche im oberen Ortsteil wurde im 16. und 17. Jh. mehrfach umgebaut (s. Farbabb. 9).

Macchia und Garrigue – Provenzalische Pflanzengemeinschaften

Für die Anziehungskraft der Landschaften des Mittelmeerraums auf den Reisenden nördlicher Breiten dürfte in hohem Maße auch die unvertraute Pflanzenwelt verantwortlich sein, die sich von derjenigen der wasserreichen Wiesen-, Weiden- und Hochwaldregionen seiner Heimat erheblich unterscheidet. Wer dabei in erster Linie an Palmenpromenaden, Agaven- und Kakteengärten denkt, hängt jedoch, was die Provence angeht, einem nur bedingt zutreffenden Vorstellungsbild an. Die subtropischen Pflanzen der Küstenzone sind aus Afrika und Amerika importierte Fremdlinge, die das Bild der bodenständigen Flora ›verfälscht‹ haben. Die typischste Pflanze der Provence ist vielmehr die auf Kalkböden gedeihende, immergrüne Steineiche, die verbreitetsten Pflanzengemeinschaften sind – neben den Eichenwäldern – Macchia und Garrigue, auf trockenen Felsfluren gedeihende niedrige Waldungen, Strauchformationen und Heideflächen. Diese Vegetationsformen wirken aus der Ferne betrachtet oft karg und öde, entfalten aber von nahem mit ihren zahlreich blühenden Pflanzen und aromatischen Kräutern durchaus ihren Reiz.

Als **Macchia** (französisch *Maquis*) wird ein immergrüner, meist sehr dicht stehender Buschwald bezeichnet, der im wesentlichen aus Hartlaubgewächsen besteht und dessen Bestände selten höher als 4 m werden, meist aber niedriger sind. Er bildet oft ein unwegsames Dickicht, das im Süden Frankreichs den Partisanen des Zweiten Weltkriegs als Schlupfwinkel diente, weshalb diese als ›Maquisarden‹ bezeichnet wurden. Auffallend ist die fast das ganze Jahr über andauernde Vegetationstätigkeit dieser Pflanzengesellschaft. Auch im Spätherbst kann man noch blühende Pflanzen finden. Ein besonderes Kennzeichen aller Macchia-Pflanzen ist es, daß sie schnell nachwachsen, da sie immer wieder von der Wurzel her neu ausschlagen. Diese hohe Regenerationsfähigkeit weist darauf hin, daß die Macchia ursprünglich als Reaktion auf eine durch den Menschen bedingte Veränderung der natürlichen Umwelt entstanden ist. Die einstmals großen Eichen- und Kiefernwälder der Provence wurden über Tausende von Jahren durch zügellosen Holzschlag, z. B. zur Herstellung von Holzkohle und zum Schiffbau, immer weiter dezimiert. Schaf- und Ziegenherden wurden in die Wälder getrieben, deren Bestände durch den Viehverbiß zusätzlich Schaden nahmen. Häufige Brände, manchmal von den Hirten absichtlich entfacht, um die Weideflächen zu vergrößern, taten ihr übriges, um den Hochwald verkümmern und durch die widerstandsfähigere Macchia ersetzen zu lassen.

Werden die menschlichen Einwirkungen intensiviert, stellt sich als Endstufe der Entwicklung die Garrigue ein, eine Macchia ärmeren Typs, die nur noch aus Kleinsträuchern von bis zu 1,50 m Höhe oder dornigem, heideartigem Gestrüpp besteht. Der Hochwald ist unwiederbringlich verschwunden, eine Wiederaufforstung nicht mehr möglich, denn die durch Wind und Regen stark abgetragene Bodenkrume läßt allenfalls noch Gesträuch als Bewuchs zu. An vielen Stellen tritt der nackte Fels zutage. Die ausgedehntesten Garrigue-Flächen gibt es nördlich von Nîmes, weshalb dieser ganze Landstrich als ›Les Garrigues‹ bezeichnet wird.

Unter den Hauptpflanzen der provenzalischen Macchia sind zunächst die Stein- und Kermeseiche zu nennen. Die **Steineiche,** die nur wenig an eine heimische Eiche erinnert, ist meist kleinwüchsig, manchmal nur strauchhoch, kann aber auch zu stattlichen Bäumen heranwachsen. Der Baum (französisch *Chêne vert*) kann von anderen immergrünen Eichenarten durch die weißlich-filzige Unterseite der Blätter unterschieden werden. Die **Kermeseiche** ist kein Baum, sondern ein immergrüner Strauch, der kaum über 1,50 m hoch wird. Die Hauptleitpflanze der Garrigue, deren Name von der provenzalischen Bezeichnung für die Kermeseiche, *Garoulio,* abgeleitet ist, dient als Wirtspflanze für die Kermesschildlaus, aus der früher ein rötlicher Farbstoff, das Karmesinrot, hergestellt wurde.

Besonders häufig in der Nähe von Kermeseichen wachsen **Zistrosen,** eine in zahlreichen Unterarten vorkommende, in Weiß-, Rosa- und Rottönen rosenartig blühende Pflanze, die einen würzigen Duft ausströmt. Die **Baumheide** ähnelt dem Heidekraut mitteleuropäischer Breiten, kann aber erheblich höher werden. Ihr rötliches Wurzelholz weist eine feine Maserung auf und ist nur sehr schwer entflammbar. Als Bruyère-Holz wird es für die Pfeifenherstellung verwandt. Der **Erdbeerbaum,** der bis zu 5 m hoch wird, trägt rötliche Früchte, die entfernt an Erdbeeren erinnern und auch eßbar sind. Die lateinische Bezeichnung der Pflanze, **Arbutus unedo** (unedo = eine esse ich) deutet aber darauf hin, daß der Verzehr kein großer Genuß ist. Beliebt sind die Früchte allerdings für die Herstellung eines Likörs. Eine Pistazienart ist der harzig duftende **Mastix-Strauch.** Das Harz wird im Orient gerne gekaut, da es angeblich das Zahnfleisch festigt.

Die Lippenblütler **Rosmarin** mit bläulichen Blüten und **Thymian** mit rosaroten Blüten geben ätherische Öle in die Umgebung ab, die intensiv duften. Man glaubt herausgefunden zu haben, daß die aus den Schwebeessenzen bestehende Dufthülle, die sich um die Pflanzen bildet, die Verdunstung und die Sonneneinstrahlung mindert und somit eine Anpassung an den trockenen, sonnenexponierten Standort der Pflanzen darstellt. Von einem weiteren in der Macchia oft anzutreffenden Vertreter dieser Gattung, dem wilden **Lavendel,** existieren ca. 20 Unterarten. Die in großen, im Hochsommer blau-violett blühenden Kulturen angebaute Nutzpflanze, deren Öle extrahiert und in der Duftstoffindustrie verwendet werden, ist meist kein echter Lavendel, sondern Lavandin, eine Kreuzung zweier Wildformen des Lavendels.

Weitere in der Macchia zu findende Pflanzen sind **Myrten, Buchs- und Lorbeerbäume** sowie **Ginsterarten.** Der dornenbewehrte **Stechginster** und die **Stechwinde** sorgen dafür, daß Abkürzungsversuche des Wanderers quer durch die Macchia oft zu einem schmerzhaften und erfolglosen Unterfangen geraten.

Die Fauna von Macchia und Garrigue weist kaum größere Arten auf; allenfalls Hasen oder Füchse kann man hier und da beobachten. Die unbegrenzte Jagdleidenschaft der Franzosen hat die Tierwelt weitestgehend dezimiert. Häufig anzutreffen sind nur Eidechsen. Der auffälligste Vertreter der reichhaltigen Insektenwelt ist wohl die Gottesanbeterin, eine Heuschreckenart. Und auf allen Wegen durch die Macchia begleitet den Wanderer das lautstarke Zirpkonzert der Zikaden ...

Zwischen Luberon und Mittelmeer

Die Gebirge der westlichen Provence entstanden vor ca. 60 Mio. Jahren gleichzeitig mit den Pyrenäen und sind geologisch als deren Ausläufer zu betrachten. Durch den Zusammenstoß zweier Erdschollen wurden ungeheure tektonische Kräfte freigesetzt, die das Gebirgsmassiv der Pyrenäen auffalteten. Die Druckwirkung setzte sich nach Osten fort und führte zur Bildung der in West-Ost-Richtung verlaufenden kleineren Kalkketten der Westprovence, wie z. B. Alpilles, Luberon und Ventoux-Massiv. Drei weitere durch diesen Prozeß entstandene Gebirgsformationen sind die Montagne Ste-Victoire bei Aix, das südlich parallel verlaufende Massif de la Ste-Baume und das Massif de Marseilleveyre et Puget, eine zerklüftete Bergkette an der Küste bei Marseille.

Gemeinsam ist diesen drei Bergketten – neben ihrem geologischen Ursprung – eine Art ›Insellage‹. Als Teile einer anderen Landschaftswelt erheben sich die Bergzonen aus dem umgebenden Hügel- und Tiefland, in dem bäuerliche Kulturen von ausufernder Wohn- und Industriebesiedlung mehr und mehr verdrängt werden (s. a. S. 14ff.).

Wie in vergleichbaren Regionen andernorts wachsen kleine Orte an der Peripherie des Industriegebietes um Marseille und Aix zu Schlafstädten heran. Manche Dörfer dieser Gegend haben in wenigen Jahren ihre Einwohnerzahl verdoppelt. Neue Verkehrswege zerschneiden die Landschaft. Zwischen den Schnellstraßen drängen sich unschöne Großmärkte und Diskounthallen, und auf den umgebenden Hügelketten entstehen Wohnsiedlungen aus ockerfarbenen Häuserkuben.

Die beschriebenen Wanderungen verlaufen jedoch fernab der Siedlungen in einsamer Landschaft, wo Trockenheit und steiniger Untergrund landwirtschaftliche Nutzung nicht zulassen und die Schroffheit der Bergformationen die Erschließung erschweren.

Achtung Waldbrand! Die Vegetation dieser regenarmen Region ist stärker durch trockene Pinienwälder geprägt als z. B. der nördlichere Luberon mit seinem Bewuchs aus immergrünen Stein- und Kermeseichen. Entsprechend ist die Wahrscheinlichkeit von Waldbränden höher. Eine gewisse Gefahr besteht in dieser Hinsicht auf dem Weg zur Montagne Ste-Victoire, den man deshalb nicht nur wegen seiner Beschwerlichkeit in sommerlicher Hitze meiden sollte. Der provence-untypische Wald am Ste-Baume-Massiv ist recht feucht und deshalb weniger gefährdet, ebenso wie das Küstengebirge bei Marseille, das nach unzähligen Bränden in vergangenen Jahrhunderten schon weitestgehend ›kahlgebrannt‹ ist. Um die Calanques bei Cassis finden sich hingegen noch einzelne Pinienwaldungen, die in der trockenen Jahreszeit dem Feuerrisiko ausgesetzt sind.

◁ Die Steilküste der Calanque d'En Vau

15 Der Berg Cézannes

Rundweg in der Montagne Ste-Victoire

Die von Westen gesehen sehr markante Silhouette des bis 1000 m ansteigenden Bergstocks aus Kalkgestein war das Lieblingsmotiv des aus Aix stammenden Paul Cézanne. Der recht anstrengende Rundweg verläuft zunächst von dem nördlich am Fuß des Bergkammes gelegenen, unverbauten Provence-Dorf Vauvenargues in abwechslungsreicher Vegetation im Tal unterhalb des Höhenrückens, steigt dann ein langes Stück zum Croix de Provence an: ein Aussichtspunkt hoch über dem Land mit beeindruckender Fernsicht.

Von hier folgt man der Kammlinie nach Osten und geht in menschenleerer Landschaft über eine mit niedrigem Buschwerk bestandene Hochheide, deren dunkler Reiz durch die Sicht auf die kahle Landschaft der Südflanke des Gebirgszuges verstärkt wird. Auf teilweise recht steilen Wegen steigt man zu Tal.

Die Wanderung ist ziemlich lang, der Abstieg von der Höhe nicht einfach zu gehen. Als bequemere Variante bietet sich an, vom Anwesen Les Cabassols an der D 10 auf dem GR 9 zum Gipfelkreuz anzusteigen, eventuell noch ein Stück auf der Höhe zu wandern und dann auf derselben Route zurück zu gehen.

Dauer: 6 Std. / gut 2:30 Std.
Streckenlänge: 16 / 7,5 km.
Wegbeschaffenheit: Waldwege, Pfade (z. T. sehr steinig); Abstieg von der Höhe (lange Variante) teilweise über Felsblöcke.
Anstiege: 750 m / 600 m.
Orientierung: überwiegend einfach; schwieriger ist nur der Anfang und der Abstieg von der Höhe.
Markierung: grüner Balken, dann ohne, GR 9 für den Anstieg und auf dem Höhenweg, dann wieder grüner Balken. Die kurze Variante folgt ganz dem GR 9.
Schwierigkeitsgrad: fünf / vier.
Restaurant, Bar und Geschäft: in Vauvenargues.
Hotel: in 13126 Vauvenargues (Au Moulin de Provence *, ✆ 42 24 93 11).
Hinweis: In der sommerlichen Hitzeperiode wird der Weg wegen der Waldbrandgefahr zeitweise gesperrt. Ob gewandert werden darf, erfährt man in der Touristeninformation von Aix-en-Provence.

Wegbeschreibung

In **Vauvenargues** geht man vom Zentrum mit der Bar zum östlichen Ortsende abwärts: auf der Rue Péri, der Rue Thorame und dann der Avenue des Maquisards. Vor einem Hotel biegt man nach rechts abwärts auf ein Nebensträßchen. Bei einer Gabelung nimmt man den rechten Weg, kreuzt einen Bach. Vor einer Barriere kurz darauf nach links auf einen Pfad abzweigen (Markierung: grüner Balken), der im Mischwald ansteigt. Bei einem breiten Querweg am Ende des Anstiegs (25 Min.) wendet man sich nach rechts (ohne Markierung).

Bei einem erneuten Querweg gut 5 Min. später geht man einige Meter nach rechts, biegt dann nach links auf einen nach Südwesten absteigenden Waldpfad. Dieser erreicht im Tal einen Fahrweg, dem man weiter folgt. Man geht auf dem Hauptweg in westliche Richtung, passiert eine kleine Schlucht links des Weges und trifft

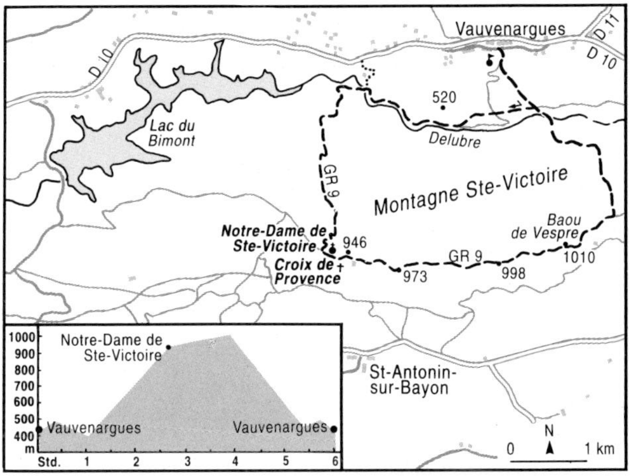

Wanderung 15

10 Min. später auf einen breiten Querweg, den GR 9 (1 Std.).

Wir biegen nach links und folgen dem GR. Der Weg steigt zunächst recht steil im Wald an, um dann in offener Landschaft in Serpentinen am Hang zu verlaufen. Nach gut 1:30 Std. Anstieg erreicht man das kleine Kloster **Notre-Dame de Ste-Victoire** unterhalb des **Croix de Provence** (2:40 Std.).

Man folgt weiter dem GR 9, der auf dem Höhenkamm des Bergstocks in östliche Richtung verläuft. Nach ca. 1 Std. auf dem Höhenweg wird der Bergkamm etwas weitflächiger. Man geht über eine mit Büschen bestandene kleine Hochfläche **(Baou de Vespre)**, dann ein Stück am Rande des Steilabfalls rechter Hand in nördliche Richtung, wendet sich wieder in östliche Richtung und erreicht nach kurzem Abstieg einen Abzweig (4:20 Std.). Hier biegt man nach links und verläßt den GR 9 (Markierung bis Vauvenargues: grüner Balken).

Der Weg steigt z. T. recht steil ab und läuft nach ca. 20 Min. ein Stück eben auf eine niedrige Kuppe zu; bei einer undeutlichen Gabelung hier nicht nach links absteigen, sondern geradeaus über Felsblöcke gehen. Die folgenden 20 Min. sind recht anstrengend, da der Pfad kurze Stücke steil absteigt. Der Weg wird dann bequemer, biegt in mehr westliche Richtung, führt durch eine Senke und steigt, wieder nach Norden biegend, an. Man kreuzt einen Bach und erreicht nach einigen Minuten Anstieg den Hinweg, dem man zurück nach **Vauvenargues** folgt (5:50 Std.).

Variante

Der Ausgangspunkt für den Aufstieg zum Gipfelkreuz befindet sich an der D 10 Aix–Vauvenargues, ca. 4 km vor dem Ortszentrum von Vauvenargues. In einer Linkskurve – von Aix kommend – fährt man rechts auf einen kleinen Parkplatz (Hinweisschild zur Prieuré de Ste-Victoire). Hier beginnt der GR 9, der auf den Berg führt.

Die Montagne Ste-Victoire ▷

Paul Cézanne und die Montagne Ste-Victoire

Kein anderer Berg und wohl auch kaum eine Landschaft sind in der modernen Kunst so häufig dargestellt worden wie die Montagne Ste-Victoire: Auf mehr als 60 Bildern hat Paul Cézanne den Berg gemalt, unter allen möglichen Perspektiven und in wechselnder Beleuchtung, um, wie er selbst sagte, »ihn besser zu malen«.

Cézanne wurde 1839 in Aix geboren. 1862 zog er nach Paris, wo er 15 Jahre lang lebte. Seine Kunst fand zunächst keinerlei Verständnis und wurde von Kritikern und Kollegen heftig verspottet. Noch 1903, als Cézanne öffentliche Anerkennung gefunden hatte, schrieb ein Kunstkritiker: »Wenn man Cézanne zuläßt ..., bleibt einem nichts übrig, als den Louvre anzuzünden«. Cézanne kehrte in seine Heimatstadt Aix-en-Provence zurück, wo er nach 1889 ein zurückgezogenes Leben führte, ununterbrochen an der Entwicklung und Verbesserung seiner Malkunst arbeitend. Das Erbe des Vaters, eines Kaufmanns und Bankiers, machte ihn ökonomisch unabhängig und erlaubte es ihm, die lange Zeit bis zur öffentlichen Anerkennung seiner Kunst durchzustehen. Erst im letzten Jahrzehnt seines Lebens, etwa ab 1895, wurde seinen Bildern Verständnis und Bewunderung zuteil.

Cézanne hat auf die Kunst des 20. Jh. einen Einfluß ausgeübt wie kaum ein anderer Maler seiner Zeit. Zwar malte er nicht abstrakt, doch seine Auffassung stand bereits der gegenstandslosen Kunst nahe. In der Bildanordnung wollte Cézanne die den Objekten zugrundeliegende ›Realität‹ mit Hilfe der Kunst ›ans Licht fördern‹, wofür er auch Veränderungen des ›Augenscheins‹ in Kauf nahm. Das Kunstwerk begründet also eine eigene Welt mit eigenen Regeln. Dabei beobachtete Cézanne seine Gegenstände mit äußerster Genauigkeit. Er beschäftigte sich unendlich lange mit einem Bild, unterbrach die Arbeit, nahm sie später wieder auf. Kleinste Details gewannen an Bedeutung. Der Kunsthändler Vollard berichtet: »In dem Porträt, das Cézanne von mir machte, waren zwei kleine Punkte auf der Hand leergeblieben. Ich wies Cézanne darauf hin, und er sagte: »... Vielleicht finde ich morgen den richtigen Weg, diese weißen Flecke zu füllen. Versuchen Sie, mich zu verstehen – wenn ich jetzt drauflosmale, muß ich das ganze Bild von diesem Punkt aus neu anfangen.«

Am Wege

Montagne Ste-Victoire: Der isoliert stehende, 8 km lange Bergstock aus Kalkgestein steigt bis 1010 m an. Auf die Höhe führt nach wie vor keine Straße – der Berg ist nur zu Fuß zu ersteigen.

An seiner Westspitze befindet sich das kleine Kloster Prieuré de Ste-Victoire aus dem 17. Jh., das von den Mönchen Ende des 19. Jh. verlassen wurde. Am Fuße der Montagne, bei Pourrières, schlug der römische Feldherr Marius 102 v. Chr. ein Heer der Teutonen vernichtend und sicherte damit für lange Zeit die Herrschaft der Römer in der Provence.

Der Südabhang der Ste-Victoire wurde 1989 von einem schweren Waldbrand heimgesucht, durch eine Funken schlagende Motorsäge verursacht. Vom Mistral angetrieben, breitete sich das Feuer unaufhaltsam aus und zerstörte auf einer Fläche von 6000 ha jegliche Vegetation – mehr als die Hälfte des Naturschutzgebietes am Fuße des Gebirges.

Die Wege an der Südseite des Bergstocks sind bis auf weiteres gesperrt, da sie durch die einsetzende Erosion abzubrechen beginnen. Inzwischen schreiten die Arbeiten zur Wiederaufforstung voran. Man will aus den Fehlern der Vergangenheit lernen und nicht nur die leicht entflammbaren Pinien nachwachsen lassen, sondern auch Eichen- und Zedernwaldungen anlegen, wie dies schon mit Erfolg im Luberon praktiziert wurde.

Vauvenargues (480 Einwohner) besitzt ein schön gelegenes Renaissanceschloß aus dem 17. Jh. Im Schloßpark liegt Picasso begraben, der die Anlage käuflich erworben hatte. Das in Privatbesitz befindliche Schloß ist gegenwärtig nicht zu besichtigen. Es bestehen aber Überlegungen, hier ein Museum mit einigen Werken Picassos einzurichten und das Château der Öffentlichkeit zugänglich zu machen.

16 Eine heilige Büßerin im nordischen Wald

Rundweg durch das Massif de la Ste-Baume

Die Nordflanke des bis 1147 m ansteigenden Bergzuges bedeckt ein herrlicher Wald, der für die trockene Provence ungewöhnlich ist. Hochgewachsene Buchen-, Ahorn- und Lindenbestände, z. T. alte und knorrige Bäume, formen ein dichtes Blätterdach, unter dem sich Farn- und Efeubestände ausbreiten. Die 300 m aus der Umgebung aufragende nördliche Steilwand des Ste-Baume-Massivs sorgt dafür, daß der Wald über lange Zeit im Schatten liegt und dadurch seine Feuchtigkeit speichern kann.

Die einfach zu gehende Rundwanderung verläuft ein Stück durch die Dämmerung dieses feucht-kühlen Bergwaldes. Ein kurzer Abstecher führt zu der unter einer Felswand gelegenen Grotte der hl. Maria Magdalena, ein weiterer zum St-Pilon-Gipfel, von wo sich ein Rundblick vom Mont Ventoux bis zum Mittelmeer bietet. Auf dem Weg zur Höhe gelangt man wieder in die steinig-karge Provence der Kalkböden, Steineichenhaine und duftenden Garrigue-Pflanzen.

Dauer: 2:20 Std.
Streckenlänge: 6 km.
Wegbeschaffenheit: überwiegend auf schattigen Waldwegen.
Anstiege: 350 m.
Orientierung: einfach.
Markierung: GR 9 auf dem Hinweg, zurück ohne.
Schwierigkeitsgrad: drei.
Restaurant: beim Ausgangspunkt.
Hotels: in Plan-d'Aups und Nans-les-Pins.

Wegbeschreibung

Ausgangspunkt ist die **Hôtellerie de la Ste-Baume,** ein von Mönchen geleitetes Kulturzentrum, an der D 80 zwischen Nans-les-Pins und Plan-d'Aups gelegen.

Vom Parkplatz beim Restaurant nimmt man den Weg, der über eine große Wiese auf den Bergstock zuläuft (Hinweis zur Grotte). Bei Erreichen des Waldes wendet man sich nach

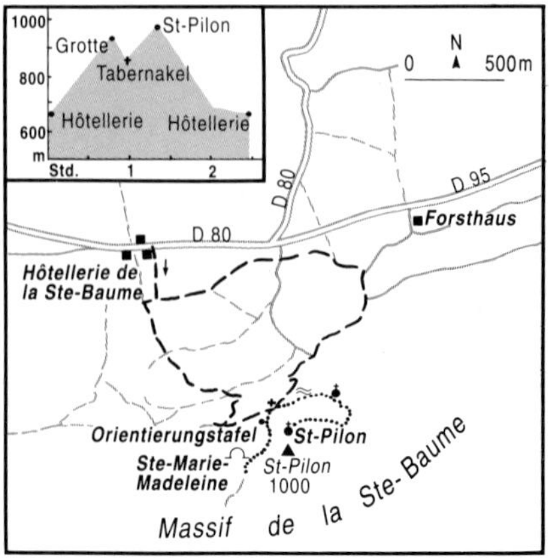

Wanderung 16

rechts und biegt 100 m weiter nach links (GR 9). Man geht auf einem breiten, über Natursteinstufen ansteigenden Waldweg. Bei einem Querweg (25 Min.) wendet man sich nach links, geht weiter aufwärts bis zu einer Wegkreuzung bei einem Tabernakel, wo man nach rechts biegt. Nach ca. 15 Min. Anstieg gelangt man zu der unter einer senkrechten Felswand gelegenen **Grotte der hl. Maria Magdalena** (45 Min.). Man geht zurück zur Wegkreuzung beim Tabernakel und wendet sich nach rechts (Hinweis zum St-Pilon).

Der Weg führt an einer verlassenen Kapelle vorbei, steigt in Serpentinen an und erreicht den Höhenkamm des Bergzuges (1:10 Std.). Man wendet sich nach rechts und geht noch ein kurzes Stück zur **St-Pilon-Kapelle** aufwärts, von wo sich eine schöne Rundsicht bietet.

Man geht zurück zur Wegkreuzung beim Tabernakel, wo man nach rechts (ohne Markierung) auf einen absteigenden breiten Weg biegt. Wir passieren eine Quelle rechter Hand und zweigen in der zweiten deutlichen Linkskurve darauf nach rechts auf einen schmaleren Weg. Bei einem Querweg biegt man nach links, gelangt zu einem Fahrweg, geht 30 m geradeaus und biegt in einen nach links abzweigenden Waldweg. Bei einer Wegkreuzung links zu einem Parkplatz gehen und hier den hinter der Orientierungstafel beginnenden, nach Westen im Wald verlaufenden breiten Weg nehmen. Nach ca. 15 Min. erreicht man den Hinweg und kurz darauf den Ausgangspunkt (2:20 Std.).

Am Wege

Man vermutet, daß der dunkle Wald unterhalb des **Ste-Baume-Massivs** nicht erst mit der Christianisierung, sondern schon in kelto-ligurischer Zeit als heiliger Ort galt. Das magisch-religiöse Tabu hier Holz zu schlagen, das bis in die heutige Zeit beachtet wird, war eine Ursache für die Entstehung des Waldes mit seinem Bestand an alten und knorrigen Bäumen.

In der großen Grotte am Weg (provenzalisch *Baume*), von der sich der Name des Bergzuges ableitet, soll die hl. Maria Magdalena bis kurz vor ihrem Tod in frommer Askese gelebt haben. Wie die Überlieferung berichtet, war sie – nach der Vertreibung aus Palästina – mit sieben weiteren Heiligen um das Jahr 40 in einem segel- und ruderlosen Boot an den Ufern der Camargue gelandet.

17 Auf Zöllner- und Schmugglerpfaden
Die Calanques bei Marseille

Die Landschaft zwischen Marseille und Cassis ist von unerwarteter Wildheit und Einsamkeit. Das bis über 500 m ansteigende Küstengebirge aus hellem Kalkgestein fällt in steilen Klippen zum Meer hin ab, das fjordartige Buchten, die Calanques, in den Stein gegraben hat: eine Landschaft dramatischer Akzente (s. Farbabb. 3 und 14). Schroffe, in der Sonne aufleuchtende Felswände, an die sich windgekrümmte Seekiefern klammern, kontrastieren mit dem Blau des Meeres. Die Berghänge sind mit nach Thymian und Rosmarin duftender Garrigue bedeckt, die im Frühjahr und noch einmal im Herbst in schönen Rot- und Violettönen aufleuchtet.

Überraschend ist, daß die Steilküste trotz der Nähe zur Großstadt nahezu unbebaut geblieben ist. Die Küstenabschnitte sind für fremde Besucher nur zu Fuß – oder mit dem Boot – zu erreichen. Viele Wege in den Calanques weisen schwierig zu gehende Abschnitte auf, denn die Landschaft hat teilweise alpinen Charakter. Die beiden beschriebenen Wege sind relativ einfach, keineswegs jedoch Sonntagsspaziergänge.

Ausgangspunkt der ersten Wanderung ist das ehemalige Fischerdorf Les Goudes am südlichen Stadtrand von Marseille. Nach kurzem Straßenstück erreicht man das winzige Callelongue und folgt einem alten Zöllnerweg, von dem aus dieser ›schmuggelintensive‹ Küstenabschnitt überwacht wurde. Man geht ein langes Stück längs der wilden Felsküste, z. T. hoch über dem Meer. Lärm und Hektik der Großstadt bleiben weit zurück. Ausgangs- und Endpunkt der Wanderung sind von Marseille aus mit dem Bus zu erreichen.

In den Calanques bei Marseille vergißt man schnell die Nähe der Großstadt

Wanderung 17

Dauer: gut 3 Std.
Streckenlänge: 9 km.
Wegbeschaffenheit: überwiegend auf schmalen Pfaden; über Felsstufen; steinige Wegstücke; von Les Goudes bis Callelongue auf Sträßchen (1,5 km, kaum Verkehr).
Anstiege: 350 m.
Orientierung: einfach.
Markierung: schwarzer Balken, ohne.
Schwierigkeitsgrad: vier.
Busverbindung: Bus Nr. 19 von der U-Bahn-Station Castellane über Rond Point du Prado nach La Madrague de Montredon (Endhalt); häufige Fahrten. Von hier nach Les Goudes/Callelongue mit Bus Nr. 20: 8.30, 8.40, 9.50, 11.00, 11.50, 12.45, 14.00, 14.40, 16.00, 16.30, 17.20, 18.30, 19.20, 20.00 Uhr Mo–Sa; So zwischen 8.20 und 19.00 Uhr alle 40 Min. eine Abfahrt.
Rückfahrt: Bus Nr. 22 Les Baumettes – Rond Point du Prado, Abfahrten alle 40 Min. (So stündlich). Vom Bushalt Beauvallon häufige Abfahrten der Linien 22, 22 S, 23 zur U-Bahn-Station Rond Point du Prado. Fahrkarten sind beim Busfahrer erhältlich (für alle Verkehrsmittel 90 Min. gültig).
Restaurant: in Callelongue und am Strand der Calanque de Marseilleveyre (einfach, mit Bar).
Kartenhinweis: Es gibt eine sehr genaue Wanderkarte vom Gebiet der Calanques (IGN 1:15 000), die die Wege im Hinblick auf ihren Schwierigkeitsgrad in drei Klassen einteilt. Nach meiner Erfahrung eignen sich nur die Wege der ersten Stufe für den ›Normalwanderer‹.

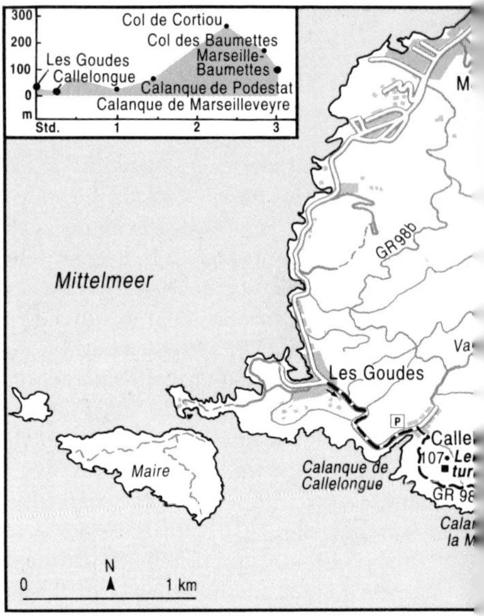

Wegbeschreibung

Ausgangspunkt ist der Bushalt in **Les Goudes.** Man geht in Fahrtrichtung des Busses auf dem UFersträßchen weiter und erreicht nach 15 Min. auf Asphalt das winzige **Callelongue.** Beim Ende des kleinen Hafenbeckens des Ortes – gegenüber einem Restaurant – biegt man nach rechts in eine Seitenstraße und geht an deren Ende geradeaus auf einem Weg weiter. Bei einer Gabelung nach wenigen Metern rechts gehen (Markierung: schwarzer Balken). Der Weg steigt am Hang mit Blick aufs Meer an, biegt unterhalb des alten Leuchtturmhauses von Callelongue in östliche Richtung, um sich dann parallel zur Küste verlaufend zu senken. Eine beeindruckende Sicht auf karge Felsinseln ergibt sich. Fast auf Meereshöhe passiert man die **Calanque de la Mounine,** gelangt dann auf ebenem Uferweg zur **Calanque de Marseilleveyre,** wo sich ein

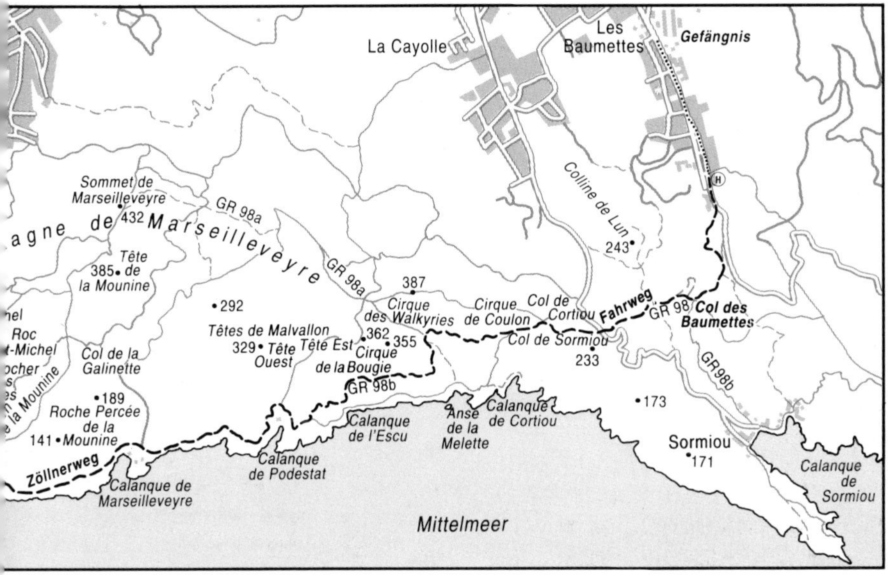

kleiner Strand, eine Bar und ein einfaches Restaurant befinden (1 Std.).

Man geht von hier weiter parallel zur Küstenlinie. Der Weg steigt etwas an, passiert die kleine **Calanque des Queyrons** und führt danach eben am Hang. Man gelangt zu der durch eine Hausruine verunzierten **Calanque de Podestat;** hier bei einer leicht zu übersehenden Pfadgabelung links gehen, einige Meter steil ansteigen. Der Pfad führt im Rechtsbogen am Hang oberhalb der Calanque de Podestat entlang und erreicht 5 Min. später einen einzeln stehenden Felsblock rechts des Weges (1:35 Std.).

Wir biegen hier nach links und steigen mit Blick auf kahle Felswände an. Nach einigen kurzen, steilen Serpentinen führt ein Wegstück hoch über dem Meer entlang mit schöner Sicht auf die Felsküste. Man geht ein Stück meerabgewandt, erreicht eine Pfadgabelung in einem schroffen Felstal **(Cirque des Walkyries)** und biegt nach rechts. Nach einem kurzen, steilen Anstieg wird das Meer wieder sichtbar, und nach einem erneuten Anstieg gelangt man zum **Col de Cortiou** (2:25 Std.).

Man geht von hier ein Stück ohne Blick aufs Meer – Marseille wird sichtbar – und erreicht dann absteigend den **Col de Sormiou.** Wir kreuzen hier ein Sträßchen und gehen auf einem breiten Hangweg weiter (ohne klare Markierung). In einer Linkskurve, knapp 10 Min. nach dem Col de Sormiou, zweigt man nach rechts auf einen Pfad, der parallel zur Steilkante rechter Hand verläuft und sich zu einem Pinienhain senkt (**Col des Baumettes,** 2:50 Std.).

Man wendet sich hier nach links, geht auf breitem Waldweg abwärts. Knapp 5 Min. später nach links auf einen schmaleren Weg biegen. Bei einer Gabelung 50 m weiter geht man links. Man gelangt zu einem Sträßchen, dem Chemin de Morgiou, und geht auf diesem in gut 5 Min. zum Endhalt der Buslinie 22 (3:10 Std.). Nach weiteren gut 10 Min. auf dem Chemin de Morgiou erreicht man den **Bushalt Beauvallon** mit häufigeren Abfahrten (50 m nach Passieren des Gefängnisses).

Am Wege

In einer nur für Taucher zugänglichen Meeresgrotte in der Sormiou-Bucht wurden spektakuläre Wandmalereien entdeckt, die von einer Besiedelung in der Altsteinzeit zeugen.

18 Küstenwildnis vor den Toren der Großstadt

Die Calanques bei Cassis

Die Wanderung führt in die großartige Küstenlandschaft von Cassis. Nach einem anfänglichen längeren Wegstück in einiger Entfernung vom Meer erreicht man die Felsküste, wo sich nach einem steilen Anstieg unvermittelt der Blick auf die aus dem Meer aufragende Kalkspitze Aiguille de l'Eissadon eröffnet. Schmale Pfade durch karge Vegetation verlaufen dann in beeindruckender Landschaft 200 m hoch über dem Meer am Rande des Steilabfalls der Falaise du Devenson. Die Calanque d'En Vau, die man auf dem Rückweg erreicht, gilt mit ihrem kleinen Strand unter hohen Felsen als die schönste der Buchten dieses Küstenabschnittes. Nach nochmaligem steilen Anstieg verläuft der Weg zuletzt mit Blick auf das Küstengebirge östlich von Cassis, dessen Steilwand in warmen Farben in der Abendsonne aufleuchtet.

Der Weg hat die Form einer Acht, wodurch sich eine Abkürzungsmöglichkeit ergibt, wenn man die zweite Schleife wegläßt. Die längere Wegstrecke über die Falaise du Devenson ist Wanderern mit ausgeprägter Höhenangst nicht zu empfehlen.

Dauer: 6 Std. / 3 Std.
Streckenlänge: 17 / 9,5 km.
Wegbeschaffenheit: anfangs breite Wege, Waldwege, dann meist schmale, z. T. steinige Wege.
Anstiege: 780 m / 360 m.
Orientierung: nicht immer einfach.
Markierung: bis zum Portalet d'En Vau ohne, GR 98 b + grüner Balken, blauer Balken auf der zweiten Schleife des Weges; GR 98 b, grüner Balken, wieder GR 98 b auf dem Rückweg über die Calanque d'En Vau.
Schwierigkeitsgrad: fünf / drei.
Hotels und Restaurants: in Cassis.
Kartenhinweis: s. S. 98.

Wegbeschreibung

Ausgangspunkt ist die **Calanque de Port-Miou** am westlichen Ortsende von Cassis. Vom Zentrum hierhin folgt man den Hinweisschildern zum Plage de Bestouan, dann nach Les Calanques. An der Bucht endet die Straße an einem Parkplatz.

Beim Parkplatz nimmt man den in nördliche Richtung hinter einer Absperrung ansteigenden breiten Weg, der bald in westliche Richtung biegt. Bei einer Gabelung nach 10 Min. rechts gehen (Hinweis nach La Fontasse). Es folgt ein Querweg von links und 50 m weiter eine Gabelung; man hält sich rechts. Auf ansteigendem Weg gelangt man zur Jugendherberge **La Fontasse** (30 Min.).

Man biegt hinter dem Gebäude nach links und zweigt 50 m weiter nach rechts auf einen schmaleren Weg, der eine Absperrung passiert und im Wald absteigt. Bei zwei Querwegen im Tal hält man sich links, geht auf breitem Talweg nach Süden bis zur Weggabelung beim **Portalet d'En Vau** (1 Std.). Dies ist der Punkt, wo die beiden Schleifen der in Form einer Acht verlaufenden Wegstrecke sich treffen. Will man nur den kürzeren (einfacheren) Weg gehen, wendet man sich nach links auf den Talweg, der zur Calanque d'En Vau führt. (ab 4 Std.).

Für den langen Weg biegt man nach rechts (Markierung: grüner Balken sowie GR 98 b). Bei der Gabelung ca. 30 m weiter links gehen. Nach ca. 15 Min. Anstieg erreicht man einen kleinen Paß mit Blick aufs Meer **(Col de l'Oule).** Hinter einer Asphaltfläche biegt man auf einen nach Westen absteigenden Weg. Bei einer Gabelung hält man sich links, geht in südliche Richtung. Der Weg verengt sich und führt in einem Felstal abwärts. Ca. 25 Min. nach dem Col de l'Oule zweigt man nach rechts auf einen steil ansteigenden Pfad: Der Abzweig ist leicht zu übersehen. Nach kurzem Anstieg blickt man plötzlich auf das Meer und die markante Felsnadel **Aiguille de l'Eissadon.**

Der Pfad führt ein Stück eben, steigt dann, z. T. über Felsen, wieder recht steil an. Danach geht man auf weniger beschwerlichem Weg am Rande der Steilküste **(Falaise du Devenson),** passiert nacheinander zwei Kreuze für abgestürzte Alpinisten und erreicht nach weiterem Anstieg eine kleine Kuppe (2:40 St.). Wenig später

Wanderung 18

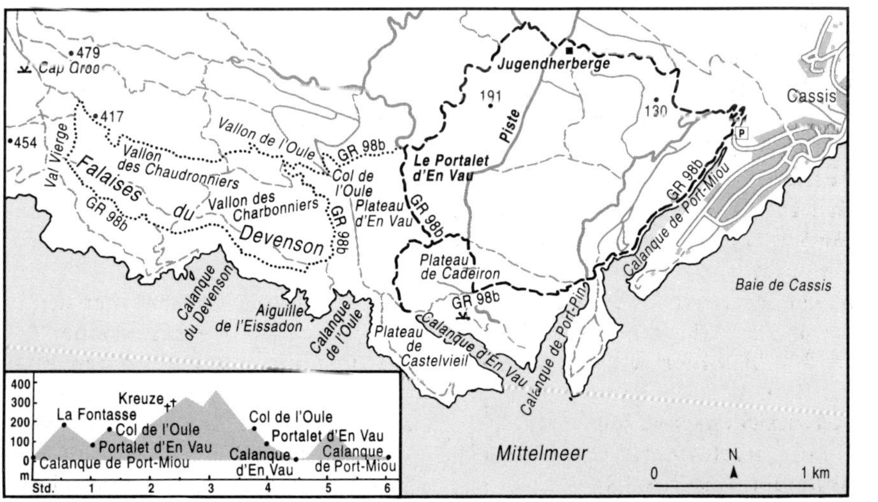

wendet man sich in mehr nördliche Richtung, durchquert eine Senke und steigt am Rand einer Schlucht linker Hand **(Val Vierge)** an. Ein großartiger Blick auf schroffe Kalkberge ergibt sich; östlich des Val Vierge erhebt sich der 454 m hohe Berg Grande Candelle.

An einer Gabelung beim nördlichen Ende des Val Vierge geht man geradeaus (grüne Markierung), steigt nochmals 5 Min. an. Bei einem Querpfad wendet man sich nach rechts (Markierung: blauer Balken). Auf dem nach Osten absteigenden, blau markierten Weg trifft man in ca. 30 Min. auf den Hinweg unterhalb des **Col de l'Oule** und folgt diesem zurück bis zum **Portalet d'En Vau** (4 Std.). Man biegt nach rechts, verläßt den Hinweg. Auf breitem Weg in der Talsenke erreicht man nach ca. 25 Min. auf dem GR 98b die **Calanque d'En Vau.**

Von hier kann man dem GR weiter folgen und auf steilem, felsigem Pfad nach Osten ansteigen. Einfacher ist es, ca. 15 Min. nach Norden auf dem Talweg, den man gekommen ist, zurückzugehen und dann in einer Linkskurve nach rechts auf den ansteigenden Pfad (grüne Markierung) abzuzweigen – ein ebenfalls steiler, aber weniger sportlicher Anstieg. Bei einer undeutlichen Gabelung am Hang hält man sich rechts. An einer Wegkreuzung beim Ende des Anstiegs (5:10 Std.) wendet man sich nach rechts (ohne Markierung) und trifft 10 Min. darauf wieder auf den GR, dem man nach links folgt. (Geht man hier ein kurzes Stück nach rechts, bietet sich ein schöner Blick auf die Calanque d'En Vau). Der GR senkt sich zur **Calanque de Port-Pin,** führt dann über einen niedrigen Höhenrücken. Auf einem Uferweg an der **Calanque de Port-Miou** entlang geht man zurück zum Ausgangspunkt (6 Std.).

Am Wege

Cassis (6000 Einwohner) ist ein von felsigen Bergkuppen eingerahmter, ruhiger Badeort mit Uferpromenade und kleinem Hafen, aus dem immer noch Fischerboote in See stechen, was an den provenzalischen Küsten heute eher die Ausnahme ist. Wegen Überfischung sind hier die Fangerträge so weit zurückgegangen, daß der Fischfang meist nicht mehr lohnt. Cassis wirkt weniger überdreht als die Orte weiter östlich an der Côte d'Azur und bietet außerhalb der Saison einen angenehmen Aufenthalt. Einen guten Ruf hat der trockene Weißwein, der auf den den Ort umgebenden Kalkböden gedeiht.

Sehr lohnend ist die Fahrt auf der Küstenstraße, der **Corniche des Crêtes,** die von Cassis nach La Ciotat in zahlreichen Windungen hoch über dem Meer verläuft. Beim Cap Canaille befindet man sich in 362 m und an den Falaises du Soubeyran in 394 m Seehöhe auf den höchsten Steilklippen der französischen Küsten.

◁ ›Wanderer‹ in der Calanque d'En Vau bei Cassis

Plateau und Monts de Vaucluse

Östlich von Avignon erhebt sich über der Ebene der Obstkulturen, Weinberge und Gemüsegärten des Comtat Venaissin ein dunkelgrüner, von weiß-grauem Fels durchsetzter, fast menschenleerer Höhenrücken, das Plateau de Vaucluse. Die aus der Ferne unstrukturiert wirkende Landschaft zeigt sich von nahem als ein von Schluchten, Spalten und kleinen Felstälern durchzogenes weitflächiges Kalkgebirge, eine recht herbe, einsame Landschaft.

Ausgedehnte Wälder kleinwüchsiger Stein- und Kermeseichen wechseln ab mit steiniger Garrigue und Flächen niedrigen Buschwerks. Hier und da trifft man auf ein einzeln stehendes, abweisend wirkendes Anwesen, häufig zwischen Lavendelfeldern gelegen. Viele Ruinen zeugen von der Beschwerlichkeit der landwirtschaftlichen Existenz. Dies ist nicht die Provence freundlich-heiterer Impressionen, sondern eine Landschaft der Kargheit und Abgeschiedenheit, wie sie in den Romanen Jean Gionos beschrieben wird.

Die den Höhenzug bildende mehrere hundert Meter dicke Kalkscholle ist in starkem Maße der Verwitterung ausgesetzt. An vielen Stellen haben sich schachtartige Klüfte, sog. *Avens*, im porösen Kalk gebildet. Durch diese oft die gesamte Kalkschicht durchziehenden Spalten sickert das Regenwasser in die Tiefe, bis es auf undurchlässige Gesteinsschichten trifft. In einem weitgehend unerforschten System unterirdischer Gänge fließt es dann entsprechend der natürlichen Neigung nach Westen, um nach Tagen am Rande des Höhenzuges als Karstquelle an die Oberfläche zu treten. Die größte und berühmteste dieser Quellen ist die Fontaine de Vaucluse.

Wo das Regenwasser nicht sofort in den Untergrund sickern kann, sondern sich oberirdisch seinen Weg suchen muß, haben sich Kalkschluchten gebildet. Zu den drei eindrucksvollsten, den Gorges de la Nesque, den Gorges de la Veroncle und dem Canyon d'Oppedette, führen die Wanderung 22, die zweite Etappe der Wanderung 27 und Wanderung 25.

An den Rändern der Vaucluse-Höhen liegen einige vielbesuchte Orte, Fontaine-de-Vaucluse mit seiner Karstquelle, das malerisch gelegene Künstlerdorf Gordes, die Zisterzienscrabtei Sénanque, Roussillon mit seinen farbigen Häusern. Ausufernder Zweitwohnungsbau hat hier mancherorts der Landschaft den Reiz der Abgeschiedenheit und Ursprünglichkeit genommen.

Aussteigern, Künstlern und Intellektuellen, die die Schönheit des Landstriches zuerst entdeckten, sind, wie so oft, Architekten und Immobilienmakler gefolgt. Immer mehr ›typisch provenzalische Bauernhäuser‹ entstehen, makellos gebaut, mit Terrasse und Swimmingpool, Garage für den Zweitwagen und Tennisplatz in der Nähe. Abseits der Orte, auf den sich nach Osten ausdehnenden Höhen, ist man jedoch bald in weitestgehend noch unberührter Landschaft.

Für den, der herb-einsame Landschaften liebt, sind die Vaucluse-Höhen, zusammen mit dem benachbarten Luberon, das wohl interessanteste Wander-

◁ Venasque vor dem Mont Ventoux

gebiet der Provence. Es existieren eine Vielzahl alter Maultierwege, auf denen man manchmal stundenlang geht, ohne einem Mitwanderer zu begegnen. Ein großer Teil der Wegstrecken wurde inzwischen markiert, so daß die Orientierung meist recht einfach ist. Entsprechend dem Landschaftscharakter sind die Wege jedoch manchmal recht steinig oder führen durch kratziges Strauchwerk. Für Sonntagsspaziergänge in leichtem Schuhwerk eignen sich die Vaucluse-Höhen deshalb wenig.

19 Tiefe Wasser im ›geschlossenen Tal‹

Rundweg bei Fontaine-de-Vaucluse

Der kleine Ort Fontaine-de-Vaucluse fehlt inzwischen in kaum einem Provence-Besuchsprogramm. Hauptanziehungspunkt ist die rätselhafte Sorgue-Quelle, die in der Nähe des Ortes unter einer hohen Felswand hervorkommt. Die schöne Lage am Ende eines Felstals (lateinisch *Vallis clausa*, ›geschlossenes Tal‹), das von den klaren Wassern der Sorgue durchflossen wird, sowie das museal aufbereitete Andenken an den Dichter Petrarca tun ihr übriges, um Besucher in Massen anzuziehen und eine entsprechende touristische Infrastruktur mit ihren unschönen Begleiterscheinungen entstehen zu lassen. Die den Ort umgebenden Karsthöhen, ausgedörrt und windzerzaust, sind hingegen fast menschenleer und bieten gute Gelegenheit, wandernd der touristischen Betriebsamkeit zu entgehen. Auf der Wanderstrecke gelangt man schon nach kurzer Zeit in einsame Landschaft. Man folgt zunächst einem alten Maultierweg, der zwischen in langen Jahren mühsam aufgeschichteten Steinmauern verläuft, blickt über von grauen Felsblöcken gesäumte Talsenken weit in die Rhône-Ebene. Nach längerem stetigen Anstieg und kurzem Abstieg erreicht man das zwischen verwildernden Wiesenflächen gelegene Ruinenanwesen Valescure. Auf meist bequemen Feld- und Waldwegen, zuletzt einem Sträßchen geht man zurück nach Fontaine-de-Vaucluse, über dessen wenige Häuser sich eine mächtige, zerfurchte Felswand auftürmt.

Dauer: 2 Std.
Streckenlänge: 7 km.
Wegbeschaffenheit: zu etwa gleichen Teilen auf breiteren Wegen bzw. auf Maultierpfaden.
Anstiege: 300 m.
Markierung: blauer Pfeil; ohne Markierung, GR 91, ohne Markierung.
Schwierigkeitsgrad: zwei.
Restaurants: in Fontaine-de-Vaucluse.
Hotels: in 84 800 Fontaine-de-Vaucluse (Hôtel du Parc**, Les Bourgades, ✆ 90 20 31 57; Hôtel des Sources**, Route de Cavaillon, freundlich-altmodisch, ✆ 90 20 31 84).
Jugendherberge: in 84 800 Fontaine-de-Vaucluse (Chemin de la Vignasse, ✆ 90 20 31 65).

Wegbeschreibung

Von der Place de la Colonne mit ihrer großen Steinsäule von **Fontaine-de-Vaucluse** geht man auf der D 25 Richtung L'Isle-sur-la-Sorgue, passiert Kirche und Post, zweigt dann nach rechts in ein nach Westen ansteigendes Sträßchen, der zweite Abzweig ab dem Ausgangspunkt. Nach ca. 5 Min. endet der Asphalt; man geht geradeaus auf einem Weg oberhalb des Sorgue-Tals, der bald nach rechts (nördlich) biegt und sich zum Pfad verengt (Markierung: blauer Pfeil). Man geht oberhalb eines Felstales linker Hand und gelangt zu einem Fahrweg, dem man weiter aufwärts folgt. Wenig später trifft man auf einen breiten Querweg (40 Min.) und biegt nach rechts. Auf breitem Weg passiert man das Anwesen **Les Fayardes** linker Hand. In der scharfen Rechtskurve darauf wendet man sich nach links auf einen ansteigenden Weg (ohne Markierung). Dieser beschreibt bald eine Links- und dann eine Rechtskurve. Knapp 5 Min. später biegt man nach rechts auf einen Waldpfad, der in ca. 10 Min. zum Anwesen **Valescure** führt (1:10 Std.).

Man nimmt hier den Feldweg nach Süden (GR 91). Bei einer Gabelung 5 Min. nach Valescure hält man sich links, biegt kurz darauf, vor Erreichen eines breiten Fahrwegs, nach links auf einen Waldweg. Bei einem Abzweig im Wald geradeaus gehen, den GR 91 verlassen. Eine Borie steht rechts des Weges. Der Pfad verläuft zwischen einigen Felsen im Wald und senkt sich dann zu einem Sträßchen, auf welchem man in gut 10 Min. den Ausgangspunkt erreicht (2 Std.).

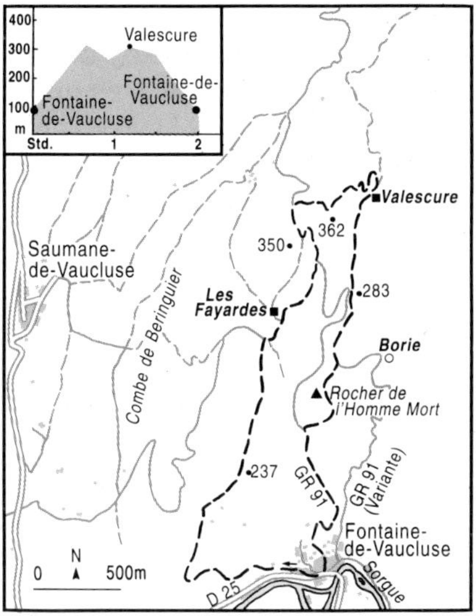

Wanderung 19

Am Wege

Die **Fontaine de Vaucluse** ist ein trichterförmiger Quellschacht, der von unterirdisch verlaufenden Karstbächen gespeist wird. Im Frühjahr brechen bis zu 150 000 l Wasser pro Sekunde aus der Tiefe hervor – ein beeindruckendes Schauspiel. Die meiste Zeit des Jahres ist die Quelle jedoch nur ein dünnes Rinnsal, 1992 wegen der anhaltenden Trockenheit auch im Frühjahr. Die Sorgue führt allerdings ständig Wasser, da sie aus mehreren Zuflüssen gespeist wird.

Die Quelle gibt der Wissenschaft nach wie vor Rätsel auf. Der Verlauf der Karstbäche im Inneren des Kalkgebirges und die Herkunft der Wassermassen im Frühjahr konnten im einzelnen bisher nicht ergründet werden. Der Tiefseeforscher Jacques Cousteau stieß bis in 110 m Tiefe vor, ohne den Grund der Quelle zu erreichen. Mit Hilfe ferngesteuerter Sonden konnte man neuerdings sogar bis in eine Tiefe von über 300 m vordringen. Ob damit das untere Ende des Quellschachtes erreicht wurde, ist nicht geklärt.

Die Fontaine de Vaucluse ist die Quelle der Sorgue, eine typische Karsterscheinung. Das Wasser sammelt sich unterirdisch in Höhlen und Spalten, um dann kristallklar in trichterförmigen Quelltöpfen zutage zu treten

Im Ort **Fontaine-de-Vaucluse** (600 Einwohner; s. Farbabb. 8) ist die schlichte romanische Kirche St-Véran aus dem 12. Jh. sehenswert. Sie birgt den Sarkophag des hl. Véran, der im 6. Jh. Bischof von Cavaillon war. Diesem Schutzpatron der Hirten sind in der Provence zahlreiche Kirchen und Kapellen geweiht. Er soll das Land von dem furchtbaren, Menschen und Vieh verschlingenden Drachen Lou Coulobre befreit haben. Dem Dichter Petrarca, der im frühen 14. Jh. in Fontaine-de-Vaucluse lebte, ist ein kleines Museum gewidmet. Über den Stand der Erforschung des Höhlensystems in diesem Karstgebirge informiert die speläologische Sammlung Casteret.

Fontaine-de-Vaucluse lebt weitgehend vom Tagesausflugsverkehr. Andenkenbuden und Kramläden säumen den Weg zur Karstquelle. Erst abends kehrt Stille ein. Wer den Ort in Ruhe erleben möchte, sollte eine Übernachtung einplanen.

Petrarca und Fontaine-de-Vaucluse

Francesco Petrarca wurde am 20. Juli 1304 in der toskanischen Stadt Arezzo geboren. Sein Vater, ein Florentiner Jurist, der aus politischen Gründen aus seiner Heimatstadt verbannt worden war, wanderte 1313 nach Frankreich aus; er hoffte, am päpstlichen Hof in Avignon eine Anstellung zu finden.

Petrarca nahm als Fünfzehnjähriger in Montpellier das Jurastudium auf und setzte es später in Bologna fort. 1326 kehrte er nach Avignon zurück. Im folgenden Jahr erlebte er die Begegnung, die sein weiteres Leben prägen sollte: In der Kirche der heiligen Klara zu Avignon erblickte er Laura, seine große Liebe. Wer diese Laura war, ist nie schlüssig geklärt worden, denn Petrarca enthüllt ihre wahre Identität nicht. Wir erfahren von ihm nur, daß sie verheiratet und für ihn unerreichbar war. Er machte sie zur fernen, platonischen Geliebten und besang sie fortan in zahllosen Gedichten. Petrarcas Lyrik knüpft an die literarische Tradition der Troubadoure an. Auch die Troubadoure besangen eine unerreichbare Frau – oft eine hochadlige Dame, die sozial über ihnen stand. Trotz seiner ›Fernliebe‹ zu Laura und obwohl er die geistlichen Weihen empfangen hatte, setzte Petrarca mit seiner Lebensgefährtin – die er allerdings nie bedichtete – zwei Kinder in die Welt.

Schon zu Petrarcas Lebzeiten rief seine Laura-Leidenschaft bei manchen Zeitgenossen Spott hervor. Selbst ein enger Freund des Dichters, der Kardinal Giacomo Colonna, argwöhnte, es ginge Petrarca nicht so sehr um Laura als um die ›Laurea‹, den Lorbeerkranz des berühmten Dichters. Petrarca wehrte sich empört und betroffen gegen den Vorwurf: »Ach – hättest Du nur recht mit Deinem Scherz, wär' dies alles nur Schein statt Wahnsinn!« Den Poetenlorbeer aber erhielt er tatsächlich: Ostern 1341 wurde er vom römischen Senat auf dem Kapitol zum Dichterfürsten gekrönt.

Petrarcas Gedichte sind von großer literatur- und geistesgeschichtlicher Bedeutung. Zum einen gehören sie, zusammen mit den Werken Dantes und Boccaccios, zu den ersten literarischen Texten in italienischer Sprache. Zum anderen schlagen Petrarcas Gedichte die Brücke von den Gesängen der Troubadoure zu einer jahrhundertelang andauernden Tradition des europäischen Liebesgedichts.

Petrarca ist zeit seines Lebens viel gereist. Zwischen seinen Reisen zog er sich immer wieder nach Fontaine-de-Vaucluse zurück, das er als Vierunddreißigjähriger zu seinem Aufenthaltsort gewählt hatte. Hier entstanden zahlreiche seiner Werke. Seine geistige Arbeit vollzog sich oft unter freiem Himmel, denn Petrarca wählte bewußt eine naturnahe Umgebung. Sein enges Verhältnis zur Natur wird auch in einem Unterfangen sichtbar, das er 1336 mit seinem Bruder unternahm: die Besteigung des Mont Ventoux. Eine derartige Anstrengung auf sich zu nehmen, war zur damaligen Zeit ganz und gar ungewöhnlich. Die Beschreibung der Bergbesteigung in einem Brief Petrarcas an einen Freund ist die erste Schilderung einer Wanderung in der neueren europäischen Literatur.

Zwischen 1337 und 1340 verbrachte Petrarca eine höchst fruchtbare Zeit in Fontaine-de-Vaucluse. Weitere Aufenthalte folgten 1342–43, 1345–47 und 1351–53. 1348 war Laura gestorben, 1353 wurde das Haus des Dichters in Fontaine-de-Vaucluse von Dieben ausgeplündert. Petrarca zog sich daraufhin in sein Heimatland Italien zurück. Er starb 1374 in Arquà bei Padua.

20 Bories und Zisterzienser
Von Gordes zum Kloster Sénanque und zurück

Von dem mit viel Geschmack restaurierten Künstlerdorf Gordes führt der Weg zunächst zum Village des Bories, einer kleinen Dorfanlage mit den in dieser Gegend besonders zahlreichen eigentümlichen Steinbauten (s. S. 124 f.). Von hier gelangt man bald zum Tal der Sénancole, einer felsigen, trockenen Schlucht, beeindruckend in ihrer Stille und Einsamkeit. Man folgt ein Stück dem Felstal, erreicht nach längerem, etwas mühseligem Anstieg und kurzem Abstieg die in einem Tal inmitten der Macchia-Hänge gelegene, 800 Jahre alte Abtei Sénanque, einen der schönsten romanischen Bauten der Provence (s. Abb. S. 42/43). Von hier gelangt man bald wieder in die einsame, wasserarme Kalklandschaft mit der immergrünen Vegetation der Pinien und Steineichen und den intensiven Düften des Thymians, des Rosmarins und Lavendels. Ein Aussichtsweg mit weiten Blicken über das Tal von Apt zum Luberon beendet die Wanderung, die gleichsam ein Konzentrat von typischen Provence-Eindrücken vermittelt.

Eine abkürzende Variante führt von Sénanque auf direktem Weg zurück nach Gordes.

Dauer: 4:30 Std. / 3:30 Std.
Streckenlänge: 15 / 11 km.
Wegbeschaffenheit: überwiegend Pfade im Buschwald, z. T. steinig; anfangs längeres Stück auf Asphalt.
Anstiege: 400 m / 350 m.
Orientierung: im ersten Teil nicht ganz einfach.
Markierung: ohne, kurzes Stück gelber Balken, ohne klare Markierung bis La Débroussède; blauer Balken für den übrigen Weg (lange Variante) bzw. GR 6 ab Sénanque (kurze Variante).
Schwierigkeitsgrad: vier / drei.
Hotel, Restaurant und Geschäfte: in Gordes.

Wegbeschreibung

Vom Ortszentrum in **Gordes** (s. Abb. S. 27) geht man auf der D 15 Richtung Cavaillon und erreicht beim Ortsende eine Straßengabelung. Man biegt nach rechts auf die D 177 Richtung Sénanque, von wo man nach wenigen Metern nach links in ein Nebensträßchen zweigt, das in südwestliche Richtung zwischen geschichteten Mauern abwärts führt. Bei einem Quersträßchen gut 5 Min. später hält man sich rechts. Das Sträßchen führt durch eine Senke und verläuft in westliche Richtung zwischen Hausgrundstücken; in den Gärten stehen zahlreiche Bories. Das Sträßchen endet nach rechts biegend (30 Min.).

20 m vorher, bei einem kleinen Hydranten links des Weges, nimmt man einen nach links abzweigenden Pfad, der zwischen Steinmauern nach Süden absteigt. Der Pfad kreuzt zwei Querwege, wendet sich nach gut 5 Min. etwas nach rechts, führt an einer höheren Mauer rechter Hand entlang und trifft auf einen breiten Querweg. Nach rechts gelangt man nach wenigen Metern zum **Village des Bories** (40 Min.; s. S. 124 f.).

Man kreuzt den breiten Fahrweg beim Village des Bories und zweigt vor einer Rechtskurve 20 m weiter nach links auf einen zwischen Mauern absteigenden Waldpfad, der nach gut 5 Min. auf einen Fahrweg trifft.

Man biegt nach rechts und kommt an einigen Grundstücken vorbei; der Weg verengt sich und führt nach Süden zum **Tal der Sénancole** abwärts. Bei einer Wegkreuzung hier biegt man nach rechts (Markierung: gelber Balken). Man kreuzt die Sénancole, steigt aus dem Tal hinaus und wendet sich bei einer Gabelung nach rechts. Ca. 3 Min. darauf zweigt man nach rechts, gelangt nach wenigen Metern zu einer großen Borie (1:10 Std.).

Man geht links an der Borie vorbei, ein Stück über eine steinige Fläche, und wendet sich oberhalb der Schlucht der Sénancole etwas nach links. Unterhalb eines Hauses mit einem Windrotor auf dem Dach trifft man auf einen Fahrweg, auf dem man nach rechts abwärts biegt. Bei einer Gabelung im Talgrund der Sénancole geht man rechts. Der Weg verengt sich, kreuzt dreimal den Bach und verläuft dann rechts der Sénancole. Bei einer Gabelung nach rechts zu einem Querpfad kurz ansteigen. Man biegt nach links, zweigt 10 m weiter erneut nach links, kreuzt nochmals die Sénancole (1:35 Std.) und hält sich dann etwas rechts.

Wir passieren nun eine markante Felsnase rechts oberhalb des Weges und gehen auf einem Pfad in einem Seitental der Sénancole. Bei einem Abzweig nach links (1:45 Std.) geht man geradeaus, biegt 3 Min. später auf einen nach rechts aufwärts führenden Pfad. Es folgt in gut 30 Min. der Anstieg zum Bauernhaus La Débroussède. Man geht rechts am Haus vorbei und nimmt den nach Nordosten absteigenden blau markierten Weg, der zum bald sichtbar werdenden **Kloster Sénanque** führt (2:40 Std.; Klosterrundgang s. S. 114).

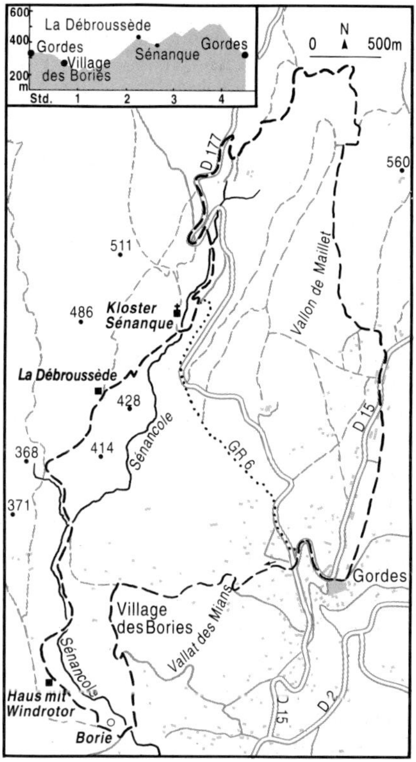

Wanderung 20

Für den **Rückweg (lange Variante)** geht man vom Kloster zum großen Parkplatz und von hier auf der Zufahrtsstraße zur D 177. Man biegt nach links und nimmt sofort rechts einen Pfad, der eine Kurve der Straße abschneidet. Auf der D 177 geht man weiter aufwärts. Ca. 200 m nach einer Linkskurve zweigt man nach rechts auf einen Fahrweg (3 Std., Markierung: blauer Balken). Man umgeht eine Absperrung, biegt scharf nach rechts und bei einer Wegkreuzung kurz darauf ganz nach links. Bei einer Gabelung nach einer Senke nimmt

Kreuzgang der Abtei Sénanque bei Gordes

man den rechten Weg, der in nördliche Richtung ansteigt, um sich auf der Höhe dann nach Osten zu wenden. Vor einer Absperrung biegt man nach rechts auf einen Pfad, der durch ein Tal führt (3:30 Std.) und in einsamer Landschaft mit einem schönen Blick auf abgeschliffene Felsflächen ansteigt.

Man gelangt zu einem Fahrweg, geht rechts und zweigt ca. 2 Min. später nach links auf einen Pfad. Auf ebenem Weg geht man an einigen Feldflächen entlang, dann durch Buschwald zu einem Fahrweg. Wir folgen diesem zwischen Mauern abwärts. Die Asphaltierung beginnt. Auf dem absteigenden Sträßchen gelangt man zur D 15 Gordes-Murs und biegt nach rechts. Nach dem Hotel La Gacholle zweigt man nach links in ein Nebensträßchen. Bei einem Haus linker Hand nimmt man links einen Weg, der mit weitem Blick ins Land am Hang verläuft. Nach gut 10 Min. ist **Gordes** wieder erreicht (4:30 Std.).

Kurze Variante

Bei Erreichen des Klosters von Sénanque, ca. 20 m vor einer Madonnenstatue, biegt man in einen nach rechts aufwärts führenden Pfad, der zur Straße Gordes-Sénanque ansteigt (GR 6). Man biegt nach rechts, geht 100 m auf der Straße und nimmt einen nach rechts abwärts führenden Weg, der durch ein Steineichenwäldchen absteigt. Bei einem Querweg rechts gehen und 10 m weiter nach links biegen. Gordes wird sichtbar; am Weg stehen einige Bories. Man erreicht ein Sträßchen, geht links, gelangt zur D 177 und biegt nach rechts. Nach 150 m auf der Straße, vor einem Hotel, zweigt man nach links in einen asphaltierten Weg und gelangt zum Ausgangspunkt (3:30 Std.).

Am Wege

Gordes (1600 Einwohner), heute eins der beliebtesten provenzalischen Touristenziele, zählt zu den ältesten Künstlerdörfern der Provence (s. Abb. S. 27). 1938 ließ sich der Maler André Lhote hier nieder, und nach dem Krieg folgten ihm zahlreiche weitere Künstler und Kunsthandwerker. Die z. T. noch aus dem 16. und 17. Jh. stammenden Steinhäuser sind großenteils vorzüglich restauriert worden. Die Atmosphäre des Dorfes ist weniger authentisch als in entlegeneren Ortschaften der Provence, doch seine Reize haben sich nicht verloren: die übereinandergeschachtelten Häuser am Berg, das gut erhaltene Schloß, die Treppengassen und Torbögen, die Ausblicke in die umgebende Landschaft bis hin zum Luberon.

Im Renaissanceschloß, das im 16. Jh. auf den Ruinen einer älteren Burg entstand, befindet sich das Musée didactique Vasarely mit zahlreichen Werken des aus Ungarn stammenden Künstlers Victor Vasarely. In jahrzehntelanger Arbeit entwickelte er die abstrakte Formensprache seiner Op-Art-Werke, die vor allem in den sechziger und siebziger Jahren weltweite Berühmtheit erlangten.

Das Kloster Sénanque und der Zisterzienserorden

Das Kloster Sénanque (s. Abb. S. 42/43) drückt die Baugedanken des Zisterzienserordens in reiner Form aus. Der mittelalterliche Kern der Abtei hat sich durch acht Jahrhunderte nahezu unverändert erhalten. Die Lage in einem einsamen Bachtal, inmitten von Buschwald und Lavendelfeldern, trägt zu dem großen Reiz und der Harmonie des Baukomplexes bei.

Der Zisterzienserorden wurde 1098 von Robert von Molesme gegründet. Er verbreitete sich binnen weniger Jahrzehnte in ganz Europa, nachdem 1112 Bernhard von Clairvaux in den Orden eingetreten war. Bei Bernhards Tod 1153 gab es 350 Zisterzienserklöster – Sénanque z. B. wurde 1148 gegründet. Die Zisterzienserbewegung entwickelte sich in bewußtem Gegensatz zu den Cluniazensern, die seit dem 10. Jh. den einflußreichsten Mönchsorden der katholischen Welt darstellten. Die Cluniazenser, ursprünglich als Kirchenreformer angetreten, hatten in den rund 200 Jahren ihres Bestehens große weltliche Reichtümer angesammelt und enormen politischen Einfluß gewonnen. Die Abteikirche von Cluny mit ihrem verschwenderischen Baudekor war zu jener Zeit das größte Gotteshaus der Christenheit.

Die Zisterzienser predigten dagegen die Rückkehr zur Einfachheit des Urchristentums und zu einem asketischen Leben. Die Klöster sollten in einsamen Gebieten, fern der großen Städte, entstehen. Ihre schlichten Bauten wiesen keinerlei prunkvollen Dekor auf: Glasfenster oder Skulpturenschmuck galten als unerlaubt, weil sie den Geist von der Beschäftigung mit Gott ablenken konnten. Die Mönche sollten ihr Leben neben dem Gebet der tätigen Arbeit in Landwirtschaft und Handwerk widmen. In diesen Idealen – eine der immer wiederkehrenden religiösen Reformbewegungen des Mittelalters – spiegelt sich die Kritik an der Amtskirche, die damals in Südfrankreich große Bevölkerungskreise ergriff. Etwa gleichzeitig gewannen auch die ›Ketzerbewegungen‹ der Katharer und Waldenser (s. S. 73) eine große Anhängerschaft.

Durch ihre Hinwendung zu körperlicher Arbeit wurden die Zisterzienser wichtige Neuerer auch in der Landwirtschaft und Technik. Sie rodeten Waldflächen, erneuerten die Methoden der Tierzucht, erfanden wirksame Pflüge, waren als Handwerker tätig und betrieben Mühlen. An der Verbesserung der agrarischen Anbautechniken, die im 12. Jh. zu verzeichnen war, hatten sie wesentlichen Anteil. Aufgrund ihrer wirtschaftlichen Produktivität, vor allem aber durch Schenkungen adliger Stifter, wurden viele Klöster binnen kurzem reich.

Die Baukunst der Zisterzienser, der wir in Sénanque gleichsam exemplarisch begegnen, lebt von der Harmonie der Formen, dem meisterhaft behauenen Stein, dem Spiel des Lichts. Da sich auch hier keinerlei Dekor findet, wirken die Klosterbauten nur durch die Architektur – eine elementare und gleichzeitig überaus kunstvolle Schlichtheit.

Rundgang durch das Kloster: Man gelangt durch einen Vorraum zunächst in den **Schlafsaal** (Dormitorium) der Mönche. Er liegt im ersten Stock über dem Kapitelsaal. Eine Treppe führt hinab in die Kirche. Die Mönche konnten so bei den nächtlichen Gebeten schnell in den Kirchenraum gelangen. In der Frühzeit des Ordens schliefen alle Brüder gemeinsam in dem großen Raum.

Die ab 1160 erbaute **Klosterkirche** war, wie alle Zisterzienserkirchen, nur für die Mönche und Laienbrüder, die sog. Konversen, gedacht: Es gab keine Gemeinde, die Zugang zum Kloster hatte. So erklärt sich, daß die Fassade kein Portal aufweist. Man betritt die Kirche vielmehr von der Seite: aus dem Schlafsaal oder vom Kreuzgang her. Die Kirche ist, unter rein praktischen Gesichtspunkten betrachtet, für die zur Erbauungszeit nur aus rund 60 Mönchen bestehende Klostergemeinschaft unverhältnismäßig groß. Doch hier waren nicht allein praktische Erwägungen ausschlaggebend, kommt der Kirche doch als spirituellem Zentrum der Abtei auch symbolische Bedeutung zu.

An die Kirche schließt sich der **Kreuzgang** (s. Abb. S. 112) an. Er diente den Mönchen zur Lektüre und Meditation. Symbolisch gesehen stellte der Kreuzgang einen Übergangsbereich zwischen der Profanität des Alltagslebens und dem sakralen Bereich der Kirche dar. Vom Kreuzgang betritt man den **Kapitelsaal,** der mit seinem Kreuzrippengewölbe von der Mitte des 13. Jh. bereits gotische Formen aufweist. Im Kapitelsaal lasen die Mönche täglich ein Kapitel aus der Ordensregel – daher der Name. Der Abt gab hier seine Anweisungen, Brüder legten öffentliche Beichten ab, es wurden die Arbeitsaufgaben verteilt und Beschlüsse gefaßt. Neben dem Kapitelsaal liegt der **Wärmeraum** (Chauffoir), neben der Küche der einzige beheizbare Raum des Klosters. Hier hielten sich die schreibenden Mönche auf; die anderen Brüder betraten den Raum jeweils nur kurz, um sich aufzuwärmen.

Auch das **Refektorium,** der Speisesaal der Mönche, stammt noch aus der mittelalterlichen Klosteranlage. Die anderen Bauten kamen bei Erweiterungen der Abtei im 17.–19. Jh. hinzu. Sie werden nach zwanzigjähriger Unterbrechung seit einigen Jahren wieder von Zisterziensermönchen bewohnt und sind Besuchern nicht zugänglich. Öffnungszeiten des zugänglichen Teils: 10–11.45 und 14–17.45, So- und Feiertage nur 14–17.45; Juli/Aug. 10–17.45; im Januar Mo–Fr geschlossen.

21 Im Land der Päpste

Rundweg bei Venasque

Das schön gelegene, uralte Venasque, das einem ganzen Landstrich seinen Namen gegeben hat (das den Päpsten gehörende Comtat Venaissin), ist heute ein stilles, fast ausgestorben wirkendes Dorf von gut 500 Einwohnern. Die Wanderung führt rund um den hoch über dem Tal der Nesque auf einem Felsrücken ruhenden Ort, verläuft zunächst auf Nebenstraßen mit Blick auf Weinhänge und Hügelketten, dann durch ein schönes, felsgesäumtes Bachtal, durch Eichenhaine, Wiesen und Obstkulturen sowie eine kleine Schlucht ohne die abweisende Kargheit der meisten Vaucluse-Felstäler. Nach kurzem Anstieg in einem Hohlweg geht man am Rande eines Höhenzuges, blickt auf Venasque und die dahinter aufragende, klar gegliederte Silhouette des Mont Ventoux und erreicht zuletzt auf einem Waldpfad den Ausgangspunkt der Wanderung: eine trotz diverser Straßenstücke lohnende Wanderung in abwechslungsreicher Landschaft.

Dauer: 2:45 Std.
Streckenlänge: 10 km.
Wegbeschaffenheit: zu etwa gleichen Teilen auf Feld- und Fahrwegen, Pfaden sowie Sträßchen fast ohne Verkehr.
Anstiege: knapp 300 m.
Orientierung: einfach.
Markierung: blauer Balken, dann GR 91, ein Stück ohne, dann gelber Balken.
Schwierigkeitsgrad: drei.
Hotel, Restaurant und Lebensmittelgeschäft: in Venasque.

Wegbeschreibung

Die Wanderung beginnt am oberen Ende des alten Ortskerns von **Venasque** bei den Ruinen der mittelalterlichen Befestigungsanlage (Place des Tours).

Man geht von hier an der alten Schule vorbei und biegt bei einer Straßengabelung nach links in ein ansteigendes Sträßchen, folgt dem Hinweisschild C 9 Richtung Apt/Murs. Bei einer Straßengabelung nach dem Hôtel La Garrigue geht man links (Markierung: blauer Balken). Am Ende des Anstiegs nach rechts auf ein schmaleres Sträßchen abzweigen, das mit Blick auf den Mont Ventoux am Hang verläuft. Es folgen ein Quersträßchen von rechts und dann eine Ruine rechter Hand. 100 m weiter nach rechts in einen abwärts führenden Feldweg biegen (25 Min.).

Wanderung 21

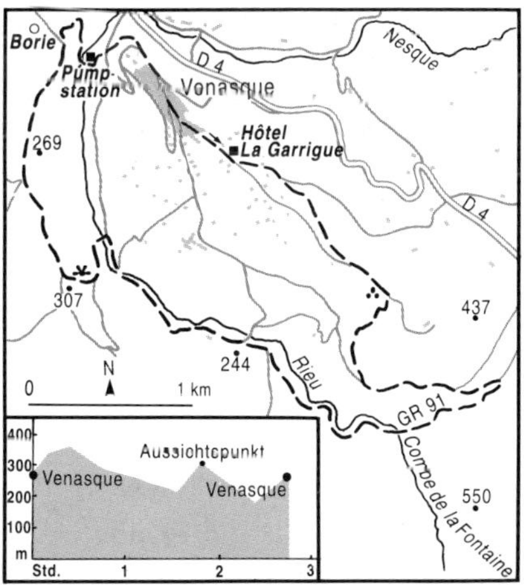

Bei einer Gabelung an einem Felsen im Wald gehen wir links. Man gelangt zu einem Querweg, wo man nach links biegt (einige Meter Asphalt). Der Weg beschreibt 10 Min. später eine Linkskurve: Hier nach rechts auf den absteigenden Weg abzweigen. Bei der Gabelung darauf (45 Min.) geht man rechts (GR 91) auf absteigendem Weg, der sofort in westliche Richtung biegt. Man folgt einem einsamen Felstal, gelangt nach ca. 25 Min. auf dem Talpfad zu einer Obstbaumpflanzung und geht auf einem Fahrweg weiter, der bald auf einen breiten Querweg trifft (1:15 Std., der GR biegt hier nach links).

Wir gehen geradeaus weiter (ohne Markierung), auf dem Fahrweg abwärts, dann auf einem Sträßchen aufwärts. Man passiert ein Haus linker Hand und zweigt nach der folgenden Linkskurve nach rechts auf einen Pfad. Über eine Wiesenfläche, dann auf einem Waldweg gelangt man zurück zum Sträßchen. Auf diesem erreicht man eine Querstraße (1:35 Std.), biegt nach links. Das Sträßchen steigt an und beschreibt eine Linkskurve; danach in einen nach rechts abzweigenden Pfad biegen, der zwischen Felsen ansteigt (Markierung: gelber Balken). Man erreicht einen Aussichtspunkt mit Blick auf das **Tal des Rieu.**

Durch eine Obstbaumpflanzung geht man zu einem Sträßchen. Nachdem man nach rechts abgebogen ist, ergibt sich ein schöner Blick auf Venasque und den Mont Ventoux. Bei einer Wegkreuzung nach 10 Min. auf Asphalt nimmt man rechts einen Fahrweg. In einer Linkskurve nach einer Borie (s. S. 124 f.) geht man geradeaus auf einem Pfad weiter: ein schöner Weg unter Felsen, der sich zu Tal senkt. Bei einem Querweg im Talgrund (2:25 Std.) rechts um eine Pumpstation herum gehen. Man kreuzt eine Straße (Kapelle linker Hand) und gelangt auf ansteigendem Waldpfad nach **Venasque** (2:45 Std.).

Am Wege

Auf dem Felsrücken von **Venasque,** der gegen Angreifer leicht zu verteidigen war, befand sich schon in keltoligurischer Zeit eine Ansiedlung. Im 6. Jh. wurde Venasque Bischofssitz, da es aufgrund seiner geographischen Lage Schutz vor Invasoren bot. Zeitweise war der Ort Hauptstadt der Grafschaft (Comtat) Venaissin, desjenigen Teils der Provence, der 1274–1791 im Besitz der Päpste stand.

Die Kirche Notre-Dame aus dem 11.–13. Jh. zeigt die schlichten Formen der provenzalischen Romanik. Daneben steht das sog. Baptisterium, ein kleiner Rundbau, der lange Zeit für eine Taufkirche des 6. Jh. gehalten wurde. Nach dem heutigen Stand der kunsthistorischen Forschung handelt es sich jedoch wohl um eine Grabkapelle, vermutlich der Bischöfe von Venasque, die im 11. oder 12. Jh. auf den Grundmauern eines älteren Vorgängerbaus errichtet wurde.

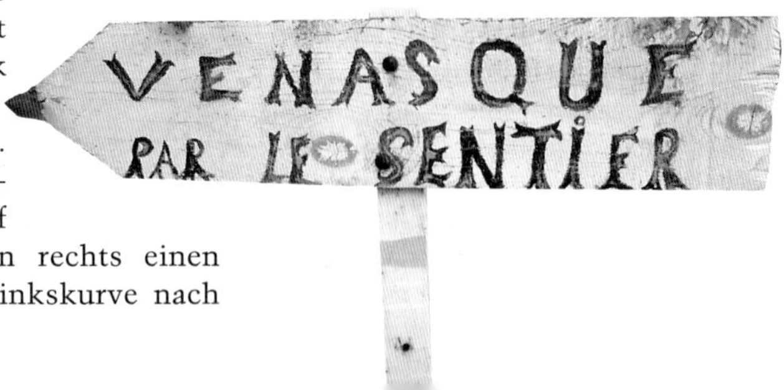

22 Die wilde Schlucht der Nesque
Rundweg bei Monieux

Die Nesque, ein im Sommer meist trockener kleiner Flußlauf, hat sich auf ihrem Weg von den weiten, kahlen Höhen bei Sault zu den fruchtbaren Ebenen des Rhône-Tals für einige Kilometer tief in das weiß-graue Kalkgebirge des Plateau de Vaucluse eingegraben und so ein Felstal von beeindruckenden Ausmaßen entstehen lassen. Der Weg zu dieser in weltabgeschiedener Landschaft gelegenen Schlucht beginnt in dem verschlafenen Weiler Monieux, verläuft zunächst in ruhiger Landschaft mit Blick auf sanfte Hügelwellen, dann auf schmalen Pfaden durch den Grund der Schlucht, führt vorbei an zernarbten, von Höhlen durchsetzten Felswänden, durch niedrigen Eichenwald in feuchtem Bachtal und zu einer unter eine überhängende Wand gebauten, einsamen Kapelle.

Der Weg weist auch auf dem Schluchtabschnitt keine besonderen Schwierigkeiten auf. Da er jedoch z. T. am Rande eines Steilabfalls verläuft, sollte er nicht von Wanderern mit ausgeprägter Höhenangst unternommen werden.

Dauer: 3:15 Std.
Streckenlänge: 10 km.
Wegbeschaffenheit: überwiegend auf Pfaden, teilweise felsiger Untergrund; ca. 5 Min. auf Nebenstraße.
Anstiege: 550 m.
Orientierung: meist einfach.
Markierung: GR 9, ohne, brauner Balken, GR 9.
Schwierigkeitsgrad: vier.
Restaurant und Geschäft: im Ortszentrum von Monieux.
Hotel: in 84 390 Sault (Signoret *, im Ortszentrum, einfach und freundlich, preiswertes Hotel-Restaurant).

Wegbeschreibung

In **Monieux** geht man vom Dorfbrunnen in südwestliche Richtung vorbei an einem Restaurant und einem Geschäft und zweigt bei der folgenden Straßengabelung nach rechts. Das Sträßchen endet bei den letzten Häusern von Monieux; man geht auf einem Pfad rechts an einem schmalen Haus vorbei. Nach kurzem Anstieg erreicht man einen Querpfad, biegt nach links (GR 9). Der Pfad steigt für 15 Min. recht steil an.

Am Ende des Anstiegs zweigt der GR 9 nach links ab (30 Min.); man geht hier geradeaus ohne Markierung weiter. Der undeutlicher werdende Weg senkt sich in westlicher Rich-

Wanderung 22

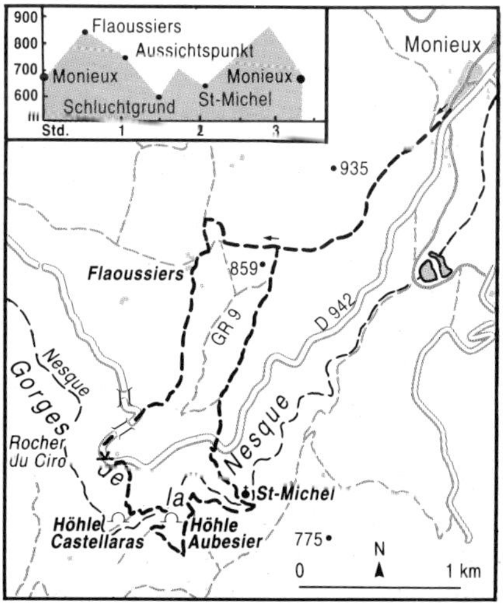

Das steil abfallende Felstal der Gorges de la Nesque

tung parallel zu einer Steinbegrenzung. Nach rechts wird der Mont Ventoux, in Wegrichtung das Anwesen Flaoussiers sichtbar. Man gelangt zu einem Fahrweg, biegt nach rechts und bei einer Ruine darauf nach links, um am **Anwesen Flaoussiers** vorbeizugehen. 10 Min. darauf erreicht man die D 942 und biegt nach links auf die Straße. Nach Passieren eines kurzen Tunnels gelangt man zu einem Aussichtspunkt (Parkplatz); gegenüber erhebt sich die Steilwand des **Rocher du Cire** (1:05 Std.).

Beim Ende der Linkskurve der Straße biegt man nach rechts über Stufen und geht bei einer Pfadgabelung nach wenigen Metern links (Markierung: brauner Balken). Der Pfad senkt sich zu Tal. Bei einer Gabelung auf halber Höhe hält man sich links. Nach rechts führt ein kurzer Abstecher zur großen **Höhle Castellaras.** Man erreicht den **Schluchtgrund,** geht 20 m neben dem Bachbett rechter Hand und überquert den Bach auf Steinen (1:30 Std.). Ein kurzer steiler Anstieg führt über einige Felsblöcke; auf einem Pfad steigt man wieder aus der Schlucht hinaus. Bei einer Gabelung geht man rechts. Nach links ist ein kurzer Abstecher zur großen **Höhle Aubesier,** einem Ausgrabungsgelände, möglich.

An einer erneuten Gabelung biegt man nach links, trifft kurz darauf auf einen Fahrweg und wendet sich nach rechts. 100 m weiter scharf nach links auf den ansteigenden Pfad abzweigen. Ein Wegstück über der Schlucht verläuft am Rande der Steilkante; bei einem Querpfad biegt man nach links (GR 9). Der Pfad steigt in einigen kurzen, steilen Serpentinen ab, biegt nach rechts, verläuft unter einer senkrechten Felswand und erreicht den Schluchtgrund erneut. Man überquert die Nesque auf einer Holzbrücke und gelangt kurz darauf zur unter den Fels gebauten **Kapelle St-Michel** von 1643 (2:10 Std.).

Der Pfad führt von hier wieder aus der Schlucht hinaus. Nach ca. 20 Min. Anstieg gelangt man zur D 942, die man kreuzt. Wir gehen auf einem Fahrweg weiter aufwärts und zweigen nach 5 Min. nach rechts auf einen weiter ansteigenden Pfad. Dieser führt nach einiger Zeit rechts an einem Haus vorbei und trifft wenig später auf den Hinweg, dem man zurück zum Ausgangspunkt folgt (3:15 Std.).

Am Wege

Die 12 km lange **Nesque-Schlucht** ist das wohl beeindruckendste Felstal des Plateau de Vaucluse. Die senkrechte Felswand des Rocher du Cire mißt fast 400 m. An mehreren Stellen der Schlucht wurden unlängst Ausgrabungen vorgenommen, die neue Aufschlüsse über die schon nachgewiesene prähistorische Besiedlung der Höhlen und Felsüberhänge im Schluchtgrund bringen sollen.

Nur im Frühjahr und nach sehr starken Regenfällen führt die Nesque Wasser. Die übrige Zeit versickert das Naß im porösen Karstuntergrund des Oberlaufs – die Nesque ist wahrscheinlich einer der Zuflüsse der Fontaine de Vaucluse (s. S. 107; Abb. S. 108).

Monieux (170 Einwohner), ein stilles Dorf am Hang über dem Nesque-Tal, wird von einem mittelalterlichen Signalturm überragt.

23 Das Karstland der Aiguiers
Rundweg bei St-Saturnin-d'Apt

Auf den Karsthöhen nördlich von St-Saturnin-d'Apt findet man hier und da kleine, in den Steingrund eingelassene Wasserspeicher – meist von einer Borie überwölbt –, die von den Einheimischen als *Aiguiers* (s. S. 124) bezeichnet werden. Der beschriebene Weg passiert einige dieser eigenartigen, altertümlich wirkenden Bauten. Er führt wiederum in eine weltabgeschiedene Landschaft, verläuft durch einsame, langgestreckte Felstäler, *Combes* genannt, und erreicht auf schmalem Pfad den schöngelegenen Ruinenweiler Travignon. Von hier geht man auf meist bequemen Wegen, durch Pinien- und Eichenwäldchen oder offen am Hang mit weitem Blick auf die Calavon-Ebene und den Luberon, zurück nach St-Saturnin-d'Apt.

Da der Weg recht lang ist, habe ich eine abkürzende Variante aufgenommen; ein ebenfalls lohnender Weg, der allerdings weder die Aiguiers noch die Ruinen von Travignon berührt.

Dauer: 5:15 Std. / 3:45 Std.
Streckenlänge: 17,5 / 12 km.
Wegbeschaffenheit: überwiegend auf schmalen Wegen; z. T. steinig.
Anstiege: 700 m / 430 m.
Orientierung: alle Wege sind markiert, dennoch ist die Orientierung nicht ganz problemlos (viele Abzweige, Markierungswirrwarr); bei mehrfach markierten Wegen ist in der Wegbeschreibung nur eine Markierung erwähnt.
Markierung: auf der langen Variante hellblauer Balken, dunkelblauer Balken, blaue Pfeile, dann Punkte bis Travignon; kurzes Stück GR 9, grüne Punkte, hellblauer Balken; auf der kurzen Variante durchgehend hellblauer Balken.
Schwierigkeitsgrad: fünf / vier.
Restaurant, Bar und Geschäfte: in St-Saturnin.
Hotel: in 84 490 St-Saturnin (Les Voyageurs *, ✆ 90 75 42 08).

Wegbeschreibung

In **St-Saturnin-d'Apt** nimmt man beim kleinen Platz vor dem Hôtel Les Voyageurs die nach Osten ansteigende Rue Blanche Gaillard und folgt ihr zum nordöstlichen Ortsende. Bei einer Querstraße hier scharf nach rechts biegen und 50 m weiter nach links auf ein Nebensträßchen abzweigen (Markierung: hellblauer Balken). Bei einer Gabelung hält man sich links (10 Min.). Man bleibt auf dem Haupt-

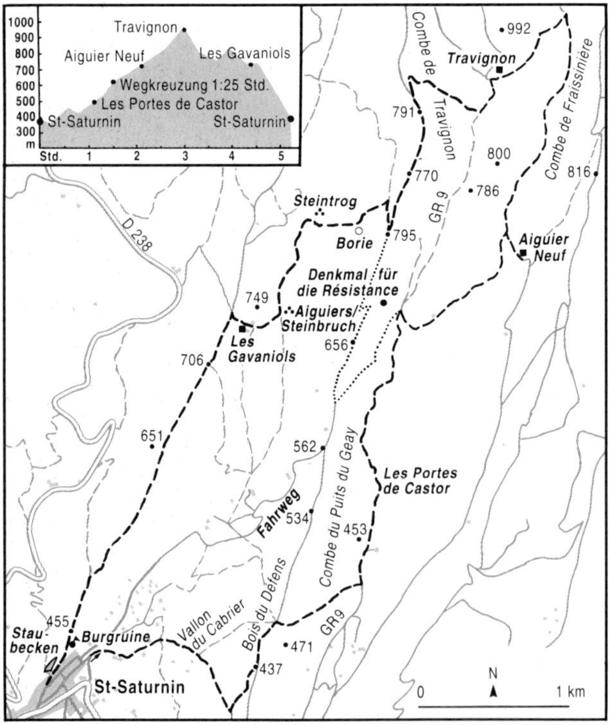

Wanderung 23

Ankunft in St-Saturnin – bei klarer Sicht reicht der Blick weit über die Calavon-Ebene

weg, dessen Asphaltierung endet. Man gelangt zu einer Obstbaumpflanzung, passiert diese linker Hand und geht auf dem hier beginnenden, ansteigenden Pfad weiter; ein Blick zurück zeigt uns noch einmal St-Saturnin.

Bei einem Querweg biegen wir nach links aufwärts und gehen 5 Min. geradeaus auf dem ansteigenden Fahrweg weiter. Vor einer leichten Linkskurve des Fahrwegs zweigt man nach rechts auf einen Pfad, der mit Blick auf den Luberon am Hang verläuft. Bei einer Gabelung hält man sich links, passiert ein Häuschen. Der Pfad senkt sich zu einer Obstbaumpflanzung und trifft dahinter auf einen Fahrweg (50 Min.). Wir biegen hier nach links und gehen einige Minuten später geradeaus auf einem schmaleren Weg weiter, der bald eine Engstelle zwischen Felsen passiert **(Les Portes de Castor).** Auf einem schönen Pfad folgt man einem felsgesäumten Tal, steigt dann für 5 Min. an und erreicht eine Gabelung (1:25 Std.). Hier ergeben sich zwei Varianten. Die kürzere folgt weiter der hellblauen Markierung.

Kurze Variante

Bei der Gabelung (1:25 Std.) wendet man sich nach links, kreuzt einen Bach und geht auf einem Pfad am Hang aus dem Tal hinaus. Man trifft auf einen Fahrweg, biegt nach rechts aufwärts. Nach einer Links-, dann einer Rechtskurve erblickt man rechter Hand einen **Gedenkstein für die Résistance.** Bei einer Gabelung 10 Min. darauf links den schmaleren Weg nehmen und 150 m weiter nach links auf einen Waldpfad biegen (2:15 Std.). Der Pfad steigt einige Minuten an. Bei einer undeutlichen Gabelung kann man beide Wege nehmen; der linke (grün markiert) passiert eine etwas verdeckte Borie (s. S. 124 f.) linker Hand. Man kommt an einigen unscheinbaren Ruinen vorbei (Steintrog) und hält sich bei der folgenden Gabelung links. Der Pfad senkt sich nach Süden, erreicht eine steinige Fläche, auf der zwei zusammengestürzte Aiguiers sowie ein alter Steinbruch zu sehen sind. Wenig später gelangt man, nach Westen biegend, zum Anwesen **Les Gavaniols** (3 Std.).

Man geht in einem Bogen nördlich um das Anwesen herum, nimmt dann den von den Häusern kommenden Fahrweg. Bei einem Abzweig 50 m weiter biegt man nach links (südlich). Während des langen Abstiegs bietet sich ein weiter Blick auf die Calavon-Ebene und den Luberon. Auf zuletzt steinigem Weg gelangt man zur Burgruine von **St-Saturnin-d'Apt** und geht auf dem Burgfelsen weiter. In Höhe des Kirchturmes biegt man nach links durch einen Torbogen und erreicht den Ausgangspunkt (3:45 Std.).

Lange Variante

Bei der Gabelung (1:25 Std.) wendet man sich nach rechts (Markierung: hell- und dunkelblauer Balken). Der Pfad steigt über einem Tal rechter Hand an. Am gegenüberliegenden Hang wird der **Aiguier Neuf** sichtbar. Bei einem Querpfad (1:50 Std.) biegt man nach links (Markierung: dunkelblauer Pfeil). Nach rechts führt ein kurzer Abstecher zum Aiguier Neuf.

Man geht in sehr einsamer Landschaft in einem langgestreckten Tal **(Combe de Fraissinière).** Der Pfad ist

In manchen Orten scheint die Zeit stehengeblieben zu sein ...

stellenweise etwas überwachsen, aber immer auszumachen. Man kreuzt zweimal das Bachtal, passiert niedrige Felsen (2:15 Std.). Der Pfad verläuft dann oberhalb des Tales linker Hand und tritt in ein Wäldchen. Man geht durch dichtes Laub (2:35 Std.); hier ganz nach links auf einen schmalen Pfad abzweigen, der aus dem Tal hinaus aufwärts führt (Markierung: blauer Punkt) und auf dem man gut 15 Min. ansteigt. Nach einem kurzen ebenen Wegstück gelangt man zum Ruinenweiler **Travignon** (3 Std., weiter Blick nach Süden zum Luberon). Den dunkelblauen Markierungen nach Norden folgend erreicht man nach ca. 5 Min. auf einem Abstecher die Aiguiers von Travignon.

Beim Weiler nimmt man den nach Südwesten absteigenden Pfad (GR 9). Bei einem Abzweig nach links (3:10 Std.) geht man geradeaus (Markierung: grüner Punkt; der GR biegt hier nach links). Der Weg senkt sich nach Westen, kreuzt ein Tal und biegt nach links. Man gelangt zu einem Fahrweg, dem man weiter nach Süden folgt, hoch über der **Combe de Travignon.** Nach ca. 10 Min. auf dem Fahrweg zweigt man scharf nach rechts aufwärts (Markierung: hellblauer Balken), um 150 m weiter nach links auf einen Waldpfad zu biegen (3:45 Std.). Auf dem oben beschriebenen Weg (kurze Variante ab 2:15 Std.) geht man zurück nach **St-Saturnin-d'Apt** (5:15 Std.).

Am Wege

St-Saturnin-d'Apt (1740 Einwohner): Eine mittelalterliche Burgruine mit romanischer Kapelle aus dem 11. Jh.

erhebt sich auf dem Felsrücken oberhalb des Ortes. Was auf dem Dorfplatz wie das Denkmal für den unbekannten Boulespieler aussieht, soll in Wirklichkeit an den aus St-Saturnin stammenden Entdecker der Trüffelkultivierung erinnern. Auf den Märkten der Region werden in den Wintermonaten die kostbaren ›Erdäpfel‹ verkauft.

Cabanes, Bories und Aiguiers – Traditionelle Bauformen in der Provence

Auf dem Plateau de Vaucluse und den Ebenen nördlich des Grand Luberon trifft man zwischen Steineichenwäldchen, Macchia-Gesträuch und Lavendelfeldern immer wieder auf eigenartige, zu Kuppeln hochgeschichtete fensterlose Steinhütten, urtümliche kleine Bauten, die den geheimnisvollen Reiz dieser Landstriche noch erhöhen. Sie wurden im Provenzalischen schlicht als *Cabanes* (Hütten), *Cabanon pointu* oder *Cabanon gaulois* (spitze bzw. gallische Hütte) bezeichnet. Heute nennt man sie allgemein *Borie,* eine verfälschende, folkloristische Namengebung, die sich aber durchgesetzt hat.

Ursprung, Funktion und Alter dieser Bories geben nach wie vor Rätsel auf. Eine Zeitlang hielt man sie überwiegend für Relikte aus kelto-ligurischer Zeit oder datierte sie noch weiter, bis ins Neolithikum, zurück. Heute geht man davon aus, daß einige wenige noch erhaltene Bories aus dem Mittelalter stammen, der Großteil aber erheblich später, zwischen dem 17. und 19. Jh., entstand. Wahrscheinlich spiegelt sich aber in den Bories eine uralte Bautradition des Mittelmeerraums wieder, wie sie z.B. auch in den *Trulli* Apuliens zu sehen ist.

Das Bauprinzip einer Borie ist denkbar simpel. Man setzt Schichten von Feldsteinen derart übereinander, daß eine Lage jeweils die untere um wenige Zentimeter überragt, bis die Mauern sich zu einem Scheingewölbe zusammenfügen. Dabei werden die mörtellos gesetzten Steine etwas nach außen geneigt, damit das Regenwasser ablaufen kann. Auffallend ist die gleichbleibende Kühle im Inneren dieser Bauten. Die Bories wurden, zumindest in den letzten Jahrhunderten, in der Regel nicht als dauerhafte Wohnstätten genutzt. Sie dienten Hirten, Jägern, Holzköhlern und Feldarbeitern als zeitweiliger Schutz- und Schlafraum, man gebrauchte sie als Schaf- und Ziegenställe, als Lagerraum für Werkzeuge und Feldfrüchte.

Einen besonderen Zweck, die Speicherung von Regenwasser, hatten die *Aiguiers,* die man vor allem auf dem Karstplateau nördlich von St-Saturnin-d'Apt finden kann. Quellen sind hier rar, denn das Naß sickert schnell in den porösen Kalk. Man behalf sich, indem man in die hier zu findenden großen glatten Steinflächen Rinnen eingrub, die das ablaufende Regenwasser auffingen und in ein Becken ableiteten, das zur Verringerung der Verdunstung meist mit einer Borie überwölbt wurde. Offene Aiguiers nutzte man als Viehtränke.

Das Material für die Errichtung der Bories war immer in Hülle und Fülle vorhanden. Beim Anlegen der Terrassenkulturen auf den Felsfluren mußten große Mengen Steine aus dem Boden geholt werden, um überhaupt eine kultivierbare Bodenoberfläche zu erhalten. Die so gewonnenen Steine wurden zur Eingrenzung der Felder und zur Errichtung der Stützmauern der Hangkulturen, sog. *Restanques,* genutzt. Man pflasterte Straßen und Wege mit ihnen oder baute eben *Cabanes en pierre sèche,* ›Hütten aus trockenem Stein‹, die man heute als Bories bezeichnet. Überzählige Steine wurden sorgfältig aufgestapelt, um jederzeit als Baustoff greifbar zu sein.

In der Umgebung von Gordes sind Bories in ungewöhnlicher Häufung anzutreffen. Auch weisen hier Bauweise und Lage einige Besonderheiten auf. Der Grundriß ist meist rechteckig, das Dach läuft nicht spitz zu, sondern besitzt einen langgestreckten Giebel, die Bauten sind großzügiger gestaltet und stehen meist nicht

isoliert wie andernorts. Ein ganzes Dorf aus Bories hat man hier in den fünfziger Jahren unter der wuchernden Vegetation gefunden. Einige Gebäude dieses aus dem 17. Jh. stammenden **Village des Bories** sind zweistöckig, besitzen Treppen, einfache Portale, Back- und Wohnstuben mit Sitzbänken und gepflastertem Boden.

Man vermutet deshalb, daß es sich bei dem Village des Bories um eine auf längere Zeit angelegte Siedlung handelte, deren Häuser nicht nur vorübergehend benutzt wurden. Rätselhaft bleibt aber, warum noch im 17. Jh. in der Nähe eines ›modernen‹ Ortes wie Gordes ein Dorf in solch altertümlicher Bauweise errichtet wurde. Eine These besagt, daß es sich bei den Bewohnern um landlose Arme, eine kleine Gemeinschaft am Rande der Gesellschaft, gehandelt habe, die sich auf das steinige Plateau oberhalb der fruchtbaren Calavon-Ebene zurückziehen mußte, um hier, wo der Boden zur Hälfte aus Steinen besteht, eine mühselige und bescheidene Existenz zu finden.

Bei den zugezogenen Villenbesitzern um Gordes gilt es als schick, eine Borie neben dem Swimmingpool stehen zu haben: Architektur der Armut in den Vorgärten der Reichen.

24 Im farbigen Land des Ockers

Rundweg im Colorado provençal bei Rustrel

Die Wanderung führt in die ausgedehnten, aufgelassenen Ockerbrüche von Rustrel, eine aus dem Zusammenwirken von Mensch und Natur geschaffene bizarre Landschaft farbiger Steine und Erden. In der Sonne aufleuchtende Erdtönungen, von bläßlich-grün über warmgelb bis flammend-rot, kontrastieren mit dem dunklen Grün des umgebenden Nadelwaldes. Die Kräfte der Erosion haben an vielen Stellen markante Spitzen, Kegel und Kamine geformt.

Der Rundweg führt durch den interessantesten Teil dieses Gebietes, das wegen seiner Farbigkeit oft als ›Colorado‹ bezeichnet wird. Besonders reizvoll ist die Wanderung, wenn ein blauer Himmel die Intensität der Farbwirkung steigert.

Dauer: 2:15 Std. (ohne den Abstecher zu den Cheminées des Fées).
Streckenlänge: 6 km.
Wegbeschaffenheit: überwiegend auf sandigem Untergrund; meist schmale Wege.
Anstiege: insgesamt ca. 200 m; diverse kurze steile An- und Abstiege.
Orientierung: einfach, doch wegen der vielen Abzweige nicht völlig problemlos.
Markierung: kurzes Stück gelber Balken, dann gelbe Punkte und hellblauer Balken auf dem eigentlichen Weg durch den Colorado, kurzes Stück GR, zuletzt ohne.
Schwierigkeitsgrad: drei.

Wanderung 24

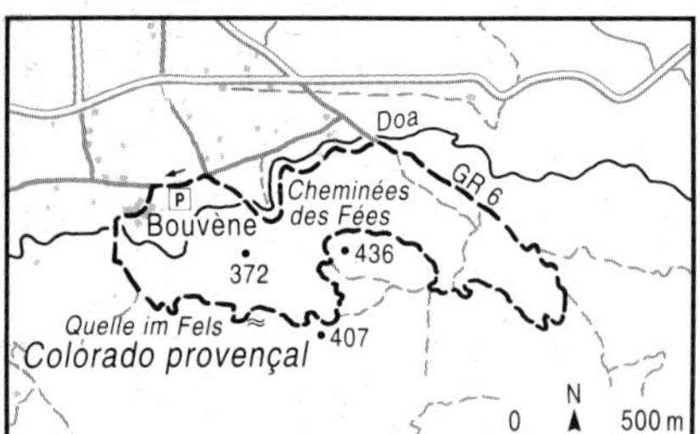

Restaurant, Bar und Geschäft: in Rustrel.
Hotel: in 84400 Rustrel (Auberge de Rustreou **, 3 Place de la Fête, ✆ 90 74 24 12).
Besonderer Hinweis: Man sollte nicht abseits der Wege auf eigene Faust im Gelände herumklettern. Der Untergrund ist an vielen Stellen locker und brüchig; insbesondere Steilkanten sind absturzgefährdet. Es ist hier schon zu schweren Unfällen gekommen.

Wegbeschreibung

Ausgangspunkt ist der Weiler **Bouvène** südlich von Rustrel. Man erreicht ihn, indem man bei der kleinen Post in Rustrel von der D 30 Apt-Sault in die D 112 biegt, die Rustrel nach Süden hin verläßt. Man kreuzt die D 22, biegt dann nach links. Ca. 200 m weiter führt ein Abzweig nach rechts zum Weiler Bouvène; ein Stück ge-

Durch Eisenoxyd in Schattierungen von rot über orange bis gelb gefärbte Felsen ▷

radeaus weiter befindet sich ein kleiner Parkplatz.

Von dort geht man ein Stück zurück auf dem Sträßchen, auf welchem man gekommen ist, zweigt dann nach links zum sichtbaren alten Weiler Bouvène. Man geht durch den winzigen Weiler abwärts, überquert kurz darauf den Bach Doa, kreuzt einen Querpfad und geht aufwärts (Markierung: gelber Balken). Nun trifft man auf einen Querweg (10 Min.), in den man nach links biegt (Markierung: gelber Punkt und hellblauer Balken). Kurz darauf blickt man auf einen großen **Ockerbruch.**

Bei einer Gabelung hier links gehen, ein kurzes Stück steil abwärts. Es folgen ein ebenes Wegstück parallel zu einem Bachlauf sowie ein steiler Anstieg. Bei einem Querpfad von rechts (dunkelblau markiert) geradeaus gehen. Nochmals haben wir einen schönen Blick auf einen farbigen **Ockerbruch.** Der Weg passiert eine Quelle im Fels und gelangt nach einigem Auf und Ab zu einem Querweg im Tal (50 Min.).

Man biegt nach rechts, steigt gut 5 Min. später über sandige Flächen steil an. Bei der folgenden Gabelung links gehen (Abzweig leicht zu übersehen, auch der rechte Pfad ist gelb markiert). Durch niedriges Gebüsch geht man in westliche Richtung. Der Weg beschreibt eine Rechtskurve hoch am Hang; unterhalb erblickt man bizarre Erdformationen, die Cheminées des Fées. Man geht wieder in östliche Richtung – Gignac wird sichtbar – und gelangt zu einem Querweg (1:20 Std.), auf dem man nach links biegt. Kurz darauf zweigt man nach links auf einen breiteren Weg und nimmt bei der Gabelung darauf erneut den linken, absteigenden Weg. Dann nach rechts auf einen schmaleren Weg abzweigen. Nach kurzem, steilem Anstieg erreicht man einen bequemen Pfad mit schönen Aus-

blicken. Man kreuzt einen Bach und erreicht 5 Min. darauf einen Fahrweg (1:40 Std.).

Hier biegen wir nach links (der hellblau markierte Weg biegt hier nach rechts). Kurz darauf wird nochmals ein großer **Ockerbruch** links des Weges sichtbar. Man folgt dem Fahrweg abwärts (Markierung: GR 6), bis man den Bach Doa erreicht. Man biegt nach links (ohne Markierung) und geht auf einem Pfad parallel zum Bach rechter Hand, bis man links oberhalb des Weges die Erdspitze **Cheminées des Fées** erblickt, die man auf einem kurzen steilen Abstecher erreichen kann. Der Hauptweg kreuzt die Doa bei einem kleinen Ziegelgebäude und steigt dann an einem Weinfeld entlang zu einem Sträßchen an, das wieder zurück zum Weiler **Bouvène** führt (2:15 Std.).

Die Ockerproduktion rund um Apt

Die Ockervorkommen, die bei Rustrel und bei Roussillon abgebaut werden, bestehen aus eisenhaltigen Sanden und Tonerden. Der unterschiedlich hohe Eisenanteil, der der Oxydation ausgesetzt ist, führt zur Entstehung der Farbabstufungen zwischen hellen Gelb- und kräftigen Rottönungen.

Die Menschen der Jungsteinzeit benutzten bereits Ocker als Werkstoff für die Anfertigung ihrer Fels- und Höhlenzeichnungen, und unter den Römern wurde die hier gewonnene Farbe wegen ihrer kräftigen Tönungen im ganzen Reich gehandelt. Der Abbau in großem Stil, der zur Entstehung des heutigen Landschaftsbildes führte, begann um 1780. Ende des 19. Jh. hatte sich die Ockerproduktion zum wichtigsten Industriezweig der Region um Apt entwickelt. Die Farben wurden von hier in die ganze Welt exportiert, Frankreich war der weltweit wichtigste Produzent.

Der Niedergang der Ockerindustrie begann nach dem Zweiten Weltkrieg. Die qualitative Verbesserung der synthetischen Produktion von Farbstoffen, die kostengünstiger ist als die arbeitsaufwendige Aufbereitung der Farbe aus Ockererde, führte nach und nach zur fast vollständigen Einstellung des Abbaubetriebes. Heute werden hier nur noch ca. 2000 t Farbstoff jährlich gewonnen, der vor allem von Kunstmalern verwandt wird. Hinsichtlich Beständigkeit und Leuchtkraft gilt die Ockerfarbe der synthetisch hergestellten nach wie vor als überlegen.

Die Gewinnung der Ockerfarbe geschieht nach einem denkbar einfachen Prinzip: Die sandige Ockererde wird zunächst in Klärbecken gebracht und dort ausgewaschen. Der schwerere Sand sinkt zu Boden, das die Farbpigmente enthaltende Eisenoxyd schwimmt an der Oberfläche. Der Vorgang des Auswaschens wird in mehreren Klärbecken wiederholt, so daß zuletzt ein – noch nicht ganz reines – Ockerkonzentrat übrigbleibt. Dieses läßt man in der Sonne trocknen und schneidet es dann in viereckige Stücke, die nach vollständiger Austrocknung des Materials zerstoßen und gemahlen werden. Durch Aussieben gewinnt man zuletzt einen reinen, konzentrierten Farbstoff, der außerordentlich ergiebig ist.

1 Blick auf Entrages bei Digne

2 Die Clue d'Aiglun

3 In den Calanques bei Marseille

4 Moustiers-Ste-Marie

5 Bei Aiglun in der Haute-Provence ▷

6 Bei Saorge im Roya-Tal

7 Blick auf Oppedette

8 Fontaine-de-Vaucluse

9 Saignon im Luberon ▷

10 Chapelle Sts-Côme-et-Damien bei Gigondas

11 Crestet in den Dentelles de Montmirail

12 Lioux und die Falaise du Lioux ▷

13 Felslandschaft über den Gorges du Verdon

 In den Calanques bei Marseille

25 Im Lande Gionos

Rundweg durch den Canyon d'Oppedette bei Simiane-la-Rotonde

Das Plateau de Vaucluse verliert sich nach Nordosten – zur Montagne de Lure und zur Durance hin – in eine Landschaft einsamer Hochflächen und Täler, hochgelegener Weiden und Wälder sowie ausgedehnter Lavendelfelder. Hier hat der bedeutende provenzalische Schriftsteller Jean Giono seine Erzählungen von Naturkräften und elementaren menschlichen Motiven angesiedelt; wer die Romane kennt, wird die Szenerie ohne Mühe wiedererkennen.

Der beschriebene Weg führt ein Stück durch diesen Landstrich von herb-einsamem Charakter. Landschaftlicher Höhepunkt ist wiederum eine Schlucht, der Canyon d'Oppedette, eine wenig bekannte, aber eindrucksvolle Natursehenswürdigkeit. Eine Variante des Weges führt unmittelbar durch den Schluchtgrund. Der Pfad ist hier sehr steil und deshalb nicht ganz einfach zu gehen.

Dauer: 2:40 Std. / 3:20 Std.
Streckenlänge: 10,5 / 9 km.
Wegbeschaffenheit: zu etwa gleichen Teilen auf Fahrwegen und Pfaden; ca. 30 Min. auf Nebenstraßen (kaum Verkehr); Wegstück durch die Schlucht (schwierigere Variante) auf steilen Pfaden bzw. ohne Weg im Bachbett.
Anstiege: 280 m / 350 m.
Orientierung: einfach.
Markierung: blauer Balken, dann ohne, zuletzt GR 4; Weg durch die Schlucht: dunkelblauer Balken.
Schwierigkeitsgrad: zwei / vier.
Einfaches Restaurant und Bar: in Oppedette; in Simiane empfehlenswertes Restaurant im oberen Ortsteil (La Rotonde, mittlere Preisklasse, nur mittags geöffnet).
Hotel: in 04 470 Simiane-la-Rotonde (Auberge du Faubourg *, Le Faubourg, ✆ 92 75 92 43); Gîte d'Etape (Chaloux) beim Ausgangspunkt der Wanderung; 04 150 Banon-Simiane-la-Rotonde, C. Compain et G. Rider.
Anfahrt: Ausgangspunkt ist der Bauernhof Chaloux bei Simiane-la-Rotonde, der als Gîte d'Etape genutzt wird. Von der D 51 Rustrel-Simiane zweigt man ca. 3 km südlich von Simiane auf den in östliche Richtung verlaufenden breiten Fahrweg ab (Hinweis Chaloux). Bei einer Gabelung den linken Weg nehmen. Nach ca. 2 km ab dem Abzweig von der Straße erreicht man die schön gelegene Gîte d'Etape mit einer Parkmöglichkeit.

Wanderung 25

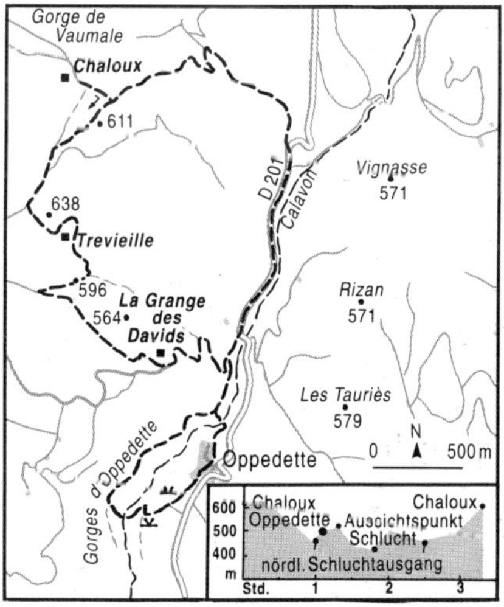

Wegbeschreibung

Von Chaloux geht man zwischen Lavendelfeldern nach Osten abwärts, wendet sich bei einem Querweg nach 100 m nach rechts (Markierung: blauer Balken). Der Weg steigt in einem Eichenwäldchen an; am Ende des Anstiegs zweigt man nach links in einen Feldweg. Man geht über eine Lichtung und gelangt nach rechts biegend zum **Anwesen Trevieille.**

Man geht links am Haus vorbei, ein Stück an einer Feldfläche entlang, steigt über einen niedrigen Steinwall und wendet sich dahinter nach links auf einen Pfad. 20 m nach einer scharfen Linkskurve nach rechts abzweigen. Wir gelangen nun zu einem Querweg vor ausgedehnten Lavendelfeldern (30 Min.) und biegen nach links. Auf absteigendem Fahrweg erreicht man ein Sträßchen beim **Anwesen La Grange des Davids,** wo man nach links biegt. Nach ca. 10 Min. auf Asphalt, 50 m hinter einer scharfen Linkskurve, biegt man nach rechts auf einen Weg (ohne Markierung), der zum Eingang der Gorges d'Oppedette führt. Man überquert hier den Calavon-Bach, geht durch ein Gatter und steigt – sich rechts haltend – nach **Oppedette** hoch (1:10 Std.).

In Oppedette geht man vom Café im Ortszentrum auf einer ansteigenden Gasse zum Friedhof (Hinweis: **Les Gorges**), wendet sich hier nach rechts, erreicht den Rand der Schlucht und geht an ihm entlang bis zu einem zweiten Aussichtspunkt (Metallgeländer) auf die Schlucht (1:20 Std.).

Hier ergeben sich zwei Möglichkeiten, von denen zunächst die **einfachere Variante** beschrieben wird: Man geht auf dem Hinweg zurück, durch Oppedette und am **nördlichen**

Schluchteingang vorbei zu einem Sträßchen, wo man nach rechts biegt (den Hinweg hier verlassend). Man geht auf dem Sträßchen im Calavon-Tal nach Norden (GR 4). Nach ca. 15 Min. auf Asphalt biegt man vor einer Brücke nach links und geht für ca. 10 Min. auf dem bequemen Pfad im Talgrund durch schönen Eichenwald. Der GR steigt dann nach links aus dem Tal hinaus, führt durch ein Lavendelfeld und erreicht wenig später **Chaloux** (2:40 Std.).

Die **schwierigere Variante** führt ein Stück unmittelbar durch den Canyon. Kurz vor Erreichen des zweiten Aussichtspunktes (1:20 Std.) biegt man nach rechts auf einen Pfad, der in Serpentinen zum Schluchtgrund absteigt (Markierung: dunkelblauer Balken). Einige steile Stellen bei den Felsstufen (Geländer) sind zu passieren. Gegenüber einer großen Höhle erreicht man den Grund der Schlucht, wendet sich nach links. Man folgt für 15 Min. dem Bachlauf; einige Felsblöcke sind zu übersteigen. Bei einer Höhle linker Hand biegt man scharf nach rechts und steigt auf steilem Pfad aus der Schlucht hinaus. Über eine Eisenleiter steigt man durch eine Höhlung im Fels und gelangt zu einem an der Westseite des Canyons verlaufenden Hangpfad (2:05 Std.). Diesem folgt man bis zum **nördlichen Schluchteingang** (2:30 Std.). Auf dem oben beschriebenen Weg (leichte Variante) geht man zurück zum Ausgangspunkt **Chaloux** (3:20 Std.).

Am Wege

Das winzige **Oppedette** (70 Einwohner) weist keine Sehenswürdigkeiten auf, beeindruckt aber durch seine bauliche Unversehrtheit und schöne Lage am Rand der Schlucht vor dem Hintergrund des langgestreckten Bergrükkens der Montagne de Lure (s. Farbabb. 7).

Simiane-la-Rotonde (430 Einwohner), in der Nähe des Ausgangspunktes der Wanderung gelegen, ist ebenfalls ein sehenswerter Ort: Dicht gedrängt stehen die ockerfarbenen Steinhäuser am Hang über einer kleinen Lavendelebene. Das Dorf wird überragt von der ›Rotonde‹, einem eigenartigen Rundturm in der Form eines Kegelstumpfes. Der wohl als Wohn- und Wehrturm dienende Bau aus dem 12. Jh. gehörte zur Burganlage der einst mächtigen Herren von Simiane, von der ansonsten nichts mehr erhalten blieb.

Das fast lichtlose Innere des Bauwerks war ursprünglich in zwei Stockwerke gegliedert; die Zwischendecke existiert nicht mehr. Der schmucklose untere Teil diente wohl als Vorrats- und Waffenkammer. Der obere Teil, durch Längsrippen und Bogennischen zwölfteilig gegliedert, war der eigentliche Wohn- und Repräsentationsraum. Als einzigen figürlichen Schmuck findet man einige groteske steinerne Masken am unteren Ende der Gewölberippen.

Wer von Apt nach Simiane fährt, wird sich über die plötzlich sehr breit werdende Landstraße wundern, für die jeglicher Verkehrsbedarf zu fehlen scheint. Hierfür sind militärische Gründe verantwortlich: Unter dem Plateau d'Albion, bei St-Christol nordwestlich von Simiane, lagern, in Betonsilos gut versteckt, die Atomraketen der französischen Streitkräfte.

26 Unbekannte Romanik über dem Durance-Tal

Rundweg zum Kloster von Ganagobie

Das kleine Benediktinerkloster von Ganagobie, dessen romanische Kirche außergewöhnliche mittelalterliche Mosaiken beherbergt, gehört zu den verborgenen Kunstschätzen der Provence. Es liegt auf einem mit immergrünen Steineichen und Buschwald bestandenen Hochplateau, das sich nördlich von Manosque in ca. 350 m Höhe wie eine Insel der Ruhe und Zurückgezogenheit über dem betriebsamen Tal der Durance erhebt – ein Ort, dessen Reiz sich vor allem demjenigen erschließt, der sich zu Fuß nähert.

Die kleine Rundwanderung beginnt in dem auf halber Höhe über dem Durance-Tal gelegenen neuen Weiler Ganagobie. Eindrucksvoll ist insbesondere die Fernsicht, die man vom Weg am Rande des Plateaus genießt.

Dauer: 1:40 Std.
Wegbeschaffenheit: Auf Pfaden und über Steinflächen. Das Plateau fällt stellenweise senkrecht ab. Auf den Wegen am Rande der Höhenkante ist deshalb besondere Aufmerksamkeit geboten, insbesondere wenn man mit Kindern unterwegs ist.
Anstiege: 200 m.
Orientierung: einfach.
Markierung: anfangs ohne, auf dem Plateau roter Balken (undeutlich).
Schwierigkeitsgrad: zwei.
Anfahrt: Man zweigt von der im Durance-Tal verlaufenden N 96 ca. 1,5 km südlich von Peyruis, beim Weiler Pont Bernard, in ein ansteigendes Nebensträßchen (Hinweisschild:

CC 1, Ganagobie 3 km, Mairie). Am Ende des Anstiegs, bei der kleinen Mairie (Bürgermeisteramt) von Ganagobie, trifft man auf eine Querstraße, der man nach rechts folgt. (Die Schilder am Straßenrand, die darauf aufmerksam machen, daß man sich Richtung Kloster Ganagobie auf dem falschen Weg befindet, beziehen sich auf Autofahrer, nicht auf Fußgänger.) Das ebene Sträßchen endet bald bei den Häusern des Centre éducatif de Ganagobie. Hier beginnt die Wanderstrecke.

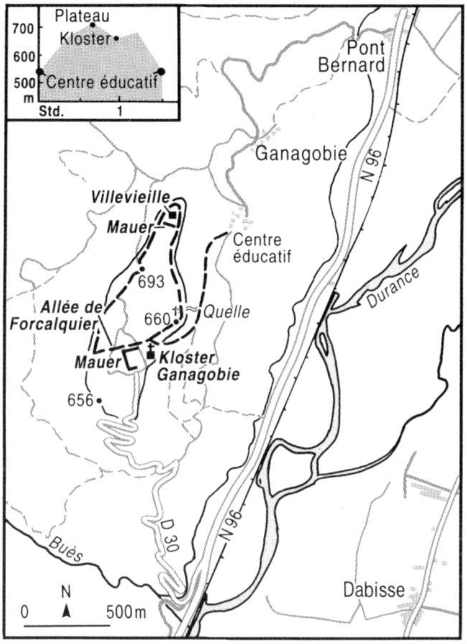

Wanderung 26

Wegbeschreibung

Man folgt dem hinter dem Centre éducatif beginnenden, aufwärts führenden Weg, der nach 50 m auf einen Fahrweg trifft. Man kreuzt diesen und nimmt einen Waldpfad, der in Richtung auf das Plateau de Ganagobie weiter ansteigt. Der Pfad verläuft unter Felsüberhängen und passiert eine überwucherte Quelle mit einem Wasserbecken. An einer Gabelung hält man sich rechts und erreicht kurz darauf die **Klosterkirche von Ganagobie** (25 Min.).

Von hier nimmt man den Weg nach Westen, der an einer geschichteten Mauer linker Hand entlang verläuft. Beim Ende der Mauer folgt man geradeaus einem breiten Weg, der Allée de Forcalquier, der zum Westrand des kleinen Plateaus führt.

Man wendet sich nach rechts und geht auf schmalen Pfaden am Rande der Höhenkante weiter. (Vorsicht! Die Felsen fallen stellenweise senkrecht ab oder hängen über!) Nach Westen blickt man weit über das Becken von Forcalquier zum Luberon, im Norden sperrt die Montagne de Lure den Horizont. Der Weg ist undeutlich mit roten Balken markiert. Nach ca. 15 Min. am Rande der Höhe erblickt man rechts einen Halbkreis aus Steinen. Man wendet sich einige Meter nach rechts und trifft auf einen deutlichen Querweg, dem man nach links aufwärts folgt. Man erreicht wieder den Rand der Hochfläche und zweigt nach rechts auf einen Pfad, der bald zu einem deutlicheren Querpfad führt (55 Min.). Man biegt nach links und zweigt wenige Meter darauf wiederum nach links, um erneut auf schmalem Pfad und über Steinflächen am Rande des Plateaus zu gehen.

Man umrundet die Nordspitze der kleinen Hochfläche und passiert die Ruinen von **Villevieille** rechter Hand, steigt kurz darauf nach links über einige Felsen, um wieder den Rand des

Die (heute domestizierte) Durance zählt ein provenzalisches Sprichwort neben dem Parlament in Aix und dem Mistral zu den drei Geißeln der Region

Plateaus zu erreichen. Nach Osten eröffnet sich ein weites Panorama über das Durance-Tal zu den provenzalischen Voralpen. Auf dem Weg am Rande der Steilkante entlang gelangt man zu einem Kreuz und kurz darauf zur Klosterkirche (1:20 Std.). Von hier folgt man dem Hinweg zurück zum Ausgangspunkt (1:40 Std.).

Am Wege

Das von steil abfallenden Kalkfelsen begrenzte, schwer zugängliche **Plateau de Ganagobie,** eine natürliche Festung hoch über dem Durance-Tal, war schon in vorgeschichtlicher Zeit besiedelt. An mehreren Stellen fand man hier Steinwerkzeuge - Sicheln, Pfeilspitzen und Nägel.

Im Mittelalter bestanden drei Ansiedlungen auf der kleinen Hochfläche. Die größte war das an der Nordspitze gelegene **Villevieille,** von dem noch Ruinen existieren. Auffallend sind insbesondere die Reste einer mächtigen, 120 m langen Mauer, die das am Klippenrand gelegene Dorf vom übrigen Plateau abriegelte. Ein Zugangstor zum Ort hat man bis heute nicht finden können. Auch kennt man nicht die Gründe für die Zerstörung von Villevieille im späten Mittelalter.

Das **Kloster von Ganagobie** geht auf eine Gründung des 10. Jh. zurück. Der aus einer einflußreichen Sippe stammende Bischof von Sisteron hatte auf dem zu seinen Ländereien gehörenden Plateau zwei Kapellen errichten lassen und später dann, um 965, seinen Besitz an das mächtige Kloster von Cluny abgetreten. Durch Landschenkungen wohlhabender Familien und die Einräumung von Wegerechten - unterhalb des Plateaus befand sich ein wichtiger Durance-Übergang - muß die kleine, aus etwa 15 Mönchen bestehende Klostergemeinschaft recht wohlhabend geworden sein. 1891 begann man mit den Restaurierungsarbeiten der im Laufe der Zeit verfallenen Anlage, die erst

1985 mit der gelungenen Aufarbeitung der Mosaiken ihren vorläufigen Abschluß gefunden haben.

Man betritt die Klosterkirche durch das von eigenartig arabisierenden, ausgezackten Rundbögen eingefaßte Westportal, das einigen Skulpturenschmuck von schlicht-naiver Darstellungsweise wie den thronenden Christus im Tympanon und die zwölf Apostel im Türsturz aufweist. Daneben grinsen Fratzen aus den Säulenkapitellen hervor. Der einschiffige, dunkle Innenraum erinnert in seiner Schmucklosigkeit und klaren baulichen Gliederung an die Architektur der Zisterzienser. Der Eindruck täuscht jedoch, denn ursprünglich war das Kircheninnere – ganz in der Tradition Clunys – über und über mit farbigen Fresken ausgemalt und von zahlreichen Leuchtern erhellt. Die Wandbemalung ist heute bis auf unscheinbare Reste verblichen.

Das Ende des 19. Jh. zufällig unter Schuttschichten wiederentdeckte Bodenmosaik aus dem 12. Jh., das Teile von Querhaus und Apsis bedeckt, ist einzigartig in Frankreich und ganz in den Farben Schwarz, Weiß und Rot gehalten; es besticht durch eine einfache, ungekünstelte und lebendige

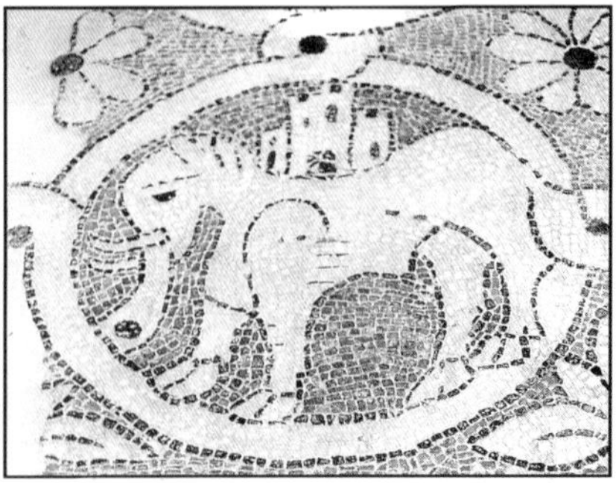

Mosaikboden in Ganagobie

Darstellungsweise. Neben an orientalische Vorbilder angelehnten Flechtbandornamenten und Pflanzenstilisierungen findet man seltsame figürliche Abbildungen, skurrile Fabelwesen, Raubtiere und Greife, einen bogenschießenden Zentauren, Elefanten – mangels eigener Anschauung des Künstlers mit den Hufen einer Kuh versehen –, und neben einem hundeartigen Wesen einen von einem Pfeil durchbohrten, sich dennoch leichtfüßig bewegenden Hirsch. Nur zwei menschliche Figuren tauchen auf: In der linken Apside oben stürmt ein kampfbereiter Ritter mit angelegter Lanze gegen zwei bedrohliche Untiere an. Mit geöffneten Armen, in der Pose eines Siegers, zeigt sich in der rechten Apside unten ein weiterer gewappneter Ritter, wohl der hl. Georg. Dem das Böse verkörpernden Drachen hat er die Lanze durch das aufgerissene Maul gestoßen. Der nicht klar zu deutende Bilderzyklus des Mosaiks von Ganagobie stellt wahrscheinlich symbolhaft den Widerstreit zwischen Gut und Böse, zwischen den niederen und höheren Antrieben im Menschen dar.

Südlich der Klosterkirche schließt sich ein kleiner, gedrungen wirkender Kreuzgang an, dessen Strenge durch den ornamentalen Schmuck der tragenden Doppelsäulen etwas gemildert ist. Die Abgeschlossenheit der Anlage wie des gesamten Klosters vermittelt den Eindruck von Schutz- und Wehrhaftigkeit in gefährdeten Zeiten.

Das Kloster kann zur Zeit (Ende 1992) nur 15–17 Uhr besichtigt werden.

27 Über das Plateau de Vaucluse und durch den Luberon

Mehrtageswanderung von Fontaine-de-Vaucluse nach Lourmarin

Diese sechstägige Wanderung führt durch eindrucksvolle, typische Provence-Landschaften: durch die einsamen, wasserarmen Regionen des Buschwaldes und der Kalkschluchten; durch fruchtbare Gegenden mit Weinbergen, Mandel- und Kirschbäumen; über windzerzauste, der Sonne ausgesetzte Hochebenen mit Lavendel- und Kornfeldern. Auch Dörfer und Kleinstädte passiert der Weg – darunter berühmte wie den Petrarca-Ort Fontaine-de-Vaucluse und das Künstlerdorf Gordes, aber auch unbekanntere Schönheiten wie die kleinen Orte Murs und Saignon. Manche von ihnen passen sich in eine schroffe Felsszenerie ein, andere liegen inmitten ausgedehnter, fruchtbarer Felder und Obstbaumkulturen. Obwohl einige Orte aus dem Pflichtprogramm der Provence-Reisenden berührt werden, bewegt man sich fast immer in einsamer, oft menschenleerer Landschaft.

Ich schlage vor, die Wanderung in sechs Tagesabschnitten zurückzulegen. Die Variationsmöglichkeiten der Etappen sind aufgrund des knappen Unterkunftsangebots sehr begrenzt, sofern man nicht mit dem Zelt unterwegs ist (Unterkünfte s. am Ende der Wanderung S. 171).

1. Tag Fontaine-de-Vaucluse - Gordes (ca. 5 Std.)
2. Tag Gordes - Murs (2:30 Std.)
3. Tag Murs - St-Saturnin-d'Apt (6:15 Std.)
4. Tag St-Saturnin-d'Apt - Rustrel (6 Std.).
5. Tag Rustrel - Saignon (5:10 Std.)
6. Tag Saignon - Lourmarin (5:30 Std.)

Als Variation bietet sich an, für den ersten Tag nur die Strecke von Fontaine-de-Vaucluse bis Cabrières-d'Avignon einzuplanen, hier zu übernachten und am nächsten Tag bis Murs zu gehen (knapp 6 Std.), um die Wanderung mit einer kurzen Etappe zu beginnen. Allerdings sind die Übernachtungsmöglichkeiten in Cabrières begrenzt. Voranmeldung ist ratsam (s. S. 171).

Die **Orientierung** dürfte keine größeren Schwierigkeiten bereiten. Viele der vorgeschlagenen Wegstrecken sind markiert. Allerdings folgt man nur auf kleinen Teilstücken dem Fernwanderweg GR 6, der teilweise die gleichen Orte berührt wie der hier vorgeschlagene Weg. Zu viele Wegstücke dieses vor über 30 Jahren geschaffenen Weges sind mittlerweile asphaltiert. Die Karten ›Itinéraires pédestres et équestres‹ der Editions Didier Richard Nr. 13 u. 14 (›Du Mont Ventoux à la Montagne de Lure› bzw. ›Du Luberon à la Sainte Victoire‹) sind bei der Orientierung hilfreich, aber nicht dringend erforderlich.

1. Tag: Von Fontaine-de-Vaucluse nach Gordes

Der erste Wandertag führt in die unverwechselbare provenzalische Landschaft der Kalkfelsen und kleinen Schluchten, der Buschwaldvegetation mit ihren Kräuterdüften. Man durchquert zwei Schluchten, wandert durch die herbe Schönheit der Garrigue, genießt weite Blicke ins Tal von Apt und zum Luberon-Gebirge. Am Wege liegen das hübsche, ruhige Dorf Cabrières, das mittelalterliche Kloster Sénanque und das Malerdorf Gordes.

Dauer: 5 Std.
Streckenlänge: 17 km.
Wegbeschaffenheit: Pfade im Buschwald, oft steinig, gelegentlich breitere Wege, ca. 2 km Nebenstraße.
Anstiege: ca. 600 m.
Orientierung: nicht ganz einfach.
Markierung: anfangs ohne, GR 6, gelber Balken bis hinter Cabrières; ohne eindeutige Markierung im Tal der Sénancole bis La Débroussède, dann blauer Balken; GR 6 ab Sénanque.
Schwierigkeitsgrad: vier bis fünf.
Restaurants: in Fontaine-de-Vaucluse, Cabrières-d'Avignon, Gordes.

Anfahrt nach Fontaine-de-Vaucluse: Busse ab Avignon werktags 10.45, 16.30 Uhr (So- und Feiertag 10.00, 14.15, 16.30 Uhr); Fahrzeit ca. 1 Std.; Abfahrt in Avignon vom Busbahnhof neben dem Hauptbahnhof. Der Bus fährt über die hübsche Kleinstadt L'Isle-sur-la-Sorgue, ca. 7 km von Fontaine-de-Vaucluse entfernt. Zwischen Avignon und L'Isle-sur-la-Sorgue bestehen recht häufige Verbindungen (werktags acht Busse und zehn Züge, u. a. ein durchgehender Nachtzug von Paris). Am Abend vor Beginn der Wanderung könnte man somit auch in

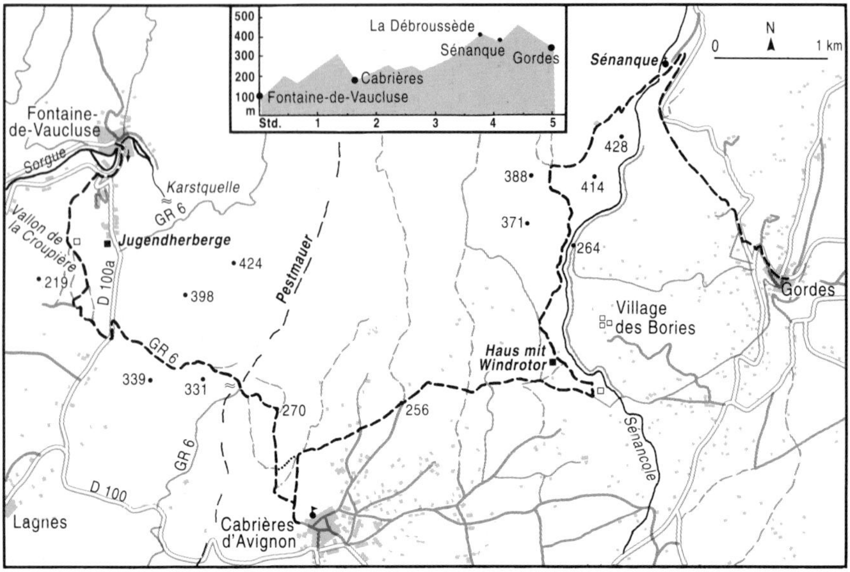

Wanderung 27. Erste Tagesetappe

L'Isle-sur-la-Sorgue übernachten (größere Hotelauswahl), dann am nächsten Morgen mit dem Bus (7.10, 11.25 Uhr) oder Taxi (✆ 90 38 11 00, Fahrpreis ca. 14,– DM) nach Fontaine-de-Vaucluse fahren.

Wegbeschreibung

Vom Ortszentrum von Fontaine-de-Vaucluse aus, der Place de la Colonne, überquert man die Sorgue-Brücke auf der D 24, vorbei am Hôtel des Sources. Nach links zweigt ca. 400 m hinter dem Ortszentrum die D 100 a Richtung Gordes ab; man geht geradeaus und biegt 20 m weiter nach links zwischen Häusern in einen ansteigenden Weg. Bei einer Gabelung (15 Min.) gehen wir links weiter aufwärts. Gut 5 Min. später, 50 m hinter einer Steinmauer rechter Hand, wendet man sich in einen nach links abzweigenden Weg. Nach 150 m erblickt man linker Hand eine Borie, nimmt einen hinter der Borie beginnenden Waldpfad und wendet sich bei einem Querpfad gleich darauf nach links.

Durch Buschwald gelangt man zu einer Lichtung, geht am rechten Rand der offenen Fläche, biegt 100 m weiter nach rechts und gleich wieder nach links abwärts und trifft auf ein Sträßchen (35 Min.). Man wendet sich nach links, passiert auf der Straße einige Häuser und erreicht absteigend die D 100 a. Man biegt nach links und zweigt nach ca. 200 m auf der D 100 a nach rechts auf einen Weg, der parallel zu einem Bach rechter Hand ansteigt (GR 6). Man geht ein langes Wegstück in einem Felstal aufwärts. Bei einer

Gabelung im oberen Teil der kleinen Schlucht hält man sich rechts und gelangt bald zur offenen Höhe (1:20 Std.); nördlich zieht sich eine Mauer durch karges Land, die **Pestmauer** von 1720.

Bei einer Wasserentnahmestelle kreuzt man einen Querweg (der GR biegt nach rechts, wir folgen aber jetzt dem Chemin des Fileuses, Markierung: gelber Balken). Der Pfad führt über einen Garrigue-Hang, verbreitert sich und biegt nach Süden. Nach links zweigt ein Pfad ab; ab hier bieten sich zwei Möglichkeiten: 1. Will man nicht über Cabrières gehen, biegt man nach links (weiter gelbe Markierung) und erreicht ca. 5 Min. später ein von Cabrières kommendes Sträßchen. 2. Richtung Cabrières folgt man dem Hauptweg, biegt oberhalb des Ortes nach links auf einen Feldweg und wenig später auf ein Sträßchen nach rechts. Am Schloß vorbei geht man zum Ortszentrum (Geschäft, Restaurant; keine Bar). Man verläßt **Cabrières** auf dem Sträßchen, auf welchem man gekommen ist, erreicht auf diesem nach ca. 10 Min. den gelb markierten Weg, der von links auf das Sträßchen trifft.

Nach einem kurzen Anstieg auf dem Sträßchen folgen wir rechts einem Fahrweg zwischen Grundstücken, der zu einem Sträßchen führt. Man biegt nach links, um vor einer Mauer gleich nach rechts auf einen Pfad abzuzweigen. Bei einer Gabelung im Zedernwald links gehen. Man gelangt zu einem Sträßchen (2:10 Std. einschließlich Umweg über Cabrières), geht links aufwärts und bei der Gabelung gleich darauf nach rechts. Gordes

In Fontaine-de-Vaucluse beginnt die Mehrtageswanderung über das Plateau de Vaucluse und durch den Luberon

wird kurz sichtbar; bei einem Leitungsmast zweigt man auf einen nach rechts absteigenden Weg. Man geht durch eine Senke, kreuzt einen Querweg und trifft auf ein Sträßchen. Man geht geradeaus auf einem Fahrweg weiter. Bei einer Gabelung 50 m hinter zwei Leitungsmasten gehen wir ganz rechts (2:25 Std.). Der kleine Umweg führt über die interessantere Strecke: Nach 5 Min. zwischen Natursteinmauern zweigt man nach links (ohne Markierung) und gelangt zu einer großen Borie. Man geht links an ihr vorbei, ein Stück über eine steinige Fläche und wendet sich oberhalb der Schlucht der Sénancole etwas nach links; man folgt jetzt dem bei Tageswanderung Nr. 20 beschriebenen Weg nach **Sénanque** und von hier weiter dem GR 6 nach Gordes (ab 1:10 Std. der dortigen Beschreibung, s. S. 111).

Am Wege

Die **Mur de la Peste** (Pestmauer), die man vor Cabrières passiert, wurde 1720 auf Anordnung des päpstlichen Legaten errichtet, um die Enklave des Kirchenstaates, das Comtat Venaissin, vor der sich ausbreitenden Pest zu schützen. Diese war mit der Ladung eines aus Syrien kommenden Handelsschiffes nach Marseille eingeschleppt worden und hatte dort binnen kürzester Zeit die Hälfte der ca. 90 000 Einwohner dahingerafft. Die Besitzgier der Marseiller Kaufleute verursachte die Ausbreitung der letzten großen Pestepidemie der Provence: Auf ihr Betreiben hin wurde die Ladung des verseuchten Schiffes zum Verkauf freigegeben, obwohl der Kapitän Pestfälle gemeldet hatte.

Die Pestmauer zog sich mit einer Länge von ca. 100 km quer über das Plateau de Vaucluse hin. Sie war Tag und Nacht von Soldaten bewacht, die jeden am Überschreiten der Mauer hinderten. Aber auch diese Barriere erfüllte nicht ihren Zweck; als sie endlich fertiggestellt war, hatte die Epidemie ihren Weg schon längst in das Comtat Venaissin gefunden.

Cabrières d'Avignon (1150 Einwohner) gehört zu den Dörfern, die 1545 während der Waldenserverfolgungen von den Truppen des Meynier d'Oppède verwüstet wurden (s. S. 73). Das kleine Schloß, dessen älteste Teile aus dem 12. Jh. stammen, wurde mit der Neubesiedelung des Dorfes Ende des 16. Jh. wieder aufgebaut; es befindet sich in Privatbesitz und kann nicht besichtigt werden.

2. Tag: Von Gordes nach Murs

Wiederum eine Schluchtenwanderung: Der Hauptteil führt durch die Gorges de la Veroncle, ein reizvolles Felstal mit verfallenen Mühlen inmitten abwechslungsreicher Vegetation. Die erste Etappe von Gordes aus bildet ein breiter Weg mit weitem Blick ins Tal, dann folgt ein Stück auf einer Straße, schließlich die Wanderung in der Schlucht und ein bequemer Anstieg zum ruhigen, abseits gelegenen Dorf Murs.

Dauer: 2:30 Std. (ohne Abstecher).
Streckenlänge: 8 km.

Wegbeschaffenheit: Fahrweg; in der Schlucht z.T. sehr schmale Pfade durch

Gesträuch; ca. 2,5 km auf Asphalt (kaum Verkehr).
Anstiege: ca. 200 m.
Orientierung: einfach.
Markierung: blauer Balken bis zum Erreichen der Schlucht, dann hellblauer Balken bis Murs.
Schwierigkeitsgrad: drei.
Restaurant, Hotel, Geschäft, Bar: in Murs.

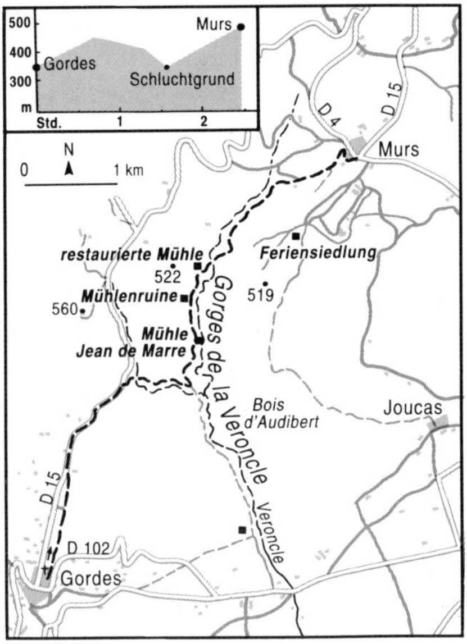

Wanderung 27. Zweite Tagesetappe

Wegbeschreibung

Von der Rückseite (Nordseite) des Schlosses in Gordes geht man wenige Meter in östliche Richtung, an Krankenhaus und Post vorbei, dann auf ein Sträßchen nach links biegend in nördliche Richtung (Markierung: blauer Balken). Das Sträßchen passiert den Friedhof und verengt sich zu einem Weg. Bei einem Haus rechter Hand gelangt man zu einem Quersträßchen, geht geradeaus weiter, erreicht die Straße Gordes-Murs und biegt nach rechts. Man bleibt für etwa 1 km auf der Straße, zweigt dann – oberhalb eines Häuschens rechter Hand, etwa 30 m vor einer Linkskurve der Straße – in einen nach rechts abwärts führenden Weg (45 Min.).

Der Weg beschreibt eine Rechtskurve. 50 m danach schlagen wir einen schmalen, nach links abzweigenden Pfad ein, der zunächst im Bogen um einen Taleinschnitt herumführt, dann an der linken Seite des Tales entlangläuft und schließlich die **Gorges de la Veroncle** erreicht; hier bietet sich ein sehr schöner Blick in die Tiefe der Schlucht mit ihren interessanten Felsformationen. Der Weg senkt sich zur Schlucht und erreicht – fast auf dem Talgrund – eine Ruine unterhalb eines Felsblocks; es folgt ein kurzes Stück steilen, steinigen Abstiegs bis zu einem Pfad im Schluchtgrund (2:20 Std.).

Man biegt hier nach links, der hellblauen Markierung folgend. (Lohnender Abstecher: man wendet sich nach rechts und bei einer Gabelung darauf nach links und gelangt bald zur Mühlenruine **Jean de Marre**, unter hohen Felsen bei einem kleinen Wasserfall gelegen.) Man geht auf einem Pfad links der Veroncle talaufwärts durch dichte Vegetation. Nach ca. 10 Min. steigt man zum Bachgrund hinab, geht einige Meter über große Felsplatten, kreuzt die Veroncle, steigt ein Stück steil an. Der Pfad verläuft rechts etwas oberhalb des Tals, steigt dann zu einer weiteren Mühlenruine ab. Man geht links um die Ruine herum und wendet sich hinter der

Mühle nach rechts. Das Tal weitet sich. Zwischen Kalkfelsen führt der Weg über eine schöne Wiese, an deren Ende ein Haus sichtbar wird. Man biegt hinter diesem nach rechts und überquert einen kleinen Damm. Anschließend geht man in nordöstliche Richtung über eine Wiese und gelangt, sich rechts haltend, zu einem Fahrweg. Man biegt nach links, um ca. 20 Min. später **Murs** (3:05 Std.) zu erreichen.

Am Wege

In den schwer zugänglichen **Gorges de la Veroncle** wurden vom Anfang des 16. bis zum Ende des 19. Jh. an die zehn Getreidemühlen betrieben. An vielen Stellen des Felstals findet man noch verfallene Mühlenbauwerke, Wasserspeicher und Steinrinnen, zerbrochene Mühlsteine, Achsen und Räder. Unterhalb von Murs, bei der restaurierten Moulin des Étangs, befand sich das kleine Staubecken, das die Mühlen gleichmäßig mit Wasser versorgte. Man nimmt an, daß ein Erdbeben im Jahre 1887 die Lage der Wasserläufe in der Schlucht veränderte, so daß der Mühlenbetrieb eingestellt werden mußte.

Das stille, abseits gelegene **Murs** (280 Einwohner) ist bisher kaum ›entdeckt‹ worden. Sein restauriertes Schloß aus dem 15./16. Jh. befindet sich in Privatbesitz und kann nicht besichtigt werden.

Noch vor wenigen Jahren war Murs fast völlig verlassen

3. Tag: Von Murs nach St-Saturnin-d'Apt

Die dritte Tageswanderung führt vom steinigen Hochland des Buschwaldes in die fruchtbare Ebene der Obstbäume und Weinberge, der freundlichen Weiler und intensiven Farben. Von Murs steigt man durch die Macchia abwärts. Die Ebene rückt näher. Man blickt auf Dörfer zwischen Feldern, wandert ein Stück unter der mächtigen Felswand von Lioux (s. Farbabb. 12). Nach einem Straßenstück gelangt man bald wieder in die Landschaft der Kalkschluchten und einsamen Höhen. Ein langer, allmählicher Abstieg mit weitem Blick über das Calavon-Tal bis nach St-Saturnin-d'Apt am Rande der Vaucluse-Höhen beendet diesen Wandertag.

Dauer: 6:15 Std.
Streckenlänge: 22 km.
Wegbeschaffenheit: im Mittelteil zwei längere Wegstücke auf Nebenstraßen; insgesamt 5 km auf Asphalt; sonst überwiegend Buschwaldpfade (z. T. steinig).
Orientierung: vor allem im letzten Drittel des Weges nicht einfach.

Markierung: blauer Balken, ohne, blauer Pfeil bis hinter Lioux; dann grüne 15 (7 in der Gegenrichtung), 6, 1 option, kurzes Stück ohne (1 in der Gegenrichtung). Die Wege im Bereich von St-Saturnin sind durch grüne Punkte markiert; bei Abzweigen sind Pfeile mit Ziffern angebracht, die sich auf die Wege des von der Gemeinde herausgegebenen Wanderführers beziehen.
Anstiege: 550 m.
Schwierigkeitsgrad: fünf.
Restaurants, Bars, Geschäfts: nur in St-Saturnin; unterwegs keine Verpflegungsmöglichkeit. Ein gewisses Renommee hat in St-Saturnin das Restaurant St-Hubert im Ortszentrum.

Wegbeschreibung

Man verläßt Murs auf der D 15 Richtung Sault. Nach ca. 10 Min. zweigt man bei einem Kreuz nach rechts auf einen Fahrweg (Markierung: blauer Balken). Bei zwei Gabelungen hält man sich links, geht ein Stück am rechten Rand eines Lavendelfeldes entlang und nimmt an dessen Ende einen Pfad, der sich zu einem Sträßchen senkt. Man biegt nach rechts. Das Sräßchen endet nach 200 m; man geht ein Stück auf einem Fahrweg auf-

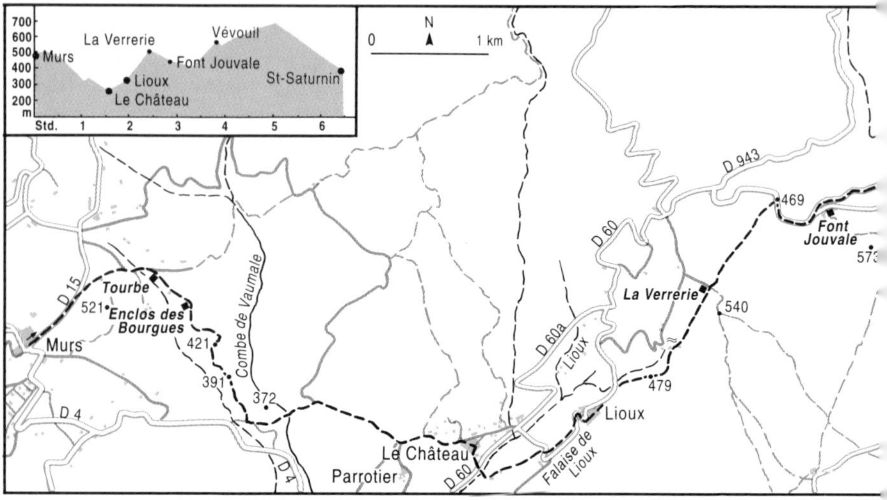

wärts und nimmt bei einer Gabelung den rechten Weg, der um das Anwesen Tourbe herumführt. Wir bleiben auf dem Hauptweg, der zur Häusergruppe **Enclos des Bourgues** führt, und nehmen dort einen Pfad zwischen Feldern nach Süden, der dann im Wald abwärts verläuft. Man trifft auf ein Sträßchen (50 Min.), wendet sich nach links und zweigt 50 m weiter nach links auf einen Waldpfad. Nach einem Wegstück durch die Garrigue kreuzt man ein Quertal (Combe de Vaumale) und steigt zu einem Sträßchen an (1:10 Std.). Man biegt nach rechts und bei einer Straßengabelung 10 Min. später nach links und gelangt zum Weiler **Le Château** (1:30 Std.).

Man geht nach rechts durch den Weiler (ohne Markierung), an Schloß und Waschhaus vorbei nach Süden, kreuzt dann die D 60. Auf einem Fahrweg, der nach kurzem Anstieg nach Osten biegt, gelangt man erneut zur D 60. Kurz vor Erreichen der Straße nimmt man rechts einen Pfad, kreuzt die D 60 und geht auf einem Weg parallel zur Straße unterhalb der Felswand von Lioux zum Dorf **Lioux** aufwärts (Markierung: blauer Pfeil).

Nach der Durchquerung des winzigen Orts zweigt man 200 m hinter den Häusern nach rechts auf einen ansteigenden Weg. Man gelangt zu zwei Häusern und geht oberhalb von diesen, die Richtung beibehaltend, auf einem Feldweg weiter. Beim Anwesen La Verrerie trifft man auf ein Sträßchen, um diesem geradeaus abwärts zur D 943 zu folgen (2:40 Std.). Man biegt nach rechts, geht bei einer Straßengabelung vor dem großen Anwesen **Fontjouvale** links und überquert auf der D 943 zwei Felstäler.

Hinter der Rechtskurve darauf biegen wir nach links auf einen breiten Fahrweg. An einer Gabelung 100 m weiter nimmt man links den schmaleren Weg und zweigt nach weiteren 100 m wiederum nach links auf einen Pfad, der zum **Felstal Ravin du Grand Marignon** hinabführt (Markierung: grüne 15). Man bleibt im Schluchtgrund, passiert eine große Höhle links

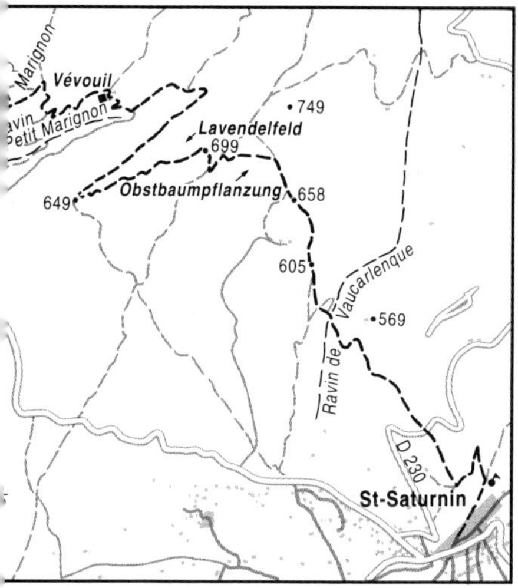

Wanderung 27. Dritte Tagesetappe

oberhalb des Weges **(Baume Roustan)**, zweigt darauf – nach ca. 15 Min. auf dem Schluchtpfad – nach rechts aufwärts (Markierung: grüne 7 in Gegenrichtung) und steigt aus dem Tal hinaus. Auf der Höhe biegen wir nach links in einen Querweg und gelangen zum einsam gelegenen Anwesen **Vevouil** (3:50 Std.).

Man nimmt hier den absteigenden Fahrweg (Markierung: grüne 6), schneidet zwei Kurven auf einem Pfad ab. In einer Rechtskurve, knapp 10 Min. ab Vevouil, biegt man nach links aufwärts und zweigt nach weiteren 10 Min. nach rechts auf einen Pfad, der bald nach Südwesten biegt und, einen weiten Ausblick bietend, am Hang ansteigt. Bei einer Gabelung auf der Höhe geht man links, hält sich 20 m weiter erneut links. Wir folgen der Höhenkante auf einem undeutlichen Pfad nach Osten (Markierung: grüne 1 option). Man passiert eine Feldfläche links unterhalb des Weges, kreuzt zwei Querwege (der erste undeutlich) und gelangt hinter einem Wäldchen zu einem Fahrweg (5 Std.). Man biegt nach rechts, geht bei einem breiten Querweg nach 50 m links aufwärts und wendet sich nach 20 m nach rechts auf einen schmaleren Fahrweg (ohne Markierung). Ein Wegstück führt oberhalb einer großen Obstbaumpflanzung entlang; hier genießen wir einen weiten Blick zum Luberon. Bei einem Querweg wendet man sich nach rechts (Markierung: grüne 1 in Gegenrichtung). In einer Rechtskurve 2 Min. später nimmt man links einen Waldweg, hält sich bei der Gabelung darauf – vor einer niedrigen Leitung – erneut links und folgt einem Pfad abwärts. In einer Talsenke gelangt man zu einem Fahrweg, biegt nach rechts. Man wandert am Hang oberhalb der Calavon-Ebene, kreuzt die D 230 und erreicht 5 Min. später eine Wegkreuzung. Hier biegt man nach links und geht in einem Bogen durch eine Senke zur Burgruine von **St-Saturnin.** Über den Felsrücken, dann nach links durch einen Torbogen gelangt man zum Zentrum (6:15 Std.).

4. Tag: Von St-Saturnin-d'Apt nach Rustrel

Von der bäuerlich geprägten Landschaft des Calavon-Tales führt der Weg zurück in die stillen, geheimnisvoll wirkenden Täler und Hochflächen des Plateau de Vaucluse. Die vierte Etappe ist ein Wandertag in weitestgehend unberührter Landschaft; auf langen Abschnitten trifft man kaum auf ein Zeugnis menschlicher Aktivität. Erst auf dem letzten Drittel des Weges ändert sich das Bild. Bauernhäuser, alte Weiler, Obstkulturen, Felder und Schafweiden rücken wieder ins Blickfeld.

Dauer: 6 Std.
Steckenlänge: 18,5 km.
Wegbeschaffenheit: Buschwaldpfade, z. T. sehr schmal; Feld- und Fahrwege; ein längeres Straßenstück (2,5 km).
Anstiege: knapp 600 m.
Orientierung: einfach.
Markierung: hellblauer Balken, gelbe Punkte, hellblauer Balken, GR 6.
Schwierigkeitsgrad: fünf.

Restaurant, Bar und Geschäft: in Rustrel; unterwegs keine Verpflegungsmöglichkeit.

Wegbeschreibung

Von St-Saturnin geht man zunächst zum **Aiguier Neuf** (Wegbeschreibung s. Tageswanderung Nr. 23 S. 120 ff.).

Man nimmt hier den breiten Weg nach Süden (Markierung: hellblauer

Wanderung 27. Vierte Tagesetappe

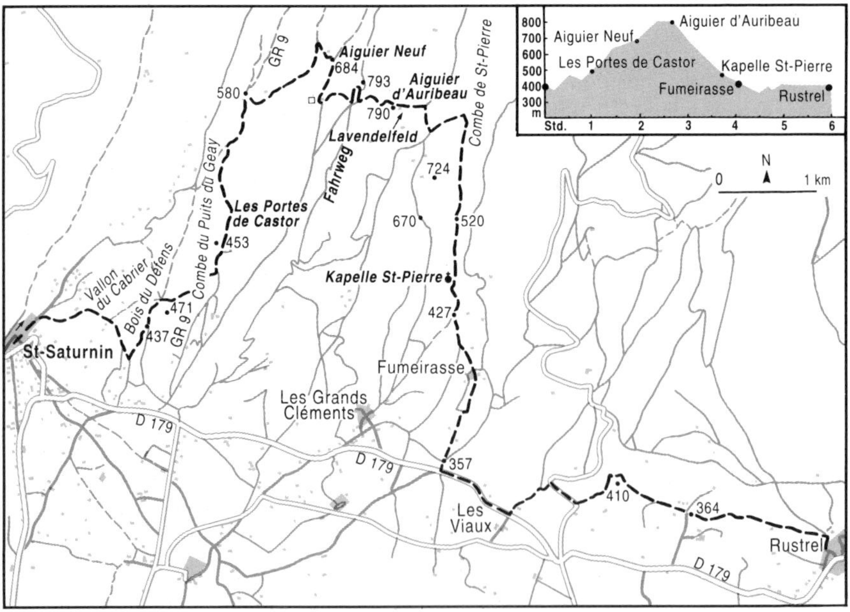

Bei Murs gelangt man aus dem steinigen Hochland in die fruchtbare Ebene mit Obstbäumen und Getreidefeldern

Balken). In einer Linkskurve erblikken wir eine Borie rechter Hand; 50 m weiter nach links auf einen Waldpfad abzweigen, der nach 15 Min. Anstieg auf einen Fahrweg trifft. Man biegt nach links und in der folgenden Linkskurve nach rechts auf einen Weg in einer Schneise. Bei einem Querweg 100 m weiter wendet man sich nach links (östlich) auf einen Fahrweg, der oberhalb eines Lavendelfeldes verläuft, einen weiten Blick bis zum Luberon erlaubt und schließlich ein Haus erreicht.

Man geht links am Haus vorbei, gelangt einige Min. später zu einer Wegkreuzung (2:45 Std.); geradeaus trifft man nach einigen Metern auf den **Aiguier** von Auribeau. Wir biegen nach rechts abwärts. 5 Min. darauf, nach einer leichten Rechtskurve, zweigt man nach links auf einen undeutlichen Pfad (Markierung: gelber Punkt). Dieser führt ein kurzes Stück eben, steigt dann, nach links biegend, im Buschwald zu einem Tal ab. Im Talgrund, der Combe de St-Pierre, wendet man sich nach rechts und geht dann für ein langes Stück im Tal nach Süden; der Pfad ist stellenweise etwas überwachsen. Nach einer Engstelle zwischen Felsen gelangt man zur **Kapelle St-Pierre** (3:50 Std.).

Man geht weiter nach Süden, hält sich bei der folgenden Gabelung links (wieder hellblaue Markierung) und erreicht den Weiler **Fumeirasse** (4:05 Std.). Auf einem Sträßchen geht man von hier zur D 179 und biegt nach links. Nach knapp 1 km auf der D 179 nimmt man einen nach links abzweigenden Fahrweg (GR 6). Man steigt zur D 34 an, wendet sich nach rechts. Nach 350 m auf der Straße biegt der GR nach links auf einen nach Norden ansteigenden Weg. Nach einer Rechtskurve, unter einer niedrigen Leitung, zweigt man nach rechts auf einen schmaleren Weg. Wir folgen einem Pfad am Hang, der zu einem Feldweg führt; die Richtung beibehaltend geht man in ca. 30 Min. auf ebenem, breitem Weg bis Rustrel (6 Std.).

5. Tag: Von Rustrel nach Saignon

Zu Beginn dieses Wandertages durchquert man die aufgelassenen Ockerbrüche (s. S. 128; Abb. S. 127) von Rustrel, eine ungewöhnliche Landschaft, die wegen ihrer Farbigkeit, nicht wegen besonders steiler Felsformationen, als Colorado provençal bezeichnet wird. Danach bewegt man sich in der abwechslungsreichen Hügelregion, die sich östlich von Apt zwischen den dunkelgrünen Bergrücken des Plateau de Vaucluse und des Luberon erstreckt. Man wandert zwischen Kornfeldern und Weinpflanzungen, durch alte Weiler, blickt auf die ausgedehnten Erdformationen des Colorado und das festungsartig wirkende Dorf Caseneuve.

Nach dem Abstieg zum Calavon-Tal folgt dann ein allmählicher Anstieg zum schön gelegenen, an einen Felsen gebauten Saignon. Teilweise folgt man dem alten Maultierpfad von Rustrel nach Saignon, einem der von Claude und François Morenas wieder freigelegten Wege des Luberon.

Dauer: 5:10 Std.
Streckenlänge: 19 km.
Wegbeschaffenheit: sandige Wege im Colorado provençal, Feld- und Waldwege, Maultierpfade (z. T. steinig); längeres Straßenstück am Anfang und vor Saignon.
Anstiege: 580 m.
Orientierung: wegen der vielen Abzweige und teilweise undeutlichen Markierungen nicht ganz einfach.
Markierung: ohne, dann kurzes Stück gelber Balken, gelbe Punkte + hellblauer Balken durch den Colorado, hellblauer Balken, auf der Höhe gelbe Punkte, zuletzt bis Saignon meist dunkelblauer Balken (nicht immer deutlich).
Schwierigkeitsgrad: fünf.
Restaurant, Bar, Geschäfte: in Saignon; Restaurant, Bäckerei rechter Hand bei Erreichen der N 100.

Wegbeschreibung

Von Rustrel geht man auf Nebenstraßen in ca. 25 Min. zum Weiler **Bouvène** und von hier weiter auf dem Weg durch den **Colorado provençal,** wie er bei der Tageswanderung Nr. 24 (s. S. 126ff.) beschrieben ist, und zwar bis 1:40 Std.

Bei Erreichen des breiten Wegs biegt man nach rechts und folgt weiter der hellblauen Markierung. Der Weg steigt zu einem Sträßchen an (2:25 Std. ab Rustrel). Man biegt nach links und bei der Kreuzung kurz darauf nach rechts aufwärts Richtung Caseneuve (Ende der hellblauen Markierung). Am Ende des Anstiegs biegen wir von der Straße nach rechts auf einen Feldweg (Markierung: gelber Punkt). Der gelben Markierung folgend geht man jetzt ein langes Stück

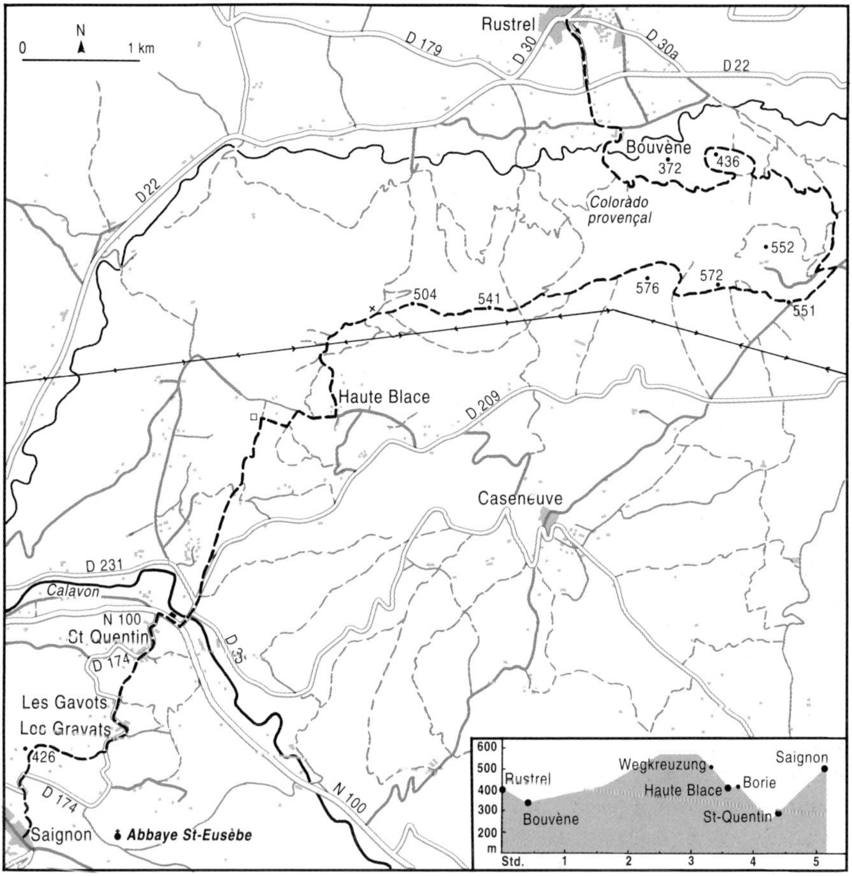

Wanderung 27. Fünfte Tagesetappe

nach Westen auf der Höhe am Rande des Steilabfalls zum Colorado (bei diversen Abzweigungen zu Tal auf der Höhe bleiben). Der Weg passiert ein Haus linker Hand, senkt sich im Wald und erreicht eine Wegkreuzung (3:25 Std., der gelb markierte Weg biegt hier nach rechts abwärts).

Man geht geradeaus (Markierung: blauer Balken) und wandert ein Stück am Rande des Steilabfalls rechter Hand. Vor einem Grundstück biegt man nach links und gelangt zu einer Gabelung vor einem Lavendelfeld; man nimmt links den absteigenden Fahrweg (ohne Markierung). Hinter dem alten Weiler **Haute Blace** erreicht man ein Quersträßchen und biegt nach rechts. Die Asphaltierung endet; kurz darauf nach links (südlich) auf absteigenden Fahrweg zweigen (blaue Markierung beginnt wieder) und

200 m weiter einen nach rechts ansteigenden Weg nehmen. Bei einer pyramidenförmigen Borie biegt man nach links. Auf dem nach Süden absteigenden Weg bzw. Pfad gelangt man zur D 209 und folgt dieser geradeaus zur N 100 (4:15 Std.).

Man biegt nach rechts und nimmt gleich darauf links die D 174 Richtung Saignon, um in 5 Min. den Weiler **St-Quentin** zu erreichen. Am Ortsende geht man geradeaus auf einem Fahrweg aufwärts, der zur D 174 zurückführt, der man nun ansteigend folgt. Auf eine Rechtskurve beim Weiler Les Gravats folgt eine langgezogene Linkskurve, an deren Ende wir nach rechts auf einen anfangs asphaltierten Fahrweg abzweigen (ohne Markierung). In einer Linkskurve geradeaus einen Pfad nehmen, der linker Hand entlang einer Mauer verläuft.

Bei einem Querpfad biegt man nach links auf einen ansteigenden Maultierpfad (wieder blaue Markierung) und geht dann auf einem Fahrweg geradeaus zur D 174. Nochmals ein kurzes Stück auf der Straße, dann nehmen wir nach einer scharfen Rechtskurve links einen ansteigenden Weg. Bei einer Gabelung nach wenigen Minuten hält man sich links, biegt dann vor einem Grundstück nach rechts und steigt nach Saignon (s. S. 85) aufwärts (5:10 Std.).

6. Tag: Von Saignon nach Lourmarin

Der letzte Wandertag, einer der lohnendsten der gesamten Wanderung, führt in die vielgestaltige Landschaft des Grand Luberon. Nach Überquerung des Plateau des Claparèdes, einer kleinen, mit Steineichen und Lavendel bestandenen Hochfläche, auf der zahlreiche Bories zu finden sind, erreicht man das Tal der Aiguebrun mit seinen Wiesenflächen und Kalksteinformationen. Auf meist bequemen, schattigen Wegen geht man im Talgrund zu dem unter senkrechte Felswände gebauten Weiler Seguin. Von hier nach Lourmarin verläuft der Weg mit weiten Ausblicken und langem Auf- und Abstieg quer über die offene Kammlinie des Grand Luberon.

Dauer: 5:45 Std.
Streckenlänge: 19 km.
Wegbeschaffenheit: meist Buschwaldpfade, z. T. steinig; am Ende längeres Stück auf Asphalt.
Anstiege: knapp 600 m.
Orientierung: recht einfach.
Markierung: ohne, dann hellblauer Balken, kurzes Stück ohne, gelber Punkt bis zum Erreichen des Aiguebrun-Tals; im Tal zunächst blaues Kreuz, dann dunkelblauer Balken, kurzes Stück GR 9 vor Seguin; hellblauer Balken bis Lourmarin.
Schwierigkeitsgrad: fünf.
Restaurant, Buvette (Imbiß): in Seguin.

Wegbeschreibung

Man geht durch Saignon zum nördlichen Ortsende und nimmt den bei der Post beginnenden ansteigenden Weg, der nach links biegend die D 48

Wanderung 27. Sechste Tagesetappe

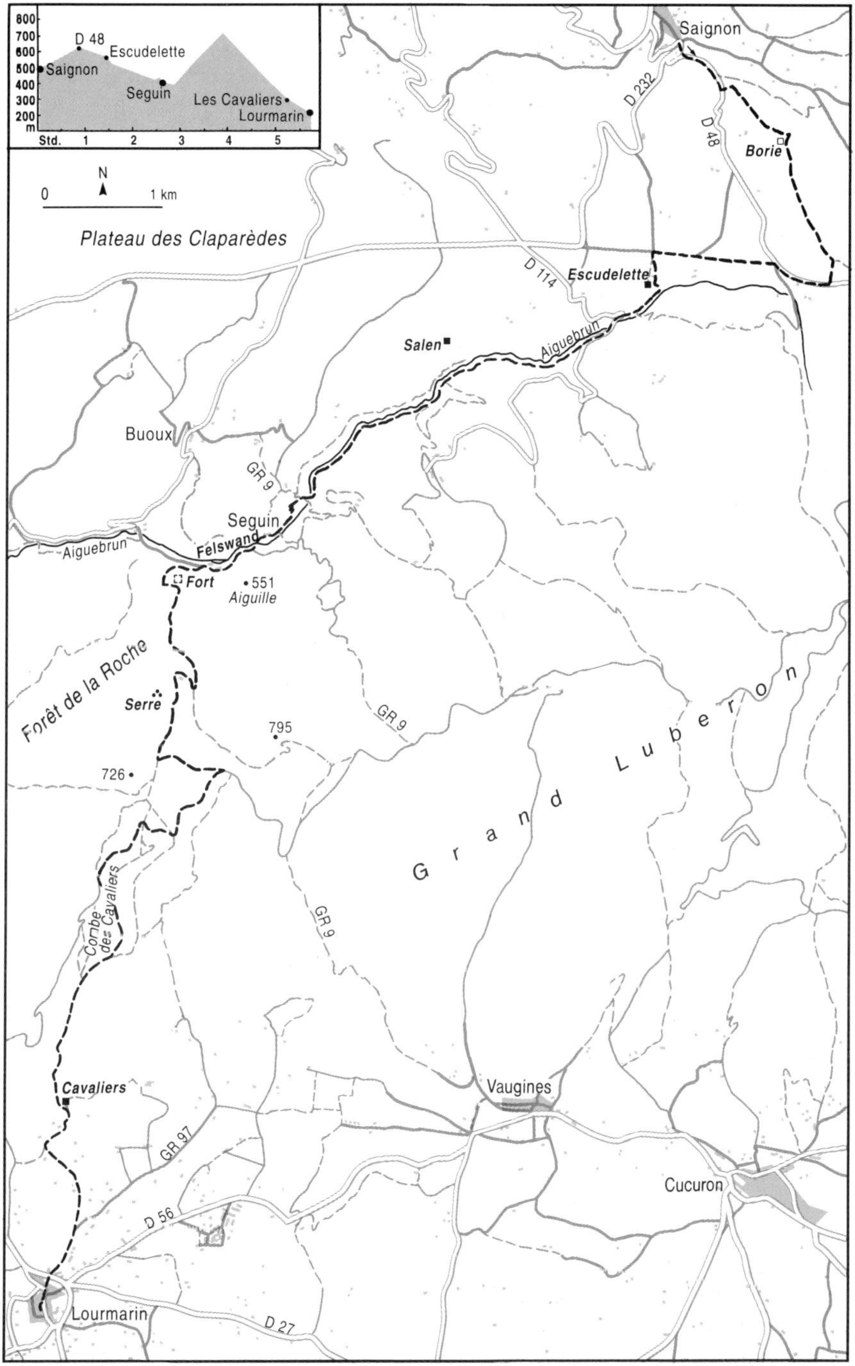

800
700
600
500
400
300
200
m
Std. 1 2 3 4 5
D 48
Escudelette
Saignon
Seguin
Les Cavaliers
Lourmarin
N
0
1 km
Plateau des Claparèdes
Saignon
D 232
D 48
Borie
D 114
Escudelette
Salen
Aiguebrun
Buoux
GR 9
Seguin
Felswand
Aiguebrun
Fort
551
Aiguille
Forêt de la Roche
Serre
GR 9
795
726
Grand Luberon
Combe des Cavaliers
GR 9
Cavaliers
Vaugines
GR 97
Cucuron
D 56
Lourmarin
D 27

(Saignon-Auribeau) erreicht. Man wendet sich nach links, geht ca. 300 m auf der Straße, zweigt dann nach links auf einen Fahrweg (zweiter Abzweig), der eine Leitung unterquert und nach Südosten ansteigt (Markierung: blauer Balken). Bei einer Gabelung den linken, deutlicheren Weg nehmen, der sich alsbald senkt. Rechts oberhalb erblickt man eine Borie (25 Min.); man zweigt nach rechts auf einen Pfad, der unmittelbar links an der Borie vorbeiführt. Dahinter geht man ein Stück an geschichteten Steinmauern entlang und trifft auf einen Querweg, an dem man nach links biegt. Der alte Maultierweg verengt sich zu einem Pfad, tritt in einen Eichenwald und führt an geschichteten Mauern entlang. Bei einer Gabelung am Ende des Eichenwaldes (beide Pfade blau markiert) halten wir uns links (40 Min.) und folgen einem schönen Pfad am Hang mit weitem Blick nach Osten. Am Ende einer Obstbaumpflanzung gelangt man zu einer Wegkreuzung, biegt nach rechts aufwärts (ohne Markierung) und erreicht die D 48 (Saignon-Auribeau). Man biegt nach rechts (55 Min.) und zweigt nach gut 5 Min. auf Asphalt in einer Rechtskurve der Straße auf einen geradeaus führenden Weg (Markierung: gelber Punkt). Der alte Römerweg, von dem noch Karrenspuren im Stein zeugen, passiert eine Borie links im Feld und erreicht eine Wegkreuzung mit einem Holzkreuz; geradeaus zu einem Sträßchen gehen – halblinks gelangt man zur Jugendherberge Regain.

Man bleibt für 300 m auf dem Sträßchen und biegt bei einer Kreuzung nach links (1:20 Std.). Ca. 50 m vor dem Anwesen Escudelette wendet man sich ganz nach links, geht auf einem Pfad abwärts zum **Aiguebrun-Tal** und biegt im Talgrund nach rechts. Man gelangt zur D 114 (Apt-Sivergues), wendet sich nach links und kreuzt die Aiguebrun. Kurz darauf zweigt man von der Straße nach rechts auf einen Pfad (Markierung: dunkelblaues Kreuz). Wir folgen jetzt für eine gute Stunde dem Lauf der Aiguebrun. Man kreuzt mehrfach den Bach, hält sich zuletzt rechts des Wasserlaufs (Markierung jetzt dunkelblauer Balken) und erreicht nach kurzem Anstieg den GR 9. Man biegt nach links, geht wieder zu Tal. Im Talgrund den GR 9 wieder verlassen und geradeaus zu den Häusern von **Seguin** gehen (2:40 Std.).

Von Seguin bis Lourmarin folgt man der bei der Tageswanderung Nr. 13 (Apt-Lourmarin) beschriebenen Wegführung (s. S. 81).

Rückfahrt von Lourmarin: Zwei Busse täglich nach Cavaillon/Avignon (8.00 und 17.30 Uhr); zwei Busse täglich nach Aix/Marseille (7.30 und 17.45 Uhr); zwei Busse täglich nach Apt (9.05 und 19.15 Uhr). Die Busse Richtung Apt und Aix/Marseille halten nördlich vom Ortszentrum, am Boulevard du 8 Mai 1945, gegenüber der Cave Coopérative Viticole. Die Busse Richtung Cavaillon/Avignon halten südlich vom Ortszentrum an der Straße nach Lauris. Die Busfahrpläne hängen in der *Mairie* (Bürgermeisteramt) von Lourmarin aus (Rue Henri de Savournin 21).

Im Tal der Aiguebrun, das den (höheren) Grand Luberon vom Petit Luberon trennt ▷

Landflucht und Neubesiedlung – Die Provence zwischen Tradition und Tourismus

Für mehr als 100 Jahre, zwischen 1850 und 1960, bedrohte eine kontinuierliche Abwanderungsbewegung die provenzalischen Dörfer der Hügel- und Bergregionen. Die Landflucht betraf besonders die abgelegenen Orte der Haute-Provence, die vielfach um die Mitte des 19. Jh. drei- bis fünfmal mehr Einwohner aufwiesen als heute. Aber auch die zentraler gelegenen Gebiete der Hügelzonen verloren oft 50–70% ihrer Bevölkerung.

Einst wohnten in diesen Orten Handwerker und Bauern, jedes brauchbare Stückchen Land wurde genutzt, man baute Getreide, Gemüse, Obst, Lavendel und Eßkastanien an, stellte Walnußöl her und sammelte Beeren und Holz. Die Menschen waren verhältnismäßig arm, produzierten aber fast alles zum Leben Notwendige in der eigenen Heimat. In vielen Orten gab es zudem kleine Industriebetriebe oder spezialisierte Handwerker, wie z. B. die Hersteller von Boule-Kugeln in Aiguines an der Verdon-Schlucht. Der dürftige Lebensstandard veranlaßte viele Bewohner der Region im 19. Jh., ihr Glück in den Städten und an der Küste zu suchen. Kultiviertes Land fiel brach und wurde von der Natur zurückerobert. Nur ein Teil der Aktivitäten wie Lavendelanbau und Schafzucht blieb noch einigermaßen rentabel.

Seit etwa 1960 aber nimmt die Bevölkerung des provenzalischen Hinterlandes wieder zu: Die verlassenen Dörfer wurden von sonnen- und naturhungrigen Städtern entdeckt. Selbst in den abgelegensten Weilern findet man den Feriensitz eines belgischen Ingenieurs oder das schmuck hergerichtete Häuschen eines aus Paris zugezogenen Keramikers. Künstler und Kunsthandwerker, Pensionäre und Freiberufler, in manchen Gegenden wie z. B. dem Roya-Tal auch alternative Neusiedler, lassen sich – vielfach dauerhaft – in den Dörfern nieder. Dazu kommen Tausende von Ferienhausbesitzern. Die Bevölkerungszahl steigt aufgrund dieser neuen Wanderungsbewegung wieder an.

Spannungen zwischen alteingesessenen Bewohnern und Neusiedlern entstehen vor allem dann, wenn diese sich an überlieferte Traditionen nicht anpassen, etwa wenn städtische Hauskäufer die althergebrachten Wasser- und Wegerechte nicht anerkennen wollen. Von den ökonomisch meist sehr viel besser gestellten Zuzüglern fühlen sich die Einheimischen nicht selten an den Rand gedrängt.

Ein weiteres Problem stellt die Landschaftszersiedlung dar. Immer wohlhabendere Schichten drängen aufs Land, die sich mit einem restaurierten einfachen

Häuschen alten Stils nicht zufrieden geben, sondern sich eine Villa im Grünen mit Gärtchen und Swimmingpool errichten lassen. Vor allem im Haut-Var machen sich diese Villensiedlungen bereits unangenehm im Landschaftsbild bemerkbar.

Trotz aller zwiespältigen Auswirkungen – wie die Entstehung einer sterilen, künstlichen Dorfatmosphäre – hat die Neubesiedlung der alten Orte auch positive Seiten. Sie rettet vielfach die alte, vom Verfall bedrohte Bausubstanz und bringt Leben und einen gewissen wirtschaftlichen Aufschwung in die Orte. Allerdings verändern dabei die Dörfer oft ihren ursprünglichen Charakter – ein Verlust, den auch der flüchtige Besucher schnell erkennen kann.

Übernachtungsmöglichkeiten

84 800 Fontaine-de-Vaucluse
Hôtel du Parc **, Les Bourgades, ✆ 90 20 31 57
Hôtel des Sources **, Route de Cavaillon, ✆ 90 20 31 84
Hôtel la Font de Lauro, Plan de Saumane, ✆ 90 20 31 49
Jugendherberge 1 km südlich des Ortes an der D 100 a, Chemin de la Vignasse, ✆ 90 20 31 65
Campingplatz Les Prés, ✆ 90 20 32 38

84 220 Cabrières-d'Avignon
Chambre d'hôte, R. u. J. Truc, Route des Imberts, ✆ 90 76 97 03

84 220 Gordes (Die Hotels sind dem Charakter des Ortes entsprechend recht teuer. Relativ preiswert ist die Hostellerie Provençale am Schloßplatz.)
La Gacholle ***, Route de Murs, 1,5 km außerhalb Richtung Murs, ✆ 90 72 01 36
La Mayanelle ***, Rue de la Combe, ✆ 90 72 00 28
Le Gordos ***, Route de Cavaillon, ✆ 90 72 00 75, 1,5 km außerhalb Richtung Cavaillon
Le Provençal, Place du Château, ✆ 90 72 01 07 oder 90 72 03 95
Camping Des Sources, 2 km Richtung Murs, ✆ 90 72 12 48

84 220 Murs
Le Crillon, ✆ 90 72 02 03

84 490 St-Saturnin-d'Apt
Hôtel des Voyageurs *, ✆ 90 75 42 08
St-Hubert, ✆ 90 75 42 02

84 400 Rustrel
Auberge du Rustreou **, 3, Place de la Fête, ✆ 90 74 24 12
Camping Le Colorado, ✆ 90 74 00 95, 2 km südwestlich des Ortes, am westlichen Ende des Colorado

St-Quentin
Beausejour, ✆ 90 74 20 13 (einfaches Hotel an der N 100)

84 400 Saignon
Auberge du Presbytère, im alten Pfarrhaus von Saignon, nur mit Halbpension, ✆ 90 74 11 50
Jugendherberge Regain, ✆ 90 74 39 34 (4 km südlich)

84 480 Seguin
Auberge des Seguins, sehr schöne Lage, ✆ 90 74 16 37, eine Gîte d'Etape ist angeschlossen (Schlafsaal).

84 160 Lourmarin
Hostellerie Lou Paradou *, an der D 943 Richtung Apt, 1 km außerhalb von Lourmarin, ✆ 90 68 04 05
Gîte d'Etape du Four à Chaux, ✆ 90 68 11 10

Haute-Provence

Östlich der Durance, zwischen Sisteron, Digne und Moustiers-Ste-Marie, zwischen Castellane und Entrevaux erstrecken sich die provenzalischen Voralpen, eine äußerst dünn besiedelte, bis 2000 m ansteigende Bergregion von sehr ursprünglichem Charakter, in der sich der mediterrane Einfluß verliert und in die hochalpinen Gebiete übergeht – eine weite und einsame Landschaft schroffer Felskanten, karger Kalkplateaus, aber manchmal auch dichter Laub- und Nadelwälder, von Schluchten durchzogen, deren größte und berühmteste die Gorges du Verdon sind. Die im Tertiär, vor ca. 60–40 Mio. Jahren, gegeneinander wirkenden pyrenäisch-provenzalischen (in Ost-West-Richtung) bzw. alpinen (in Nord-Süd-Richtung) Faltungsprozesse waren die Ursache für die Aufformung dieses bewegten, abwechslungsreichen Landschaftsreliefs. Der noch spürbare klimatische Einfluß des Mittelmeers begünstigt die Entstehung einer artenreichen Vegetation. Die Haute-Provence ist eine Region intensiver Natureindrücke, die für das fast vollständige Fehlen kunst- und kulturgeschichtlicher Zeugnisse von Rang mehr als einen Ausgleich bieten.

Die wenigen Orte der Region weisen nur eine geringe Einwohnerzahl auf. Digne, die Hauptstadt des Departements Alpes-de-Haute-Provence, ist mit 18000 Menschen der größte Ort, Sisteron zählt 6500, Castellane ganze 1300 Bewohner. Von den Dörfern sind manche inzwischen fast vollständig verlassen. Überall trifft man auf überwucherte Ruinen, verfallene Kapellen und aufgegebene Höfe zwischen verwilderten Feldflächen.

Die Landflucht hat sich hier noch stärker bemerkbar gemacht als in anderen ländlichen Regionen der Provence. Das Gebiet des mittleren Verdon verlor z. B. allein in diesem Jahrhundert über die Hälfte seiner Einwohnerschaft. In den Voralpen von Digne ist die Bevölkerungsdichte auf zwei Personen/km² gesunken. Meist sind nur die Alten geblieben. Die Jungen zogen in die großen Städte und an die Küste, wo sich bessere Verdienstmöglichkeiten boten. Die Landwirtschaft, neben dem Tourismus um die Gorges du Verdon nahezu die einzige Erwerbsquelle, läßt sich auf den begrenzten Flächen fruchtbaren Bodens nicht in großem Stil betreiben. Allenfalls der Lavendelanbau für die Seifen- und Parfumindustrie – Lavendel gedeiht auf magerem Kalkgrund besonders gut – sowie die Schafhaltung sind einigermaßen lohnend. Das Fleisch der auf den kräuterbewachsenen Berghängen geweideten Schafe gilt als besonders hochwertig. Die mit dem Gütesiegel *Agneau de Sisteron* in den Handel gebrachte Ware stammt inzwischen allerdings zum größeren Teil von Tieren aus anderen Regionen, die nach Sisteron nur zur Schlachtung gebracht werden.

Während der Sommermonate gesellen sich zu den ›einheimischen‹ Herden diejenigen Tiere, die aus der *Basse-Provence* zur Sommerweidung aufgetrieben werden. Dieser alljährliche Weidewechsel der *Transhumance* war noch zu Anfang dieses Jahrhunderts ein wichtiger Aspekt bäuerlichen Wirtschaftens, ein soziales Bindeglied zwischen den Bewohnern der niederen und ›hohen‹ Provence. In großen Herden wurden die Tiere längs festgelegter Routen, den *Drailles*, von Dorf zu Dorf getrieben. Transhumance findet in eingeschränktem Umfang auch heute noch statt – der Transport erfolgt inzwischen allerdings per Lkw.

Die günstigste Zeit für Wanderungen in der Haute-Provence ist Ende Mai/ Anfang Juni. Es ist noch nicht zu heiß, die grünen Weiden sind mit Blumen übersät, und die Touristenscharen, die in den Sommermonaten auch den entferntesten Winkel Frankreichs heimsuchen, sind noch nicht eingetroffen. Wegen der Laubfärbung empfehlen sich auch die Herbstmonate, doch muß man ab dem Spätsommer mit Gewittern und heftigen, meist kurzen Regenfällen rechnen.

28 Hirtenpfade durch das Hochtal von St-Geniez

Rundweg bei Sisteron

Die Wanderung führt in die provenzalischen Voralpen bei Sisteron, in eine eigenwillige Landschaft mit ausgedehnten kargen Weiden, steilen Kalkbergen und isolierten Bergkegeln über fast menschenleeren Tälern. Von dem in einem offenen Hochtal gelegenen winzigen St-Geniez wandert man zunächst zum Felsen von Dromont und der gleichnamigen Kapelle, unter der sich eine winzige romanische Krypta verbirgt. Auf Hirtenpfaden steigt man von hier ins unbesiedelte obere Vançon-Tal hinab, geht dann ein Stück auf einer mangels Verkehrsaufkommen nicht asphaltierten Departementalstraße. Nach einem längeren Anstieg gelangt man zurück zum Hochtal von St-Geniez mit seinen Schafweiden und einsamen Gehöften.

Dauer: 4 Std. (ohne den kurzen Abstecher zur Kapelle von Dromont).
Streckenlänge: 14 km.
Wegbeschaffenheit: grasüberwachsene Wege, Hirtenpfade, Fahrwege, kurze Stücke auf Asphalt (kaum Verkehr).
Orientierung: einfach; der Weg ist durchgehend markiert.
Markierung: gelber Balken, dann GR 6.
Anstiege: 520 m.
Schwierigkeitsgrad: vier.
Restaurant und Bar: in St-Geniez; hier auch eine gut eingerichtete Gîte d'Etape.
Hotels: in Sisteron.
Anfahrt: Von Sisteron nach Osten auf der D 3 Richtung St-Geniez/Thoard. Nach einem Anstieg in Serpentinen führt die Straße am Hang über dem Tal des Riou du Jabron entlang; einige Steinblöcke am Straßenrand sind von dem aus der Region stammenden modernen Künstler Robert Laffont zu skurrilen menschlichen Masken gestaltet worden. Nach einer Engstelle zwischen Felsen, ca. 10 km ab Sisteron, findet man links der Straße den ›Pierre Écrite‹, eine römische Felsinschrift. Nach weiteren 6 km gelangt man nach St-Geniez.

Für die Weiterfahrt empfiehlt es sich, die landschaftlich reizvolle Route über Thoard/Champtercier nach Digne zu nehmen.

Wegbeschreibung

Vom Dorfplatz in St-Geniez (Bar/ Restaurant) geht man ca. 50 m auf der D 3 zurück in Richtung Sisteron und biegt dann nach links abwärts in eine Nebenstraße. Die Asphaltierung endet

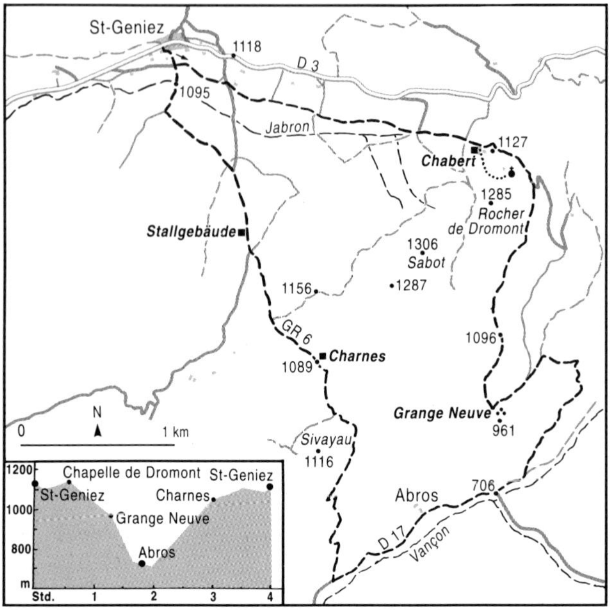

Wanderung 28

bald, bei einer Gabelung hier hält man sich links, folgt dem Hinweis ›Tour de Dromont‹ (Markierung: gelber Balken). Der markierte Weg kreuzt ein Sträßchen, führt dann zwischen Wiesen eben nach Osten. Nach einer halben Stunde ab St-Geniez gelangt man zu einem Sträßchen und geht auf diesem geradeaus zum Anwesen Chabert unterhalb des weithin sichtbaren, isolierten **Rocher de Dromont.** Kurz vor dem Bauernhof Chabert zweigt nach rechts der Weg zur Kapelle von Dromont ab; nach einem kurzen Abstecher kehrt man zum Hof zurück.

Man geht durch den Bauernhof (35 Min.), dann auf einem Fahrweg abwärts. Ca. 100 m vor einer scharfen Linkskurve zweigt man nach rechts auf einen Pfad mit weiten Ausblicken hoch über dem Vançon-Tal. Nach Westen wird die Montagne de Lure sichtbar. Der Pfad steigt zum verlassenen Bauernhaus Grange Neuve ab, biegt hier in nordöstliche Richtung. Bei einer Gabelung einige Minuten darauf hält man sich rechts, um in Richtung auf den Vançon-Bach abwärts zu gehen. Der Pfad biegt wieder in südwestliche Richtung und trifft im Tal auf einen Fahrweg (1:40 Std.), dem man weiter folgt. Man gelangt zu einer Piste (D 17) und geht geradeaus im Tal weiter (Markierung: GR 6).

Der Weg passiert den Weiler **Abros** rechter Hand, kreuzt dann einen Bach. Ca. 200 m weiter zweigt man nach rechts (2 Std.), steigt in Serpentinen im Kiefernwald an. Nach stetigem Anstieg zu einem kleinen Paß zwischen dem Sivayau- und dem Sabot-Berg trifft der GR unterhalb des **Anwesens Charnes** (3 Std.) auf einen Fahrweg, dem man nach Nordwesten folgt. Man gelangt zu einem Sträßchen (3:30 Std.) und biegt nach rechts.

Zwei neue Stallgebäude läßt man linker Hand; 500 m weiter schlägt man einen nach links abzweigenden Grasweg ein, auf dem man in ca. 20 Min. den Ausgangspunkt erreicht (4 Std.).

Am Wege

Sisteron (6500 Einwohner), oft als ›Tor zur Provence‹ bezeichnet, liegt malerisch über der Durance, die hier eine Engstelle zwischen senkrecht aufstrebenden Felsen durchfließt. Aufgrund seiner Lage hatte der Ort seit altersher eine strategische Bedeutung, da die im Durance-Tal schon seit der Römerzeit bestehende Straßenverbindung leicht zu kontrollieren war. Zu diesem Zweck wurden im 11. Jh. auf dem Bergkegel westlich des Flusses erstmalig Befestigungsanlagen erbaut. Die den Ort überragende Zitadelle war immer wieder Schauplatz kriegerischer Auseinandersetzungen, insbesondere während der Kämpfe zwischen Protestanten und Katholiken (1560–1600), die in diesem Teil der Provence mit besonderer Heftigkeit geführt wurden. Eine Felstreppe mit 365 Stufen führt vom Ort zur Zitadelle hinauf, von wo man einen schönen Blick auf die Dächer von Sisteron hat. Oben findet man noch Teile einer Burg aus dem 13. Jh., eine Kapelle aus dem 15. Jh. sowie die Wehranlagen, die im wesentlichen zwischen 1590 und 1597 entstanden sind.

1944 wurden die Befestigungsanlagen – ebenso wie Teile der Altstadt von Sisteron – bei einem alliierten Bombenangriff schwer beschädigt.

Durch Wiesen führt der Weg nach Osten zum Rocher de Dromont

Sisteron an der Durance wird oft als ›Tor zur Provence‹ bezeichnet

Trotzdem hat sich die Altstadt von Sisteron ihren mittelalterlichen Charakter weitgehend bewahren können. Die entstandenen Lücken wurden behutsam wieder geschlossen. Kunstgeschichtlich beachtenswert ist der romanische Dom Notre-Dame-des-Pommiers aus dem 12. Jh. Der klar gegliederte, sehr dunkle Innenraum scheint in seiner düsteren Strenge den Charakter der hochprovenzalischen Landschaft um Sisteron widerzuspiegeln.

Die **spätrömische Felsinschrift** *(Pierre Écrite)* an der Straße von Sisteron nach St-Geniez berichtet davon, daß Dardanus, im 5. Jh. Präfekt von Gallien, den Bewohnern von Theopolis den Zugang zum Hochtal von St-Geniez durch Schaffung einer Felspassage erleichterte. Dieses Theopolis hat Anlaß zu zahlreichen archäologischen Spekulationen gegeben. Die ›Stadt Gottes‹ konnte indes bis heute nicht lokalisiert werden.

Inmitten einer bizarren Landschaft liegt die **Kapelle von Dromont,** die im 17. Jh. über einer romanischen Krypta aus dem 11. Jh. errichtet wurde. Vom Altar der Kapelle führt eine schmale Treppe hinab. Den Schlüssel für das Gotteshaus erhält man beim Bauernhof Chabert. Auf dem Felskegel daneben, dem **Rocher de Dromont,** hat man Reste eines kelto-ligurischen Oppidums gefunden.

29 Zur Kapelle der Templer
Rundweg zum Sommet de Cousson bei Digne

Die im Tal der Bléone, eines Nebenflusses der Durance, gelegene Kleinstadt Digne, kulturelles und wirtschaftliches Zentrum der Haute-Provence, wird nach Osten von markant geformten Bergen eingerahmt – ein typisch provenzalischer Ort vor schon alpiner Kulisse.

Die Wanderung führt in die einsame, in ihrer Unberührtheit archaisch wirkende Landschaft der Voralpen von Digne. Sie beginnt in dem südlich von Digne in einem grünen Hochtal gelegenen, winzigen Bauerndorf Entrages (s. Farbabb. 1). Nach einem langen Anstieg gelangt man zum Sommet de Cousson (1511 m), einem infolge intensiver Schafweidung nur noch mit einer spärlichen Grasnarbe bewachsenen, weitflächigen Höhenrücken. Am Rande eines Abgrunds erhebt sich hier eine winzige romanische Kapelle, die von der im Mittelalter einflußreichen Templergemeinschaft errichtet wurde. Von der Höhe bietet sich ein beeindruckendes Panorama auf die Voralpen von Digne, das grüne Tal der Asse, das Lavendelplateau bei Valensole und zur Montagne de Lure im Westen. Besonders schön ist die Aussicht, wenn der über Entrages aufragende Felsriegel der bis zu 2000 m ansteigenden Montagne de Coupe in den warmen Farben der Abendsonne aufleuchtet.

Dauer: 3:30 Std.
Streckenlänge: 12,5 km.
Wegbeschaffenheit: Hirtenpfade und Waldwege.
Anstiege: 660 m.
Orientierung: einfach.
Markierung: rot-gelber Balken; dann gelber Balken über den Sommet de Cousson; zuletzt wieder rot-gelber Balken.
Schwierigkeitsgrad: vier.
Hotel und Restaurant: nur in Digne. In Entrages keine Verpflegungsmöglichkeit. In Digne bietet das Restaurant im Hôtel de Bourgogne eine ausgezeichnete Küche (mittlere Preisklasse, südlich der Bléone an der Hauptstraße Richtung Bahnhof gelegen).

Wegbeschreibung

Der Ausgangspunkt der Wanderung befindet sich in dem 10 km südlich von Digne gelegenen Entrages; Anfahrt von Digne über die D 20/120 (keine öffentlichen Verkehrsmittel).

Beim Kirchlein von **Entrages** nimmt man den nach Westen führenden Fahrweg. Bei einer Gabelung nach einer Rechtskurve (ca. 3 Min. ab dem Dorf) zweigt man nach links (Markierung: rot-gelber Balken). Nach einem kurzen, steilen Anstieg gelangt man zu einer Wiesenfläche, von wo sich ein schöner Blick auf Entrages und die Montagne de Coupe bietet. Am Ende der Wiese biegt man etwas nach links und steigt auf einem Pfad am Hang nach Nordwesten an. Auf der Höhe wendet man sich nach links und erreicht eine Pfadgabelung beim **Pas d'Entrages** (30 Min.), an der man sich links hält (Markierung: gelber Balken).

Der Pfad führt in südliche Richtung aufwärts, passiert ein Wäldchen und erreicht nach einem Wegstück am offenen Hang einen Sattel. Man steigt von hier auf einem undeutlichen Pfad

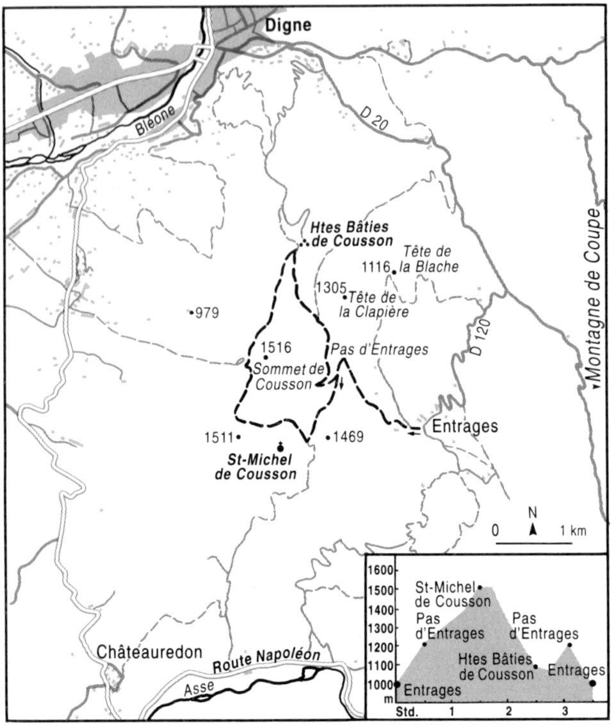

Wanderung 29

steil zu einer Kuppe an und gelangt dahinter zu der auf einen Felsen gebauten Kapelle **St-Michel de Cousson** (1:30 Std.), die von den Templern errichtet wurde.

Von der Kapelle geht man über den offenen Höhenrücken nach Westen, steigt dann nach Norden ab und geht auf ebenem Pfad am Rand der Höhe. Unterhalb des zweiten (nördlichen) Gipfels des Sommet de Cousson wendet man sich etwas nach links, steigt auf einem Pfad ab. Ein kurzes Wegstück führt unter Felsen am Rand des Steilabfalls entlang (Vorsicht!). Auf abwärts führenden Waldwegen gelangt man zu einer Ruine bei einem Brunnen und einer Zeder (2:30 Std., Htes. Bâties de Cousson).

Man wendet sich nach rechts auf einen ebenen Fahrweg (rot-gelbe Markierung), um 300 m weiter nach rechts auf einen Pfad zu zweigen. Bei einem Querweg 20 Min. darauf rechts gehen. Man wandert in einer Talsenke nach Süden aufwärts. Bei einer Gabelung biegt man scharf nach links und gelangt nach 10 Min. Anstieg zum **Pas d'Entrages** (3:10 Std.), von wo man dem Hinweg zurück zum Ausgangspunkt folgt (3:30 Std.).

Am Wege

Digne (18 000 Einwohner), Hauptstadt des Departements Alpes-de-Haute-Provence, besitzt noch einen kleinen alten Stadtkern mit verwinkelten Gassen, in dessen Mittelpunkt sich die Ende des 15. Jh. errichtete Kathedrale St-Jérôme erhebt. Älter ist die Kirche Notre-Dame-du-Bourg, östlich außerhalb beim Friedhof gelegen. Das sehenswerte romanische Bauwerk aus dem 13. Jh. war einst die Bischofskirche von Digne und stand ursprünglich im Zentrum der Stadt. Nach Zerstörungen während der Religionskriege wurde die Unterstadt um Notre-Dame-du-Bourg von ihren Bewohnern verlassen, das Ortszentrum von Digne nach St-Jérôme verlegt.

Wer sich für tibetische Kultur interessiert, sollte die Stiftung Alexandra David-Néel besuchen. Alexandra David-Néel, die lange in Digne lebte und hier im Alter von 101 Jahren starb, war eine Frau von ungewöhnlichem Wagemut. Als erstem Menschen des westlichen Kulturkreises gelang es ihr – als Bettlerin verkleidet – nach Lhasa, der verbotenen Stadt Tibets, vorzudringen. In Digne, dessen Umgebung sie entfernt an Tibet erinnert haben soll, begründete sie später das kleine Zentrum für lamaistische Kultur, das besichtigt werden kann.

Die Umgebung von Digne ist außerordentlich reich an Fossilienfunden. 1979 wurde ein geologisches Schutzzentrum eingerichtet, das Führungen organisiert (Auskunft beim Touristenbüro).

30 Verborgene Schluchten
Rundweg durch die Gorges de Trévans

Die zwischen Digne und Moustiers-Ste-Marie einige Kilometer östlich der Asse, einem Nebenfluß der Durance, gelegenen Gorges de Trévans sind kaum einem Provence-Reisenden bekannt und entsprechend wenig besucht. Nach der sanften Hügellandschaft des Asse-Tals überrascht die felsige Schlucht durch ihre Wildheit und Einsamkeit, aber auch durch ihre artenreiche Vegetation, in der sich mediterraner und alpiner Einfluß mischen; Pinien- und Eichenwald, Garrigue aus Ginster, Thymian und Wacholder wechseln mit nordischem Wald aus Fichten, Ahorn und Buchen.

In ihrem ersten Teil verläuft die Wanderstrecke meist hoch am Hang über den tiefeingeschnittenen Tälern der Bäche Ravin du Pas d'Escale und Estoublaisse, teilweise in dichtem Wald, teilweise mit weiten Ausblicken auf die menschenleere Landschaft um die Gorges de Trévans. Der Rückweg führt dann ein Stück durch den Grund der Schlucht mit ihren markanten Kalkformationen.

Statt wie hier vorgeschlagen, kann man den Weg auch im Tal der Estoublaisse beginnen (s. Variante). Der Weg ist dann um 1:15 Std. kürzer. Eine weitere Abkürzungsmöglichkeit ergibt sich, wenn man bei der Gabelung bei 1:40 Std. der Wegbeschreibung nach rechts dem absteigenden Pfad folgt.

Für Wanderer mit ausgeprägter Höhenangst ist der Weg nicht geeignet. Dies gilt insbesondere für einen kurzen Wegabschnitt nach dem Belvédère de Cubercelas.

Dauer: knapp 3–knapp 5 Std. je nach Variante (ohne Abstecher).
Streckenlänge: 16 km.

Wegbeschaffenheit: schmale Wege, z. T. steinig, z. T. auf Waldboden.
Anstiege: 400–500 m je nach Variante.

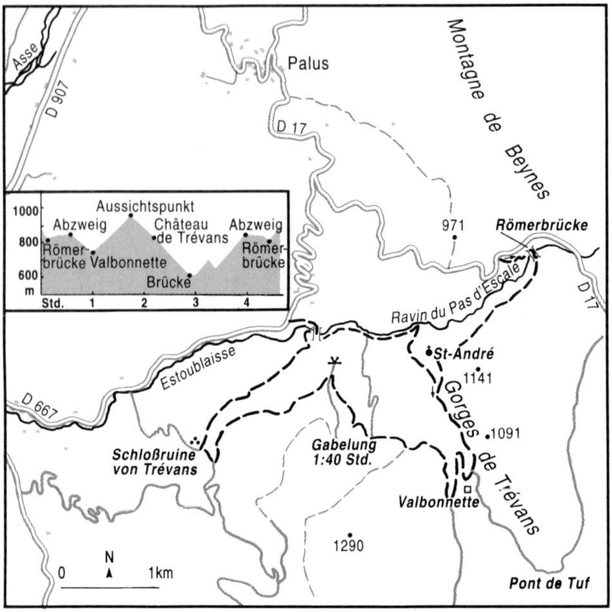

Wanderung 30

Orientierung: einfach.
Markierung: ohne, roter Balken, grüner Balken, zuletzt wieder roter Balken.
Schwierigkeitsgrad: drei bis vier.
Einfaches Hotel mit Restaurant: in Mézel.
Anfahrt: Südlich von Mézel zweigt man von der im Asse-Tal verlaufenden D 907 auf die schmale D 17 Richtung Majastres. Das Sträßchen steigt stark an, passiert den Weiler Palus und verläuft dann eben hoch über dem Tal der Estoublaisse. Ca. 1 km vor Erreichen des Felsengpasses beim Pont du Pas d'Escale, vor Kilometer-Stein 32, zweigt nach rechts ein Pfad ab (Hinweisschild zur Chapelle St-André).

Wegbeschreibung

Man folgt dem Pfad zu Tal und kreuzt den Ravin du Pas d'Escale auf einer kleinen Römerbrücke. Der Pfad steigt für 5 Min. an, verläuft dann am Hang über dem Bacheinschnitt rechter Hand. Nach erneutem kurzen Anstieg zweigt nach rechts der Pfad zur Kapelle St-André ab (35 Min.). Vom ehemaligen Zisterzienserkloster St. André (13. Jh.) findet man nur noch einige Ruinen, die kaum den Besuch lohnen würden. Beeindruckend bleibt aber die Lage des Klosters auf einer Felskuppe hoch über der Trévans-Schlucht.

Für den Abstecher zur Kapelle benötigt man ca. 15 Min. hin und zurück; ohne ihn bleibt man auf dem

Klosterruine St-André in der einsamen Landschaft der Gorges de Trévans ▷

Hauptpfad und behält bei einer Einmündung von rechts 5 Min. darauf die Richtung bei (Markierung ab hier: roter Balken). Der zum Teil steinige Weg verläuft hoch über dem Tal, um sich dann zur Estoublaisse zu senken, die man kreuzt. Auf der anderen Bachseite gelangt man zu einer Schutzhütte (Valbonnette, 1 Std.).

Man wendet sich etwas nach rechts und gelangt in 10 Min. von hier auf einem ansteigenden Waldweg zu einer Gabelung; man biegt nach rechts (Markierung: grüner Balken. Nach links führt der grün markierte Pfad in einer guten Stunde zur **Pont de Tuf,** einer eigentümlichen Naturbrücke, die ein feuchtes, dunkles Gewölbe über der Estoublaisse bildet. Man folgt einem schwierigen Pfad hoch über der Trévans-Schlucht, der nur für schwindelfreie und geübte Wanderer geeignet ist)

An der nächsten Gabelung (1:40 Std.) nach den beiden Ruinen bei einigen Zedern hält man sich links. Der Pfad führt mit weitem Blick durch die Garrigue aufwärts und erreicht eine Gabelung bei einer Linkskurve (2 Std.). Man geht geradeaus (Hinweis zur Gîte de Trévans); nach rechts ist ein kurzer Abstecher zum Aussichtspunkt **Belvédère de Cubercelas** möglich.

Der Pfad führt ein Stück auf einem Felssims am Rande der Steilkante (Vorsicht: nach rechts geht es überraschend und senkrecht in die Tiefe!) entlang, dann im Wald, verbreitert sich und trifft auf einen Querweg, in dem man nach rechts einbiegt. Bei den Ruinen des **Château de Trévans** 3 Min. später zweigt man nach rechts auf einen Pfad (2:30 Std.; Markierung: roter Balken). Man passiert eine bewaldete Ebene, geht dann in Serpentinen abwärts zum Tal der Estoublaisse (3:10 Std.).

Vor der Brücke biegen wir nach rechts und folgen dem Uferpfad (weiter rote Markierung), einem bequemen Weg unter Felsen. Bei einer Gabelung hält man sich links, überquert auf Stegen zunächst die Estoublaisse, dann den Ravin du Pas d'Escale. Der Pfad steigt

10 Min. in schroffer Felslandschaft an, führt über eine offene Kuppe und senkt sich zum Ravin du Pas d'Escale. Man kreuzt nach rechts den Bach und steigt im Wald wieder an. Nach einem Wegstück hoch über der Schlucht, im Frühjahr durch üppig blühenden Ginster, trifft man auf den Hinweg (4:05 Std.), dem man zurück zum Ausgangspunkt folgt (4:50 Std.).

Variante

Man biegt in Estoubion von der im Asse-Tal verlaufenden D 907 auf die im Tal der Estoublaisse verlaufende D 667 (Hinweis zu den Gorges de Trévans). Nach ca. 5 km auf dem Sträßchen, kurz vor einem deutlichen Anstieg, zweigt hinter einer Brücke nach rechts ein Fahrweg ab (Parkmöglichkeit).

Man folgt dem Fahrweg bis zu einer weiteren Brücke bei einer Orientierungstafel nach 5 Min. Man geht über die Brücke, folgt nach links dem rot markierten Weg. Dies ist der oben ab 3:10 Std. beschriebene Weg.

Abkürzungsmöglichkeit für beide Varianten

An der Gabelung nach den Ruinen bei den Zedern (1:40 Std.) folgt man dem Pfad nach rechts (Markierung: gelber Balken). Nach ca. 30 Min. Abstieg auf stellenweise steilem Weg gelangt man wieder ins Tal der Estoublaisse, trifft hier auf den oben beschriebenen rot markierten Weg bei 3:20 Std.

Für die **Weiterfahrt zu den Gorges du Verdon** kann man die D 17 benutzen; die Fahrt führt durch wenig besiedelte Landschaft über das Zwölf-Seelen-Dorf Majastres und Châteauneuf-Moustiers, das von seinen Bewohnern vollständig verlassen wurde. Ab Majastres ist das Sträßchen nicht asphaltiert.

31 Auf dem Sentier Martel durch die Verdon-Schlucht

Von La-Palud-sur-Verdon zum Point Sublime

Die Verdon-Schlucht zählt zu den großen Natursehenswürdigkeiten Europas. Um Ostern und Pfingsten und im Sommer entfaltet sich in den kleinen Ortschaften der Umgebung ein touristischer Massenbetrieb wie an der Côte d'Azur: Die Besucher fallen zu Tausenden ein. Im April und Mai – mit Ausnahme der Feiertage –, im Oktober und Anfang November kann man die Landschaft der Gorges und ihrer Umgebung dagegen relativ ungestört erleben: auf einer Länge von rund 35 km ein faszinierendes Schauspiel imposanter Kalkformationen, enger Flußdurchlässe, malerischer Windungen und steil abstürzender Felswände.

Der eindrucksvollste Teil, der ›Grand Canyon‹ zwischen dem Point Sublime und dem Lac de Ste-Croix (s. Farbabb. 13), ist 21 km lang; etwa zwei Drittel dieser Strecke lassen sich – nicht ganz mühelos – auf einem Weg im Grund der Schlucht, dem berühmten ›Sentier Martel‹, durchwandern. Daneben bietet die Landschaft des Verdon eine Reihe weiterer Wandermöglichkeiten in den einsamen Bergen und Hochebenen oberhalb der Schlucht – Wege zu winzigen Dörfern und verlassenen Hirtenhäusern, über steinige Schafweiden und durch karge, eindrucksvolle Hochtäler.

Man geht auf meist schmalem Weg zwischen spektakulären, zum Teil mehrere hundert Meter hohen Felswänden, sieht das herrlich grüne Wasser des Verdon, hört sein Rauschen. Die Wanderung ist allerdings recht anstrengend und weist einige schwierigere Abschnitte auf: eine lange, steile Eisenleiter ist zu überwinden, auf steinigen Wegen steigt man über Felsstufen, zum Schluß geht man durch einen Felstunnel von erheblicher Länge.

Die Verkehrsverbindungen in diesem Gebiet sind ungünstig. Der Bus auf der Linie Aix-Riez-Castellane verkehrt nur ein- bis dreimal pro Woche. Allerdings ist der Taxidienst zuverlässig und auf Wanderer eingestellt. Man kann auch versuchen, per Anhalter voranzukommen, denn die Einheimischen nehmen Tramper bereitwillig mit.

Wer mit dem Auto oder mit dem Fahrrad unterwegs ist, sollte neben den Wanderungen unbedingt auch die Rundfahrt über die Panoramastraßen des Verdon, die D 23 am Nordufer, die D 71 am Südufer, unternehmen.

Dauer: 5:10 Std. (ohne den Abstecher zur Mescla).
Streckenlänge: ab Schutzhütte La Maline 14 km.
Wegbeschaffenheit: Oft steiniger Pfad, z. T. über Felsstufen; ein langer Abstieg über eine steile Eisenleiter; gegen Ende der Wanderung ein langer Tunnel (Taschenlampe!).
Anstiege: ca. 450 m.
Orientierung: einfach, der gesamte Weg folgt dem GR 4.
Schwierigkeitsgrad: fünf (sechs, wenn man in La-Palud beginnt); Trittsicher-

Wanderung 31 und 32

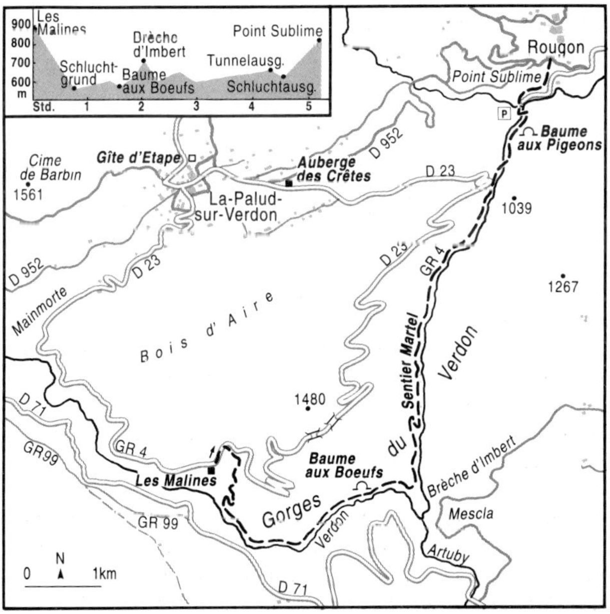

heit ist erforderlich; Personen mit ausgeprägter Höhenangst sollten die Wanderung nicht unternehmen.

Besondere Hinweise: Unerläßlich sind gutes Schuhwerk und eine Taschenlampe. Man sollte auch Trinkwasser, einen kleinen Lebensmittelvorrat und einen Regenschutz mitnehmen. Bei einem Unfall kann Hilfe erst nach längerer Zeit kommen, ein vorzeitiger Ausstieg aus der Schlucht ist nicht möglich.

Restaurants: in La-Palud-sur-Verdon und am Point Sublime; Imbiß auch beim Chalet de la Maline (nicht ganzjährig offen).

Hotels: in 04 120 La-Palud-sur-Verdon, Auberge des Crêtes*, ✆ 92 74 68 47; gut 1 km außerhalb an der Straße nach Castellane. Le Provence**, ✆ 92 74 66 88, relativ teuer. Des Gorges du Verdon**, ✆ 92 74 68 26. Beim Pont Sublime (04 120 Rougon): Auberge du Point Sublime**, ✆ 92 83 60 35; geöffnet April bis Anfang November; sympathisches Hotel mit gutem, preiswertem Restaurant. Andere Hotels, vor allem in La-Palud und Moustiers, nutzen den touristischen Verdon-Boom, um unverhältnismäßig hohe Preise zu verlangen.

Jugendherberge: in La-Palud-sur-Verdon (oft ausgebucht), ✆ 92 77 38 72.

Campingplätze: in Moustiers-Ste-Marie, La Palud-sur-Verdon und bei Castellane.

Gîte d'Etape: in Villars-Brandis in einem schönen Privathaus (04 120 Castellane).

◁ Der Sentier Martel führt durch den Schluchtgrund der Gorges du Verdon

Verkehrsverbindung: keine öffentlichen Verkehrsmittel.
Taxi Rougon ✆ 92 83 65 38
Taxi La-Palud-sur-Verdon ✆ 92 74 68 20
Der Taxidienst wird viel beansprucht. Die Fahrt Point Sublime–Les Malines kostete 1989 gut 30 DM, von Point Sublime bis La-Palud-sur-Verdon ungefähr die Hälfte.

Wegbeschreibung

Von La-Palud-sur-Verdon bis zum Ausgangspunkt Les Malines muß man mit dem Taxi fahren, trampen ... oder zu Fuß gehen. Die Fußwanderung ist, obwohl sie fast durchgängig auf der Straße verläuft, durchaus reizvoll: Sehr schöne Blicke ergeben sich zunächst auf die kleine Schlucht Mainmorte, dann auf die Gorges du Verdon – eine gute Ergänzung zur anschließenden Wanderung im Talgrund. Die Straße ist allerdings nur außerhalb der Saison und früh am Morgen so wenig befahren, daß die Wanderung Freude macht.

Man geht von La-Palud-sur-Verdon zunächst 200 m auf der D 952 Richtung Moustiers-Ste-Marie, biegt dann – vor einem Campingplatz – nach links auf einen Weg nach Süden, der in 10 Min. zur D 23 führt. Man biegt nach rechts, folgt der Straße bis **Les Malines** (ca. 7 km). Von der Schutzhütte Chalet de la Maline verläuft der Weg zunächst rechts unterhalb der Straße (GR 4). Man geht im Bogen um einen Taleinschnitt, dann steil hinab in die Schlucht, gelegentlich über Felsstufen. Nach ca. 45 Min. erreicht man im Schluchtgrund einen Querweg und biegt nach links. Der Pfad senkt sich zum Fluß, verläuft dann eben unter hohen Felswänden. Das Tal öffnet sich, der Pfad steigt leicht an, führt dann z. T. über Fels und Geröll. Ein kurzer, steiler Abstieg über einen kahlen Hang folgt; 5 Min. danach erblicken wir links die große **Grotte Baume aux Bœufs** (1:35 Std.). Bei einer Gabelung hier links aufwärts gehen. Der Weg steigt knapp 10 Min. an, senkt sich etwas und gabelt sich (1:50 Std.); der Hauptweg führt nach links; nach rechts ist ein reizvoller Abstecher zur **Mescla,** dem Zusammenfluß von Artuby und Verdon, möglich (hin und zurück 25 Min.).

Man steigt über Felsstufen steil aufwärts zum **Felsdurchlaß Brèche d'Imbert** (2:05 Std.). Dem Wanderer bieten sich atemberaubende Blicke in die Tiefe der Schlucht; es folgt ein steiler Abstieg über eine lange Eisenleiter. Der Weg führt zunächst im Auf und Ab hoch über dem Flußtal entlang, steigt dann, zum Teil steil, bis auf 20 m über dem Verdon ab (2:50 Std.). Nach weiterem Auf- und Abstieg folgt ein langes, angenehm zu gehendes Wegstück auf der Höhe über dem Fluß. Die Schlucht verengt sich wieder. Man passiert eine überhängende Felswand und durchquert dann zwei Tunnel, von denen der zweite über 600 m lang ist. Von der Tunnelstrecke kann man nach rechts durch ein Felstor und über eine Eisenleiter zum Schluchtgrund absteigen, den man bei der großen **Höhle Baume aux Pigeons** erreicht.

Am Ausgang des zweiten Tunnels (4:25 Std.) führen Stufen, dann ein Pfad hinab zum Fluß. Auf einer Brücke überquert man einen Seitenzufluß des Verdon, steigt über Treppen zu einem Parkplatz aufwärts. Am linken hinteren Ende des Parkplatzes nimmt man einen aufwärts führenden Pfad und geht bei einer Gabelung nach 100 m rechts, auf steinigem Pfad oberhalb der D 234. Nach links biegend gelangt man zur Straße Castellane-Moustiers-Ste-Marie und 150 m weiter zur **Auberge du Point Sublime** (5:10 Std.).

Am Wege

Die Gorges du Verdon: Der Verdon, dessen Name sich von der grünlichen Färbung des Wassers ableitet, entspringt im Hochgebirge beim Lac d'Allos, durchfließt dann die beiden Stauseen von Castillon und Chaudanne und erreicht schließlich unterhalb von Rougon den berühmten ›Grand Canyon‹ mit seinen bis zu 450 m senkrecht aufragenden Steilwänden. Die Entstehung der ungewöhnlich tiefen Schlucht mit ihren Wänden aus harten Sedimentgesteinen gab den Geologen Rätsel auf, denn sie konnte nicht allein mit der erodierenden Kraft des Flußwassers erklärt werden. Man nimmt heute an, daß der Verdon »antecedent« ist, d. h. bei Beginn der alpinen Auffaltung im Tertiär bereits als breiter Fluß in der Ebene vorhanden war. Später suchte er sich dann seinen Weg durch die bei der Alpenbildung entstehenden Bruchspalten, die er weiter auswusch und vertiefte, bis die Schlucht in ihrer heutigen Gestalt entstanden war.

Durch die beiden Stauseen, von denen der Lac de Castillon 1947 als erster fertiggestellt wurde, ist die einstmals zerstörerische Kraft des Flusses gebändigt worden. Er führt heute maximal 20 m^3 Wasser pro Sekunde, während es vor der Regulierung nach der Schneeschmelze in den Bergen bis zu vierzigmal soviel war.

Eine Vorstellung von der Wucht der Flutwellen früherer Zeiten bekommt man, wenn man vom Sentier Martel aus die vom Wasser aus dem Fels gewaschene, riesige Höhle Baume aux Pigeons betrachtet.

Bis Anfang des 20. Jh. galt die Passage durch den Schluchtgrund als unmöglich. Der Geologe und Höhlenforscher Edouard-Alfred Martel – begleitet von zwei Helfern – schaffte es 1905 erstmalig, die Schlucht auf der gesamten Strecke zu durchqueren. Ein mühseliges und gefährliches Unterfangen – die mitgeführten Boote wurden von der unberechenbaren Strömung gegen die Felswände gespült und kenterten, so daß man drei Tage für die Expedition benötigte. Ein zweiter Versuch 1906, zu Fuß und mit Rettungsringen, gestaltete sich einfacher.

1911 faßte man den Plan, das Gefälle des Verdon, das auf dem Schluchtabschnitt ca. 150 m beträgt, für die Stromerzeugung zu nutzen. Oberhalb der Schlucht sollte eine Talsperre gebaut und das Wasser des Verdon in parallel zum Flußbett verlaufende Druckstollen abgeleitet werden, von denen die ersten dann auch gebaut wurden. Die beiden Tunnel, durch die der Sentier Martel führt, entstanden bei diesen Arbeiten. Glücklicherweise wurde das kostspielige Projekt, das den Reiz der Schluchtlandschaft zerstört und das ökologische Gleichgewicht beeinträchtigt hätte, bald wieder aufgegeben. Stattdessen wurde die touristische Erschließung der Verdon-Schlucht vorangetrieben. 1928 legte man den Sentier Martel an, 1947 wurde die südliche Höhenstraße in den Fels gesprengt, 1973 dann die Route des Crêtes am Nordrand der Schlucht gebaut.

Durch die verminderte Schwankungsbreite der Wasserzufuhr ist man heute auf dem Sentier Martel nicht mehr durch plötzlich auftretendes Hochwasser gefährdet. Die Höhe des Wasserspiegels ist aber immer noch beträchtlichen Änderungen unterworfen, die abseits des Weges bedrohlich werden können. Dies muß man vor allem bedenken, wenn man auch den schwer zugänglichen unteren Teil der Schlucht durchqueren will – ein sportliches Unterfangen, bei dem man den eiskalten Fluß mehrfach durchschwimmen muß.

Im Rahmen der voranschreitenden Vermarktung von Natursehenswürdigkeiten bestehen Überlegungen, das alte Stollenprojekt in geänderter Form wieder aufleben zu lassen, um auch den westlichen Abschnitt des Canyons zu ›erschließen‹. Diesmal soll das Wasser des Verdon in Rohrleitungen über die Berge gepumpt werden, um einen ständig gleichbleibenden Wasserstand im Schluchtgrund zu gewährleisten. Dadurch würde insbesondere eine relativ leichte Durchquerung der gesamten Verdon-Schlucht mit dem Kajak ermöglicht.

La-Palud-sur-Verdon, ein Dorf mit nur 150 Einwohnern, ist das Zentrum des Wandertourismus um die Gorges du Verdon und im Sommer entsprechend überlaufen. Die schlichte Dorfkirche aus dem 12. Jh. besitzt einen schönen romanischen Glockenturm. Im Zentrum des Ortes liegt ein kleines Schloß des 18. Jh.

32 Verdon-Schlucht für Bequeme
Ausflug in die Schlucht beim Point Sublime

Völlig ›bequem‹ ist auch diese Verdon-Wanderung nicht. Zu Beginn muß man einen langen und feuchten Tunnel durchqueren: Ohne Taschenlampe und gutes Schuhwerk geht das nicht. Von dieser Anfangsschwierigkeit abgesehen, stellt der Weg – er entspricht dem letzten Teil der großen Verdon-Wanderung – allerdings keine Probleme. Nach den beiden Tunneln geht man ein kurzes Stück auf steinigem Pfad, wandert dann für etwa 40 Min. auf dem einfachsten Weg der Verdon-Schlucht, ohne Steigungen und auf Waldboden. Man kehre um, sobald der Weg unbequemer wird, nach etwa eineinviertel Stunden.

Zwei Nachteile muß man in Kauf nehmen: Hin- und Rückweg sind identisch – und dieses letzte Stück des Sentier Martel ist das meistbegangene.

Kletterer in den Gorges du Verdon hantieren mit Seilen und Karabinern unterhalb einer Aussichtsplattform. Nicht jeder muß sich auf diese Weise in die Schlucht ›abseilen‹; die Wanderung 32 beschreibt einen weitaus bequemeren Ausflug in den Grand Canyon

Dauer: 3 Std. / 2:20 Std. (jeweils ohne den kurzen Abstecher zur Baume aux Pigeons).
Streckenlänge: 10 / 7 km.
Wegbeschaffenheit: Pfade, für kurze Wegstrecken steinig; man durchquert zwei Tunnel.
Anstiege: 220 m / 50 m.
Orientierung: einfach; man folgt dem GR 4.
Schwierigkeitsgrad: drei / zwei.

Wegbeschreibung

Von der Auberge du Point Sublime geht man ein kurzes Stück auf der D 952 Richtung Castellane, biegt dann nach rechts abwärts auf den GR 4. Bei einer Gabelung nach 5 Min. hält man sich rechts und gelangt zu einem Parkplatz beim Ende der D 234 (20 Min.).

Der GR steigt von hier in die Schlucht hinab. Man überquert einen Zufluß des Verdon auf einer Brücke, geht ein Stück parallel zum Fluß, steigt dann zu einem Tunnel an, den man durchquert. (Von der Tunnelstrecke führt ein Abzweig nach links durch ein Felstor zum Schluchtgrund.) Man geht durch einen zweiten, kurzen Tunnel, dann auf steinigem Pfad, der bald bequemer wird. Sobald der Weg anzusteigen beginnt (1:25 Std.), kehrt man um und geht auf dem Hinweg zurück (3 Std.).

Abkürzung: Man beginnt die Wanderung beim Parkplatz am Ende der D 234. Nichts im Auto lassen! Diebstahlgefahr!

33 Einsames Land über dem Verdon
Vom Point Sublime nach Castellane

Die Wanderung folgt uralten Pfaden an den Berghängen über der Verdon-Schlucht, eröffnet weite Blicke über die felsige Berglandschaft der Voralpen und führt in einsam gelegene provenzalische Bergdörfer. Nach einem einstündigen ersten Anstieg verläuft der Weg in gemäßigtem Auf und Ab auf Höhen um 1000 m, um sich am Schluß nach Castellane zu senken. Man passiert drei winzige Ortschaften und ein zerstörtes Dorf und wandert durch eine vollkommen einsame Landschaft.

Einen Nachteil hat der Weg: Es gibt keine öffentliche Verkehrsverbindung zurück zum Ausgangspunkt. Man muß ein Taxi nehmen oder es per Anhalter versuchen. Als Variante ist ein kürzerer Weg beschrieben, der diese Schwierigkeit vermeidet, bei dem aber Hin- und Rückweg weitgehend identisch sind.

Dauer: gut 5:30 Std. / 3:30 Std.
Streckenlänge: 19 / 12 km.
Wegbeschaffenheit: Fahrwege und bequem zu gehende Bergpfade; ca. 20 Min. auf Asphalt vor Castellane.
Anstiege: 600 m / 400 m.
Orientierung: einfach.
Markierung: auf beiden Varianten GR 4.
Restaurants: am Point Sublime und in Castellane; Lebensmittelgeschäft in Rougon; Getränke und Imbiß in Chasteuil.
Hotels: am Point Sublime und in

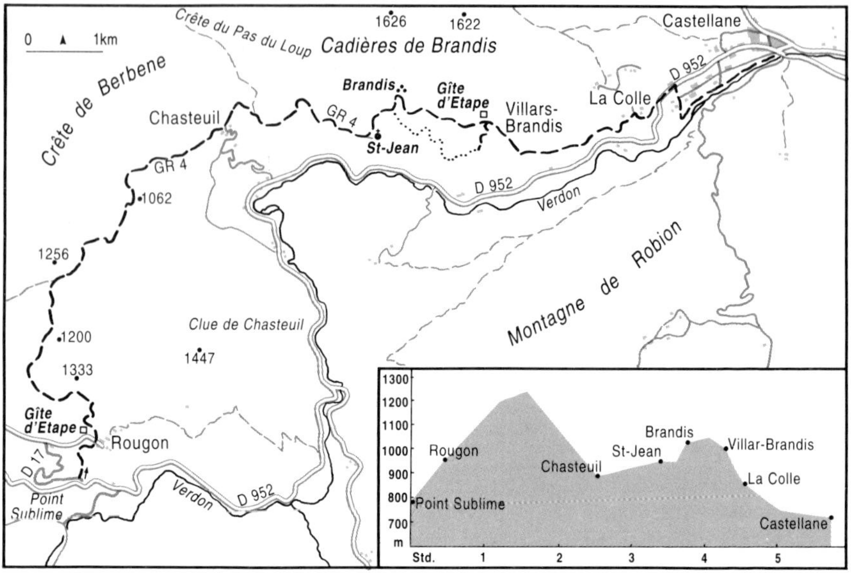

Wanderung 33

Castellane (recht große Auswahl). Gîte d'Etape in Villars-Brandis (✆ 92 83 61 82).

Verkehrsverbindung: keine öffentlichen Verkehrsmittel.

Schwierigkeitsgrad: fünf / drei.

Wegbeschreibung

Bei der **Auberge du Point Sublime** nimmt man die D 17 Richtung Rougon, biegt von ihr nach 30 m nach rechts und nach weiteren 10 m nach links auf einen über eine Wiese ansteigenden Pfad (GR 4). Man gelangt nach **Rougon** und biegt im Ort beim Lebensmittelgeschäft nach links in eine aufwärts führende Gasse (25 Min.). An deren Ende nimmt man links einen ansteigenden Pfad. Man kreuzt einen Fahrweg und geht auf einem breiteren Weg über kahle Hänge weiter aufwärts; dem Wanderer eröffnet sich ein schöner Blick auf Rougon vor dem Hintergrund der Gorges du Verdon. Es folgen gut 30 Min. Anstieg ab Rougon. Der Weg verläuft dann eben, wendet sich nach Norden und überquert – parallel zu einer Leitung – eine Hochfläche. Hinter einem Paß (1:35 Std., 1245 m) geht man abwärts und gelangt nach einem Wegstück im Eichenwald zum Weiler **Chasteuil** (2:30 Std.).

Bei der Gabelung am oberen Ortsrand hält man sich links (nordöstlich). Der Weg senkt sich, kreuzt einen Bach und verläuft eben am Hang über dem Verdon-Tal. Ein kurzer Anstieg führt zum Paß der Kapelle St-Jean (3:20 Std.); hier nach links biegen. (Nach rechts gelangt man in wenigen Minuten zur schön gelegenen Kapelle.) Der Pfad beschreibt unterhalb der Ruinen von Brandis einen Rechtsbogen; hier nach links auf einen schmalen Pfad abzweigen. Nach kurzem Anstieg sieht man links unter einem Walnußbaum eine Quelle. Man geht weiter aufwärts und gelangt zum **Ruinendorf Brandis** (s. Abb. S. 209), hinter dem steile Felskanten, die ›Cadières de Brandis‹, aufragen (3:45 Std.).

Bei den Ruinen wendet man sich nach rechts (westlich) und geht auf einem schönen Weg hoch über der Clue de Chasteuil zum Dorf **Villars-Brandis** (4:15 Std.). Von hier gehen wir auf einem Sträßchen zu Tal. Nach 10 Min. auf Asphalt, nach einer Rechtskurve, zweigt man nach links auf einen Pfad. Man gelangt zu einem Fahrweg (4:35 Std.), biegt nach links. Auf diesem etwas eintönigen Weg erreicht man ein Sträßchen beim Weiler La Colle. Hinter einem Bach wendet man sich nach rechts und geht auf dem Sträßchen zur D 952 im Verdon-Tal. Man folgt 100 m der Hauptstraße, um dann nach rechts in eine Nebenstraße zu biegen. Die rot-weiße Markierung des GR weist nach weiteren 200 m in ein Sträßchen nach links. Weniger Asphalt bietet der folgende Weg: Man geht geradeaus (ohne Markierung), dann rechts um eine Kläranlage herum und wendet sich dahinter nach links. Auf einem parallel zum Verdon verlaufenden Weg gelangt man sodann nach **Castellane** (5:40 Std.).

Variante

Ausgangspunkt ist der Weiler Chasteuil, den man auf einer schmalen Stichstraße erreicht, die ca. 8 km westlich von Castellane von der im Verdon-Tal verlaufenden D 952 abzweigt. Man geht von hier bis zum Dorf Villars-Brandis (s. o.), bleibt dann auf dem vom Ort abwärts führenden Sträßchen, bis die Asphaltierung endet. Nach der Linkskurve hier zweigt man nach rechts auf einen Weg (rot-weiße Markierung, eine Variante des GR 4), der nach Westen am Hang verläuft und unterhalb von Brandis auf den Hinweg trifft (2:30 Std.). Die-

Blick über die Gorges du Verdon nach Norden

Rougon vor dem Verdon-Canyon

sem folgt man zurück nach Chasteuil (3:30 Std.).

Am Wege

Rougon (55 Einwohner). Die Häuser des Bergdorfs gruppieren sich hinter einem schützenden Felssporn - eine Ortsanlage, die in der Haute-Provence oft anzutreffen ist.

Brandis, ein verlassenes Bergdorf in 1100 m Höhe, wurde gegen Ende des Zweiten Weltkriegs von deutschen Truppen zerstört, da die Einwohner angeblich Partisanen Unterschlupf gewährt hatten. Die Dorfbewohner konnten sich durch Flucht retten, da sie rechtzeitig vom Anmarsch der Wehrmacht benachrichtigt worden waren.

Castellane (1300 Einwohner) ist ein angenehmes Landstädtchen mit Platanenplatz, auf dem Boule gespielt wird. Überragt wird der Ort vom ›Roc‹, einem massigen, senkrecht aufragenden Felsklotz von 180 m Höhe.

Der Platz, an dem sich heute Castellane befindet, ist seit ligurischer Zeit durchgängig besiedelt. Nach einem Sarazeneneinfall im Jahre 812 begann man auf dem Roc ein neues, befestigtes Dorf zu errichten. Wegen des schwierigen Zugangs wurde diese Ansiedlung bald wieder zugunsten der Unterstadt aufgegeben, die ebenfalls Befestigungsanlagen erhielt. Ein Teilstück der mittelalterlichen Stadtmauer mit einem fünfeckigen Wehrturm sowie einem Uhrturm aus dem 14. Jh. ist nördlich des Ortszentrums noch erhalten. Im

Ort selbst findet man die schlichte romanische Kirche St-Victor aus dem 12. Jh.

Auf dem Roc sind noch Reste der verlassenen Ansiedlung aus dem frühen Mittelalter auszumachen. Die Kapelle auf der Felsspitze wurde im Jahre 1706 errichtet. Den Felsen kann man in gut 30 Min. zu Fuß ersteigen. Der Weg beginnt hinter der neuen Kirche von Castellane, an der Nordostecke des Hauptplatzes.

Traditionelles Handwerk und Selbstverwaltung – Provenzalisches Dorfleben in alter Zeit

Bis ins 20. Jh. waren die meisten Ortschaften der Provence durch die Landwirtschaft geprägt, doch fast überall gab es neben Bauern und Handwerkern auch Kaufleute und Kleinindustrielle – eine ländliche Bourgeoisie. Die Dörfer und Kleinstädte produzierten nicht nur Getreide, Öl, Wein und Gemüse, sondern jede Region besaß darüber hinaus ihre spezielle handwerkliche Tradition: Das obere Verdon-Tal war z. B. bekannt für seine Stoffe, das Massif des Maures für Korken, Apt für kandierte Früchte, Grasse für Parfum, Aiguines für Boule-Kugeln. Im Rhône-Tal wurde Seife produziert, im Vaucluse standen Gießereien, im Var Papiermühlen, Gerbereien und Seidenwebereien. Am weitesten verbreitet waren Keramikherstellung und Ziegelei: Die Töpfer formten Kacheln, Tonkrüge, Küchengeschirr und die *Santons,* die Figuren der provenzalischen Weihnachtskrippen. In einigen Orten entwickelte sich eine künstlerische Fayence-Tradition, so in Moustiers-Ste-Marie, wo solche Keramik noch heute hergestellt wird.

Die Besitzer der kleinen Industriebetriebe bildeten zusammen mit den reichen Kaufleuten die Klasse der *Négociants.* Außer ihnen zählten die *Propriétaires,* die Besitzer großer Ländereien, zur ›Oberschicht‹ der provenzalischen Orte. Sie waren gelegentlich Adlige, häufiger aber wohlhabende Bürger wie der örtliche Arzt und der Notar. In der sozialen Rangordnung folgten die *Ménagers,* die gutgestellten Bauern mit eigenem Dienstpersonal, die inmitten ihrer Ländereien außerhalb des Dorfes wohnten, sowie die *Artisans,* die selbständigen Handwerker: Bäcker und Schlachter, Maurer und Schmiede, Weber und Schneider. Die große Mehrheit der Bevölkerung bildeten die *Paysans,* die Kleinbauern. Sie lebten in den ärmlichen, engen Häusern des Dorfes, weit entfernt von ihren kleinen Feldern und Weinbergen, die für den Lebensunterhalt im allgemeinen nicht ausreichten. So verdingten sie sich als Tagelöhner bei den *Propriétaires* und *Ménagers* und als Arbeiter in den Kleinfabriken.

Trotz dieser ausgeprägten sozialen Unterschiede war die Gesellschaft der Provence im Vergleich zu anderen Regionen aus zwei Ursachen verhältnismäßig demokratisch und egalitär strukturiert: Zum einen hatte traditionell der Adel hier weniger Einfluß als andernorts in Frankreich. Nur etwa 10 bis 20% des Bodens gehörten der Landaristokratie, deren Sonderrechte wenig ausgeprägt waren. Noch heute sind daher in der Provence die *Châteaux,* die Schlösser des Landadels, seltener und baulich bescheidener als in Burgund oder gar im Loire-Gebiet. Zum anderen gab es in der Provence keine recht- und landlose Tagelöhnerklasse oder eine ausschließlich vom Grundherrn abhängige Schicht von Pächtern. Die Mehrzahl der Bauern besaß eigenes Land – und damit eine gewisse Selbständigkeit, auch wenn die Felder oft nur klein waren.

Zu den demokratischen Traditionen zählte auch die Selbstverwaltung der Gemeinden, die sich in der Provence als Überrest der ›freien Kommunen‹ des Mittelalters erhalten hatte. Von der Gemeindeverwaltung wurde eine Vielzahl von Angelegenheiten geregelt: Ihr unterstanden Schul- und Krankenhauswesen, sie verabschiedete die Handwerksordnung, organisierte Feste, kümmerte sich um Bewässerungskanäle und Brunnen, um die Säuberung der Straßen und den Schmuck der Plätze. Die Einwohner nahmen so aktiven Anteil an der Regelung des Dorflebens und waren nicht den Vorschriften eines Feudalherren oder einer zentralisierten Verwaltung unterworfen.

Ein Santonnier bei der Arbeit

Soziale Differenzierung, Arbeitsteilung, Präsenz einer bürgerlichen Schicht, Selbstverwaltung – das alles sind typische Merkmale des städtischen Lebens. Den urbanen Charakter provenzalischer Orte erkennt man noch heute in der Architektur: Selbst sehr kleine Dörfer sind von Mauern und Toren umgeben, wie in den Städten stehen enge, hohe Häuser dicht beieinander, die Anlage von Brunnen, Waschhäusern, Rathaus und Plätzen orientiert sich an städtischen Vorbildern.

Frauen- und Männerwelt waren streng getrennt: Die Frauen trafen sich am Brunnen und im Waschhaus, die Männer auf dem Dorfplatz, im Café und beim Boule-Spiel. Fast überall bestanden Vereine, in denen diskutiert, gespielt und gefeiert wurde. Diese Tradition hat sich bis heute erhalten: Das Vereinswesen ist lebendig, in den Cafés einer Ortschaft trifft sich die Stammkundschaft – politische oder persönliche Freunde, die von den Dorfangelegenheiten bis zur großen Politik alles Interessante debattieren.

Der Großteil des Lebens spielte sich, wie noch heute, im Freien ab. Die Wohnung war – und ist – ein Privatbereich, zu dem Fremde nicht leicht Zugang fanden. Das Haus galt vor allem als Bereich der Frauen; es muß vor Eindringlingen geschützt werden, da sonst die ›Ehre‹ der Männer – eine zentrale Vorstellung in der Sozialethik der Mittelmeerkulturen – gefährdet wäre. Gegenstände von symbolischem Wert wie Kreuze oder Disteln wurden am Tor befestigt, um die Wohnung vor bösen Geistern und bösen Menschen zu schützen. Besucher wurden im Vorhof oder am Eingang empfangen und ungern eingelassen. Für wichtige Gespräche ging man auf den Dorfplatz. Die Fensterläden ließ man oft auch tagsüber geschlossen, um keine Einblicke ins Hausinnere zu gestatten. Der Soziologe Laurence Wylie, der in den fünfziger Jahren im Dorf Roussillon lebte, fand heraus, daß die beiden Familien, die ihre Fensterläden immer offenhielten, allgemein als schamlos angesehen wurden.

34 Zu den Zyklopensteinen

Kurzer Rundweg um die ›Grès d'Annot‹

Annot ist ein kleiner, etwas verschlafen wirkender Provinzort zwischen der Haute-Provence und den Alpen. Nach der eher kargen Landschaft um die Gorges du Verdon überraschen die den Ort umgebenden ausgedehnten Waldungen aus Kiefern-, Buchen- und Kastanienbeständen. Die reizvolle Berglandschaft um Annot liegt nicht nahe genug an der Küste, für den Wintersport nicht hoch genug in den Bergen und schließlich zu weit entfernt von den klassischen Sehenswürdigkeiten der westlichen Provence, um auf den gängigen Rundtouren besucht zu werden. Für denjenigen, der gerne in unberührter Landschaft wandert, ist daher das Gebiet um Annot ein lohnendes Ziel.

Die recht kurze Rundwanderung führt zu den ›Grès d'Annot‹, am Hang oberhalb von Annot verstreut im Wald liegenden Sandsteinblöcken von enormen Ausmaßen. Einige der Steinquader sind sogar so groß, daß sie als Wandflächen für an sie angebaute Häuser dienen. Der Weg steigt von Annot ein langes Stück durch den ›Zyklopenwald‹ an und passiert die ›Chambre du Roi‹, einen riesigen, gespaltenen Felsblock. Wanderer mit ausgeprägter Höhenangst sollten von der ›Chambre du Roi‹ auf dem Hinweg zurückgehen, da das folgende Wegstück am Rande einer Steilkante verläuft.

Dauer: 2 Std.
Streckenlänge: 5 km.
Wegbeschaffenheit: überwiegend auf Waldwegen.
Anstiege: ca. 300 m; langer Anstieg am Anfang.
Orientierung: einfach.
Markierung: blaues Dreieck.
Schwierigkeitsgrad: drei.
Restaurants und Hotels: in Annot.

Wegbeschreibung

In Annot nimmt man die D 908 in Richtung Entrevaux, biegt dann nach links in die Avenue de la Gare. Kurz vor Erreichen des Bahnhofs unterquert man nach links die Bahngleise und biegt hinter dem Tunnel nach rechts (Markierung: blaues Dreieck). Man geht an den Bahngleisen entlang,

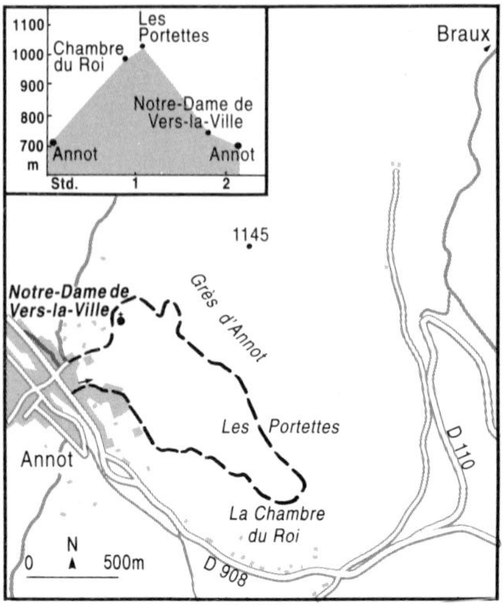

Wanderung 34

zweigt bei einem Lokschuppen nach links auf einen ansteigenden Weg. Im Wald steigt man zwischen großen Findlingsblöcken stetig aufwärts, um nach einem Wegstück unter einer Felswand zur ›**Chambre du Roi**‹ zu gelangen (50 Min.).

Man geht durch den Felsspalt, dann unterhalb einer senkrechten Felswand auf einem Sims hoch über dem Tal der Vaire. Der Weg biegt dann nochmals etwas nach links, führt ein Stück durch Mischwald und passiert einige Felsstufen (1:05 Std., **Les Portettes**). Dem Waldweg zwischen großen bemoosten Steinen weiterfolgend, wendet man sich bei einer Gabelung nach links und geht in Serpentinen abwärts. Bei einem Querpfad biegen wir nach rechts (1:30 Std.). Der Weg senkt sich zur schön gelegenen **Kapelle Notre-Dame de Vers-la-Ville** aus dem 12. Jh. Den Kreuzwegstationen folgend gelangt man in 10 Min. zum Ausgangspunkt (2 Std.).

Am Wege

Annot (1100 Einwohner) besitzt einen kleinen mittelalterlichen Stadtkern mit engen Gassen, Torbögen, Treppen und Brunnen. Im Zentrum des Ortes steht die romanische Kirche, über deren Apsis sich ein Wehrturm erhebt.

Die Umgebung von Annot war offensichtlich in römischer Zeit relativ dicht besiedelt. Die kleine Römerbrücke über die Vaire gehörte zu einer zwischen Riez und Annot bestehenden Wegverbindung. Pflasterungsreste eines weiteren römischen Weges findet man nördlich von Annot in Richtung Argenton.

Der Weg verläuft unterhalb einer senkrechten Felswand auf einem Sims

35 Ein Weg für Schwindelfreie
Rundwanderung bei den Schluchten von Riolan und Aiglun

In den weiten, wenig besiedelten Berglandschaften der Haute-Provence finden sich neben den berühmten Gorges du Verdon zahlreiche weitere Schluchten von beeindruckenden Ausmaßen. Fast immer sind es kurze Engtäler, *Clues* genannt, durch die die von den Höhen in südlicher Richtung abfließenden Wasserläufe die in ost-westlicher Richtung querliegenden Kalkketten durchbrechen.

Die lange und recht anstrengende Wanderung berührt zwei dieser Engtäler, die Clue du Riolan und auf einem Abstecher die Clue d'Aiglun, die mit ihren senkrecht aufragenden Felswänden besonders eindrucksvoll wirkt (s. Farbabb. 2). Sehr schön ist vor allem der Wegabschnitt zwischen Sallagriffon und Aiglun. Auf einem alten Hirtenpfad überwindet man die Bergkette des Mont St-Martin. Von der Höhe bietet sich ein weiter Rundblick auf Alpenberge, das Esteron-Tal und das auf einem Bergsporn gelegene Dorf Sigale (s. Farbabb. Umschlagvorderseite).

Der Weg führt ein kurzes Stück hoch am Hang am Rande eines Steilabfalls entlang und ist deshalb für Personen mit ausgeprägter Höhenangst nicht geeignet.

Wegen der Länge des Weges und der fast 1000 Höhenmeter, die es zu überwinden gilt, bietet es sich an, die Wanderung auf zwei Tage zu verteilen und in Aiglun eine Übernachtung einzulegen. Hier gibt es ein gut geführtes einfaches Hotel mit angeschlossener Gîte d'Etape.

Dauer: knapp 6 Std. (ohne den Abstecher).
Streckenlänge: 20 km.
Wegbeschaffenheit: auf Maultierpfaden (kurze Stücke steinig), zum geringeren Teil auf breiten Wegen, ca. eine Wegstunde Straßenanteil (kaum Verkehr).
Anstiege: ca. 950 m.
Orientierung: einfach.
Markierung: roter und gelber Balken, ohne, wieder rot und gelb bis Sallagriffon; gelber Balken bis hinter Aiglun; zuletzt wieder roter und gelber Balken.
Schwierigkeitsgrad: fünf bis sechs.
Restaurant, Bar: in Sigale und Aiglun.
Unterkunft: in 06 910 Aiglun (Auberge de Calendal *, ✆ 93 05 82 32) und in Sigale (Zampati, einfaches Dorfhotel, ✆ 93 05 81 52). Gîte d'Etape: in Aiglun bei der Auberge de Calendal.

Wegbeschreibung

Ausgangspunkt ist das oberhalb vom Tal des Esteron, eines Nebenflusses des Var, gelegene Dorf Sigale.

Von der Ortsmitte mit Kirche und Bar geht man einige Meter auf der D 17 in Richtung Roquesteron. Gegenüber einem Bushalt, vor einem Parkplatz, zweigt man nach links auf einen ansteigenden Pfad (Markierung: roter und gelber Balken). Bei einer Gabelung nach kurzem Anstieg geht man links, passiert danach eine Ruine bei einem Wasserspeicher linker Hand und gelangt zu einem Paß (15 Min.). Hier geradeaus (ohne Markierung) auf breitem Weg bis zur D 17 abwärts gehen. Man wendet sich nach rechts (30 Min.); einige Meter nach links ergibt sich ein schöner Blick auf die Clue du Riolan. Nach ca. 10 Min.

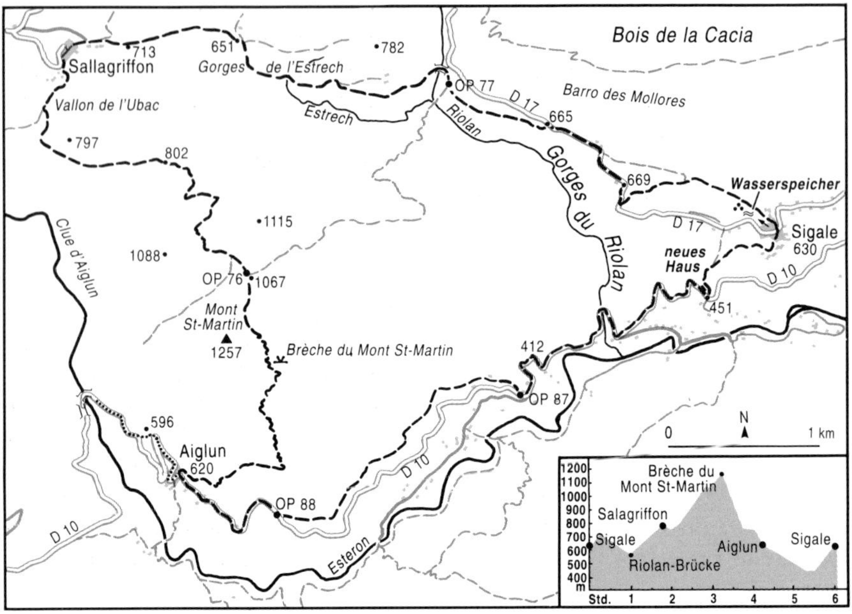

Wanderung 35

auf der Straße, nach einer Linkskurve bei einem neuen Gebäude, biegt man nach links auf einen bequemen Waldpfad (wieder rot und gelb markiert); bei einer Kreuzung geradeaus gehen. Auf einer alten Brücke überquert man die **Clue du Riolan** (1 Std.).

Man steigt ein Stück an. Der Weg verbreitert sich, passiert eine niedrige Felswand und biegt in nördliche Richtung. Bei einer Gabelung nach links eine Brücke passieren. Auf einem breiten Weg geht man zum Dorf Sallagriffon aufwärts (1:45 Std.).

Wir verlassen den Ort auf einem ebenen Sträßchen nach Süden (Hinweis nach Aiglun, Markierung: gelber Balken). In einer Rechtskurve nimmt man einen nach links abwärts führenden Weg. An einer Gabelung von drei Wegen im Talgrund geht man ganz links und kurz darauf geradeaus aufwärts. Der Pfad biegt in östliche Richtung, verläuft eben mit Blick auf den Nordausgang der Clue d'Aiglun, gewinnt dann nach Süden in Serpentinen an Höhe. Nach Norden eröffnet sich ein weiter Blick auf die Alpen. Man passiert eine Bresche zwischen niedrigen Felsen, geht ein Stück eben nach Osten, biegt nach Süden und steigt wieder an. Ein Wegstück, auf dem Vorsicht geboten ist, führt am Rande des Steilabfalls entlang. Nach einem kurzen Abstieg folgt ein erneuter Anstieg zur **Brèche du Mont St-Martin** (3:15 Std.); von der Felskuppe links, zu der ein schmaler Pfad führt, bietet sich ein weiter Rundblick (s. Farbabb. 5). Vom Paß steigt der Weg – anfangs recht steil – in vielen Serpentinen ab. Nach einer guten halben Stunde Abstieg biegt der Pfad in westliche Richtung und führt eben am Hang entlang. Nach links biegend folgt nochmal ein Wegstück abwärts, kurz darauf erreicht man das winzige **Aiglun** (4:10 Std.).

Abstecher zur Clue d'Aiglun

Man verläßt Aiglun auf der D 10 Richtung St-Auban, zweigt 50 m nach der ersten scharfen Linkskurve über Stufen abwärts, trifft wieder auf die Straße, der man weitere 500 m bis zur Schlucht mit ihren beeindruckenden Steilwänden folgt (30 Min. Wegezeit hin und zurück).

In **Aiglun** nimmt man die D 10 Richtung Sigale und biegt nach 15 Min., nach einer Rechtskurve, nach links auf einen Pfad (Hinweis nach Vascognes, Markierung: gelber Balken). Bei einer Gabelung rechts gehen; ein bequemer Pfad mit Blick auf das Esteron-Tal folgt. Man gelangt zu einem Fahrweg, folgt diesem zur D 10 abwärts (4:55 Std.). Auf der Straße passiert man den Südausgang der Clue du Riolan. Die D 10 beschreibt zwei Rechtskurven, erreicht dann ein neues Haus links der Straße; von rechts mündet ein Fahrweg ein; hinter dem Haus biegt man nach links aufwärts (gelb-rote Markierung) und gelangt nach 20 Min. Anstieg in einem Olivenhain nach Sigale (5:50 Std.).

Am Wege

Sigale (150 Einwohner) mit seiner mittelalterlichen Ortsanlage gruppiert sich um eine kleine Kirche im Stil der provenzalischen Romanik. Das Dorf war lange Zeit eine befestigte Bastion an der Grenze zwischen Piemont-Savoyen und der Provence. Reste der Befestigungsanlagen, u.a. zwei kleine Stadttore, sind noch erhalten.

Das winzige **Aiglun** (80 Einwohner), unter steilen Felswänden gelegen, beeindruckte mit seiner landschaftlichen Umgebung schon den Dichter Frédéric Mistral, der das Dorf in seinem Werk über provenzalische Weihnachtsbräuche (›Calendau‹) erwähnte. Die Clue d'Aiglun ist zwar nur gut 2 km lang, ihre Steilwände ragen aber bis zu 350 m auf, kaum weniger hoch als die der berühmten Gorges du Verdon.

36 Durch die Einsamkeit der Haute-Provence

Mehrtägige Wanderung von Riez zu den Gorges du Verdon und nach Castellane

Der besondere Reiz der entvölkerten Berg- und Schluchtlandschaft der Haute-Provence wird erst richtig erfahrbar, wenn man sich die Region auf einer mehrtägigen Wanderung erschließt. Der hier vorgeschlagene Weg verläuft in einem der am dünnsten besiedelten Landstriche Zentraleuropas. Stundenlang kann man wandern, ohne ein bewohntes Haus zu passieren oder einem Menschen zu begegnen; alle Orte am Weg zählen weniger als 2000 Einwohner. Nur die unmittelbare Umgebung der Gorges du Verdon ist von starkem touristischen Ausflugsverkehr geprägt. Die Kleinstädte und Dörfer am Weg weisen kaum Sehenswürdigkeiten im üblichen Sinne auf. Mit ihren verwinkelten alten Ortskernen, den bescheidenen romanischen Kirchen und ihrer Lage in einer teilweise bizarren Felsszenerie besitzen sie dennoch ihren eigenen Reiz.

Der Weg ist am besten in vier Tagesetappen zurückzulegen – soweit man im Hotel übernachten will, ergeben sich keine Variationsmöglichkeiten.

1. Tag Riez – Moustiers-Ste-Marie (5:30 Std.)
2. Tag Moustiers-Ste-Marie – La-Palud-sur-Verdon (6:20 Std.)
3. Tag Wanderung durch die Verdon-Schlucht (6–8 Std.) (= Wanderung 31)
4. Tag Point Sublime – Castellane (5:30 Std.) (= Wanderung 33)

Die **Orientierung** ist bis hinter Moustiers-Ste-Marie nicht ganz einfach. Man trifft dann auf den GR 4, dem man bis Castellane folgt. Das Teilstück Riez bis hinter Moustiers dieses Weges fand ich zu eintönig. Die hier beschriebene Alternative ist abwechslungsreicher, verlangt allerdings bei der Orientierung wegen der fehlenden Markierung einige Aufmerksamkeit.

Um über Castellane hinaus die Wanderung zu verlängern, bietet es sich an, dem GR 4 weiter zu folgen. Der markierte Fernwanderweg führt über das malerische Entrevaux und die dramatische Clue d'Aiglun (s. S. 201) nach Grasse im Hinterland der Côte d'Azur, das man nach 6–7 Tagesetappen ab Castellane erreicht; ein recht anstrengender Weg mit langen An- und Abstiegen in unberührter Voralpenlandschaft, die im Gegensatz zum Verdon-Gebiet von Tourismus noch kaum entdeckt ist.

Wanderkarte: »En Haute Provence« der Editions Didier Richard im Maßstab 1:50 000. Der Ausgangspunkt Riez ist mit öffentlichen Verkehrsmitteln nur von Aix aus zu erreichen. Vom Zielort Castellane bestehen Verbindungen nach Nizza (über Grasse) und Digne, aber nur sehr eingeschränkt zurück nach Riez.

1. Tag: Von Riez nach Moustiers-Ste-Marie

Der Weg führt zumeist über einsame Hochflächen, vorbei an ausgedehnten Lavendel- und Getreidefeldern. Der Wind ist überall spürbar, fast wie am Meer, die näherrückenden Kalkberge über den Gorges du Verdon geben der Landschaft etwas Monumentales: Die Atmosphäre der Giono-Romane wird erfahrbar. Der Weg ist nicht immer abwechslungsreich, aber dennoch eindrucksvoll – besonders schön natürlich, wenn die Kornfelder sich färben oder der Lavendel im Juli/August blüht.

Dauer: 5:30 Std.
Streckenlänge: 21 km.
Wegbeschaffenheit: überwiegend Feld- und Fahrwege, oft schattenlos.
Anstiege: ca. 550 m.
Orientierung: nicht immer einfach (viele Abzweige, undeutliche Wege), insbesondere im Mittelteil. Keine durchgehende Markierung.
Markierung: anfangs ohne, GR4, ohne, orangefarbener Balken im Auvestre-Tal, ohne, gelber Balken.
Schwierigkeitsgrad: vier bis fünf.
Hinweis: Unterwegs keine Verpflegungsmöglichkeit, es sei denn, man macht einen ca. 15minütigen Umweg über Puimoisson.
Restaurants, Bars, Geschäfte und Hotels: in Riez und Moustiers-Ste-Marie.
Anfahrt: Mo–Sa drei Busse auf der Linie Marseille – Aix – Gréoux – Riez. Abfahrten ab Marseille 8.30, 13.30, 16.10 Uhr vom Busbahnhof in der

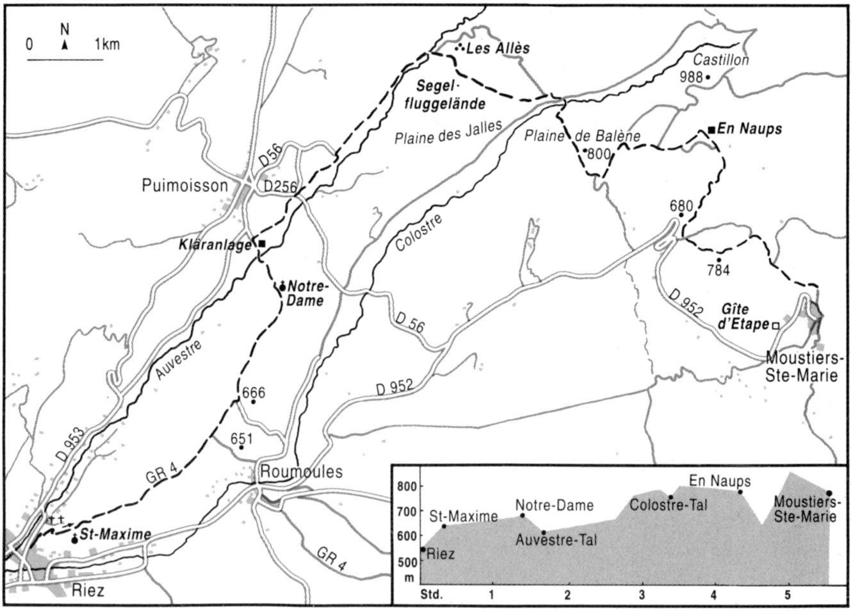

Wanderung 36 Erste Tagesetappe

Nähe des Gare St-Charles (Hauptbahnhof). Abfahrt vom Busbahnhof in Aix (beim Hauptbahnhof) jeweils eine halbe Stunde später. An So- und Feiertagen keine Fahrten.

Wegbeschreibung

In Riez geht man vom Hôtel des Alpes 50 m in nördliche Richtung. Die Hauptstraße in Richtung Manosque biegt nach links; man geht jedoch weiter geradeaus, an einem Brunnen vor dem Stadttor vorbei, dann aufwärts in der kleinen Rue de l'Horloge. Nach einigen Treppen hält man sich bei einem Quersträßchen links, biegt 10 m weiter nach rechts in den zum Glockenturm ansteigenden Weg. Hier biegt man nach links auf ein Sträßchen, das bald endet. Auf steinigem Weg geht man rechts am Friedhof vorbei aufwärts. Man steigt in Kurven mit Blick auf das Tal von Riez an und gelangt zur Kirche **St-Maxime** (20 Min.).

Man geht auf dem hinter der Kirche beginnenden Sträßchen weiter. Bei einer Gabelung nach 5 Min. hält man sich rechts. Die Asphaltierung endet (Markierung ab hier: GR4). Auf einem Fahrweg überquert man eine einsame Hochfläche mit Lavendelfeldern und Eichenwald. Nach einer knappen Stunde ab Riez zweigt der GR nach rechts in Richtung Roumoules; man geht indes geradeaus weiter (ohne Markierung). Bei der Gabelung 5 Min später nimmt man links den Feldweg. Dieser biegt nach rechts und stößt

Bei Riez führt der Weg über weite Hochflächen, vorbei an ausgedehnten Getreidefeldern

auf einen breiten Querweg, dem man nach links (nordöstlich) folgt. Breiter Weg über offene Weiten. Man passiert ein Wäldchen linker Hand; bei der Gabelung darauf (1:20 Std.) links gehen. Der Weg steigt etwas an, wendet sich in nördliche Richtung, wobei sich ein weiter Blick nach Osten ergibt, und passiert im Wald die **Kapelle Notre-Dame** rechter Hand.

In der folgenden Rechtskurve geht man geradeaus auf einem Waldweg abwärts. Nach einigen Serpentinen im Wald folgt ein Wegstück zwischen Feldern. Unterhalb von Puimoisson kreuzt man die **Auvestre** (1:45 Std.). Der Weg steigt an, die Asphaltierung beginnt. Hinter einer kleinen Kläranlage zweigt man nach rechts auf einen Fahrweg. Auf ebenem Weg gelangen wir in 15 Min. zur Straßengabelung D 56 / D 256. Wir biegen nach links auf die D 56, die breitere der beiden Straßen, und zweigen sofort nach rechts in einen Feldweg (Markierung: orangefarbener Balken).

Bei einem Querweg 10 Min. darauf links gehen und bei der Gabelung 100 m weiter den rechten Weg nehmen. Man bleibt jetzt ein langes Stück im Tal der Auvestre. Bei zwei Abzweigen nach rechts dem Weg geradeaus folgen. Das Tal verengt sich, die Vegetation wird dichter. Der Weg kreuzt die Auvestre. Man geht noch ca. 150 m parallel zum Bach linker Hand, zweigt dann bei einem Seitenbach nach rechts auf einen etwas undeutlichen Feldweg (2:40 Std., ohne Markierung; der markierte Weg läuft 100 m weiter auf die Ruinen von Les Allès zu).

Der Weg biegt gleich etwas nach rechts zum Waldrand, wo ein deutlicherer Waldweg beginnt, dem man aufwärts folgt. Nach gut 10 Min. Anstieg gelangt man zu einer offenen Hochfläche **(Plaine des Jalles).** Der Weg führt undeutlicher werdend an einem Waldsaum rechter Hand entlang. An dessen Ende biegt man nach rechts, wendet sich 20 m weiter nach links. Auf undeutlichem Weg zwischen großen Feldern überquert man die Ebene in Richtung auf das Colostre-Tal; rechter Hand befindet sich ein Segelfluggelände. Man passiert zwei einzeln stehende Bäume, dann einen winzigen Kiefernhain am Wege. Kurz darauf biegt man vor einem Feldrand nach links, geht zu einem Buschsaum abwärts, wendet sich hier nach rechts aufwärts und gelangt zu einem Fahrweg (einige Meter ohne Weg). Nach kurzem Anstieg auf dem Fahrweg trifft man auf einen Querweg, biegt nach rechts und erreicht 50 m weiter den Rand des **Colostre-Tals** (3:15 Std.).

Man biegt hier scharf nach links und nimmt bei der Gabelung kurz darauf den rechten Weg, der zum Colostre-Tal absteigt. Im Talgrund wendet man sich nach rechts und steigt aus dem Tal hinaus. Man gelangt erneut zu einer Ebene **(Plaine de Balène)** und geht auf einem leicht absteigenden Feldweg in südöstliche Richtung; in Wegrichtung blickt man auf die Felskanten über Moustiers. Der Weg biegt dann in östliche Richtung, führt durch eine kleine Senke und trifft nach kurzem Anstieg auf eine Piste; man geht links in nordöstliche Richtung leicht ansteigend. Bei der Gabelung knapp 10 Min. darauf (3:50 Std.) biegt man nach rechts. Man folgt einem ebenen, breiten Fahrweg nach Osten, der zu einem Hochtal mit einigen Häusern zwischen Wiesen und Feldern führt (En Naups, 4:20 Std.). Nach Osten bietet sich ein weiter Blick zu den Bergen über den Gorges du Verdon.

Man bleibt hier auf dem oberen Fahrweg, der eine Rechtskurve beschreibt und sich zu einem Bauernhaus senkt. Man geht rechts am Gebäude vorbei (Markierung: gelber Balken) und nimmt dahinter einen undeutlichen Feldweg, der an einem Buschsaum entlang zum Waldrand führt. Auf einem deutlichen Weg geht man im Kiefernwald abwärts. Im Tal passiert man ein Grundstück rechter Hand. Der Weg läuft dann auf die D 952 zu; kurz vor der Straße kreuzt man nach links einen Querweg, geht auf undeutlichem Pfad im Wald (gelbe Markierung) und überquert einen Bach. Der markierte Pfad wendet sich etwas in südöstliche Richtung, steigt dann nach links biegend im Wald an. Nach ca. 20 Min. Anstieg erreicht man die offene Höhe. Auf einem schönen Pfad durch die Garrigue mit

Ginster und Wacholder, dann durch Nadelwald mit einigen Zedern, zuletzt an einem Ölbaumhain entlang, erreicht man das in einer bizarren Felsszenerie gelegene **Moustiers-Ste-Marie** (5:30 Std.).

Am Wege

Riez (1750 Einwohner) ist ein angenehmes Provinzstädtchen am Rande des Plateau de Valensole. Der Ort lebt unter anderem vom Lavendelanbau, der auf den umgebenden Hochebenen großflächig betrieben wird.

Die Römer gründeten hier die Kolonie Reia Apollinaris, dic bald zu einem wichtigen Gemeinwesen der römischen Provinz Gallia Narbonensis anwuchs. Aus dieser Zeit findet man noch vier aufrecht stehende Säulen, die westlich des Ortes auf freiem Feld aufragen und vermutlich einst zu einem Tempel gehörten.

Die Bedeutung der Ansiedlung blieb auch in christlicher Zeit erhalten. Im 5. Jh. wurde Riez Bischofssitz, der erst mit der Französischen Revolution aufgelöst wurde. Aus der Zeit des frühen Christentums ist ein kleines Baptisterium erhalten, das auf den Anfang des 5. Jh. datiert wird und somit als einer der ältesten christlichen Sakralbauten Frankreichs gilt.

In der kleinen Altstadt von Riez, die sich zwischen den beiden mittelalterlichen Stadttoren Porte Aiguière und Porte St-Sols (14. Jh.) erstreckt, findet man entlang der Hauptstraße, der Rue Droite, einige ältere Wohnhäuser aus der Renaissance.

Auf dem Hügel östlich von Riez liegt die Kirche St-Maxime. Man vermutet, daß sich an dieser Stelle in vorrömischer Zeit der Hauptsitz des keltischen Stamms der Albici befand. Das römische Riez wurde dann unter Augustus in der Ebene, an der Kreuzung mehrerer Straßen, errichtet. Im Mittelalter wurde der Hügel erneut besiedelt. Die heutige Kirche stammt von 1662; im Chor sind antike Säulen eingebaut.

Moustiers-Ste-Marie (600 Einwohner) beeindruckt durch seine Lage: die Häuser des mittelalterlichen Ortes ducken sich unter kahle Steilwände, in die ein zu Tal stürzender Bach eine tiefe Bresche gegraben hat. Zwischen den Felsen der Kluft schwingt an einer Eisenkette ein metallener Stern, der nach der Überlieferung von einem aus arabischer Gefangenschaft heimgekehrten Kreuzritter als Dank für die Befreiung angebracht wurde (s. Farbabb. 4).

Die sehenswerte romanische Dorfkirche besitzt einen Glockenturm (12. Jh.), der durch seine hoch aufragende Form, die Stufengliederung und die mit Rundbogenfriesen verzierten Fensteröffnungen den Einfluß der lombardischen Romanik verrät. Der Chor der Kirche wurde gotisch erneuert. Ebenfalls ein Stilgemisch aus romanischen und gotischen Elementen bildet die Kapelle Notre-Dame-de-Beauvoir, die zwischen Zypressen auf einem Felsvorsprung in der Schlucht über dem Ort liegt. Zu dieser Wallfahrtsstätte führt ein von Kreuzwegstationen gesäumter Stufenweg. Allein der weite Blick über die Dächer von Moustiers-Ste-Marie zum Plateau de Valensole lohnt den Aufstieg.

Moustiers-Ste-Marie ist berühmt für seine Fayencen, die hier seit dem 17. Jh. gefertigt werden. Ein reisender

Blick in eine Lavendeldestillerie: Die Essenz wird aus den getrockneten Blüten gewonnen – etwa 1–2 kg aus 100 kg Pflanzen

Mönch aus Faenza hatte den Anwohnern das sorgsam gehütete Geheimnis der Herstellungsweise verraten, das die Italiener aus Asien mitgebracht hatten. Einige schöne Stücke aus der Frühzeit der Produktion sind im Fayence-Museum in der Krypta der Dorfkirche ausgestellt. In zahlreichen Läden des Ortes kann man die glasierten und handbemalten Teller, Vasen und Krüge erstehen, wobei es für den Laien nicht ganz einfach ist, Massenware von sorgfältig in traditioneller Weise gearbeiteten Stücken zu unterscheiden.

2. Tag: Von Moustiers-Ste-Marie nach La-Palud-sur-Verdon

In Moustiers ist der Rand des Gebirges über den Gorges du Verdon erreicht, das auf dem vorherigen Wandertag allmählich näherrückte. Der Weg führt nun in die Berge hinein, bis auf 1300 m Höhe, über Hochflächen und Kammwege am Rand der berühmten Verdon-Schlucht, die bald hinter Moustiers-Ste-Marie beginnt. Nach zwei längeren Anstiegen erreicht man über hochgelegene Pfade und Wege mit weiten Ausblicken ein bewaldetes Hochplateau, durchquert den Wald und findet dann einen bequem zu gehenden Panoramaweg mit guter Sicht auf die Gorges du Verdon und die Berge der Haute Provence, der zum Dorf La-Palud-sur-Verdon führt.

Dauer: 6:20 Std.
Streckenlänge: 20 km.
Wegbeschaffenheit: Waldwege und Bergpfade, z. T. steinig.
Anstiege: ca. 900 m.
Schwierigkeitsgrad: fünf.
Orientierung: einfach.
Markierung: gelber Balken, GR 4.
Restaurant, Bar, Geschäft: in La-Palud.
Hotels, Unterkunft: in La-Palud-sur-Verdon, hier auch eine Jugendherberge (s. S. 210).

Wegbeschreibung

In Moustiers-Ste-Marie geht man an Post und *Mairie* (Bürgermeisteramt) vorbei zum Friedhof südlich des Ortes. Man nimmt hier den oberhalb des

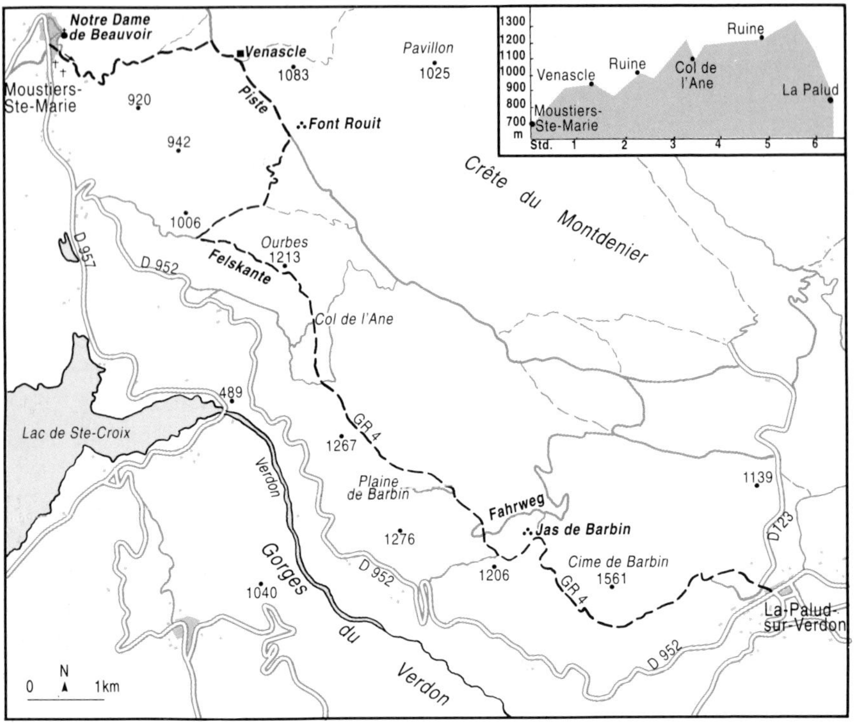

Wanderung 36. Zweite Tagesetappe

Friedhofs beginnenden Chemin de Courchon (Markierung: gelber Balken). Der steinige Weg – eine alte Römerstraße – steigt in Kurven mit Blick auf den Ste-Croix-See an (ca. 45 Min. Anstieg). Auf der Höhe führt der Weg durch eine Senke und steigt nochmals etwas an. Bei einer Gabelung geht man rechts, in Richtung Venascle (beide Wege sind gelb markiert). Man gelangt zu einer Piste (1:15 Std.), an der man sich nach rechts wendet. Linker Hand erblickt man in einiger Entfernung das große Anwesen **Venascle.** Nach ca. 20 Min. auf der Piste münden von links von einer Ruine kommende Fahrspuren ein; man zweigt hier nach rechts auf einen Pfad oberhalb eines Bacheinschnittes rechter Hand. Der Pfad senkt sich zum Talgrund. Man geht einige Meter im in der Regel trockenen Bachbett, nimmt dann einen ansteigenden Waldpfad. Ca. 25 Min. Anstieg in Serpentinen folgt; man gelangt zu einem lichten Eichenwald (2:15 Std.), geht auf einem Graspfad – linker Hand steht eine Ruine – etwas nach rechts biegend, zu einem Waldweg, dem man in westliche Richtung folgt. Man erreicht einen Querweg, den GR 4, am Rand der Höhenstufe; ein weiter Blick eröffnet sich zum Plateau de Valensole (2:30 Std.).

Man biegt nach links, folgt jetzt dem GR 4. Ein weiterer längerer Anstieg am Rande der Steilkante zu einer Kuppe (Ourbes), gefolgt von einem Abstieg zum **Col de l'Ane** (3:30 Std.). Der Weg steigt erneut für 10 Min. an; man erreicht einen Aussichtspunkt mit Blick bis zur Montagne Ste-Victoire im Südwesten und zum Luberon im Westen. Es folgt ein Wegstück im Wald; sobald der Pfad den Wald verläßt, steigt man wenige Meter nach rechts querfeldein zum Grat, von wo man einen schönen Blick auf den Ausgang der Verdon-Schlucht hat. Der GR verläuft am Hang mit freiem Blick nach Norden und Osten, dann durch ein ausgedehntes Waldgebiet.

Auf dem Waldweg gelangt man zu einem breiteren Fahrweg (4:25 Std.) und biegt nach links. Der Weg senkt sich und beschreibt eine Rechtskurve. Gleich darauf zweigt man nach links in einen schmaleren Weg. Dieser kreuzt nach 150 m den breiten Fahrweg und steigt an. Es folgt nochmals ein längeres Wegstück im Wald. In einer großen Linkskurve zweigt man

Ruinendorf Brandis

nach rechts auf einen schmaleren Weg (5 Std.), links ist eine Hausruine, Jas de Barbin, zu sehen. Man steigt zu einem Querweg (5:30 Std.) an, hält sich rechts und erreicht gleich darauf einen Paß, mit 1330 m der höchste Punkt des Weges.

Der Pfad verläuft dann am Hang mit schönem Blick auf die Verdon-Schlucht und senkt sich allmählich. Nach einem kleinen Waldstück (5:55 Std.) blickt man auf das Hochtal von La-Palud-sur-Verdon, zu dem man in gut 30 Min. absteigt.

3. und 4. Tag:

Die **dritte Tagesetappe** führt durch die Gorges du Verdon von La-Palud-sur-Verdon zum Point Sublime. Der Weg entspricht der Wanderung Nr. 31 (s. S. 184ff.). Man sollte den Weg durch die Schlucht nicht mit schwerem Gepäck unternehmen, sondern dies mit dem Taxi vorausschicken. Die **vierte Tagesetappe** vom Point Sublime nach Castellane entspricht der Wanderung Nr. 33 (s. S. 191ff.).

Übernachtungsmöglichkeiten

04 500 Riez
Hôtel des Alpes *, ✆ 92 77 80 03
04 360 Moustiers-Ste-Marie
Le Belvédère **, ✆ 92 74 66 04
Le Relais *, ✆ 92 74 66 10
Gîte d'Etape Les Cavaliers du Verdon, ✆ 92 74 69 47
04 120 La-Palud-sur-Verdon
Des Gorges du Verdon ***, ✆ 92 77 38 26
Le Provence **, ✆ 92 77 38 88
Auberge des Crêtes *, 1,5 km östlich außerhalb, ✆ 92 77 38 47
Jugendherberge, oft ausgebucht, ✆ 92 74 68 72
04 120 Rougon-Point Sublime
Auberge du Point Sublime **, ✆ 92 83 60 35
04 120 Villars-Brandis
Gîte d'Etape, ✆ 92 83 62 26
04 120 Castellane
Hôtel du Commerce ***, Place de l'Eglise, ✆ 92 83 61 00
Grand Hôtel du Levant **, Place Marcel Sauvaire, ✆ 92 83 60 05
Ma Petite Auberge **, 8, Bd. de la République, ✆ 92 83 62 06
Hôtel du Roc *, Rue du Lieutenant Blondeau, ✆ 92 83 62 65
Auberge Bon Accueil *, Place Marcel Sauvaire, ✆ 92 83 62 01

Busverbindungen ab Castellane: täglich 9.10 Uhr nach Digne. Der Bus fährt über Sisteron weiter nach Grenoble und Genf. Täglich 14.25 Uhr nach Grasse/Nizza.
Werktags 7.17 Uhr nach Annot mit Anschluß nach Digne bzw. Nizza mit dem Chemin de Fer de Provence. Nach Riez–Aix–Marseille nur ein Bus Sa 12.15 Uhr. Vom 1.7. bis 15.9. zusätzliche Abfahrten Mo und Sa zur gleichen Zeit.
Von Digne hat man täglich sechs Verbindungen nach Aix, entweder direkt mit dem Bus, oder mit dem Bus zum Bahnhof Château-Arnoux-St-Auban an der Linie Sisteron–Marseille und von hier mit dem Eilzug weiter.

Das Hinterland der Côte d'Azur

Brunnen in der Altstadt von Vence

Die Mittelmeerküste zwischen dem Esterel-Gebirge im Westen und Menton an der italienischen Grenze im Osten kann kaum noch als große Urlaubsregion von besonderem natürlichen Reiz dargestellt werden. Die Landschaft, die einst wegen ihrer Anmut und Lieblichkeit, der unverwechselbaren Schönheit ihrer Natur Maler wie Matisse und Renoir in ihren Bann zog, ist völlig zersiedelt. Was noch vor nicht allzulanger Zeit ein abgelegener, schlecht erschlossener Winkel war, ist heute ein expandierender Ballungsraum, der noch lange nicht an seine Wachstumsgrenzen gestoßen ist.

An die ›blaue Küste‹ drängen die Angestellten der sich im Süden ansiedelnden ›sauberen‹ Industrien und aus dem Dienstleistungssektor; wohlhabende Pensionäre, die ihren Lebensabend in mediterraner Wärme verbringen wollen, ganz zu schweigen von der jeden Sommer hereinbrechenden Flut von Badetouristen, die eine entsprechende Infrastruktur verlangt. Die Einwohnerzahl nimmt in der Region fünfmal so schnell zu wie im übrigen Frankreich.

Nicht weit von der verbauten Landschaft der Küste sind jedoch Regionen von unberührter Schönheit und überraschender Einsamkeit zu finden: Macchia und Steineichenhaine, Schafweiden, Oliven- und Gemüsegärten, Dörfer in abgelegener Berglandschaft. Die gebirgige Voralpenlandschaft, die im Osten bei Menton bis unmittelbar ans Meer reicht, ist im Gegensatz zur Küste nur dünn besiedelt. In gleichem Maße, wie sich die Küstenzone bevölkerte, leerte sich das Hochland. Einst lagen hier die Siedlungsschwerpunkte der Region. Die Küste galt lange als unwirtliches Land, denn vom Meer kam Gefahr: Söldnerheere, Räuberhorden und Sarazeneneinfälle bedrohten die Bewohner. Man zog sich auf die schützenden Höhen zurück, baute festungsartige Dörfer auf Felssporne *(Villages perchés)* und nahm dabei in Kauf, daß die Landwirtschaft auf den steinigen Höhen und abschüssigen Hängen nur unter erschwerten Bedingungen zu betreiben war. Die vielen Hangbefestigungen aus mörtellos geschichteten Kalksteinen, *Restanques* genannt, sollten den Humus vor Abschwemmung schützen. Ihre Überreste, die man überall im Bergland finden kann, zeugen von der Beschwerlichkeit bäuerlichen Wirtschaftens jener Zeit.

In der Gegend um Nizza fühlen sich die Menschen wohl immer noch wie einst dem Bergland über der Küste verbunden. »Das Meer ist für die Fremden, wir in Nizza mögen eher die Berge«, erklärte ein Händler am Gemüsestand vor der verfallenden Belle Epoque-Fassade, die den Bahnhof der Provence-Bahn schmückt.

In der Geschichte war das Hinterland der Côte d'Azur über lange Jahrhunderte in zwei sich meist feindlich gegenüberstehende Herrschaftsbereiche aufgeteilt. Das Gebiet östlich des Var-Tals, einschließlich Nizza, gehörte von 1388 bis 1860 nicht zur Provence bzw. zu Frankreich, sondern war Teil des selbständigen Herzogtums Savoyen, dessen Machtzentrum jenseits des Alpenkamms in Turin lag. Der italienische Einfluß auf die Gestaltung der Ortsbilder ist unverkennbar: statt des unverputzten Steins der klar gegliederten, schlichten provenzalischen Architektur, wie man sie z. B. in Vence oder Tourette-sur-Loup antrifft, findet man barocke, im Innern reich geschmückte Kirchen, farbige Hausfassaden, Balkone, Erker und Arkadenplätze.

Das Hinterland der Côte d'Azur ist eine klimatisch begünstigte Region. Das Meer speichert Wärme, der Alpenkamm schirmt das Gebiet nach Norden ab. Im Roya-Tal z. B. wachsen die Olivenbäume bis auf fast 700 m Höhe. Frosttage kommen kaum vor. Auch im Spätherbst kann man hier noch wandern, soweit man sich nicht in alpine Gefilde begibt.

37 Klippendorf über der Schlucht

Wanderung nach Gourdon und in die Gorges du Loup

Die Wanderung führt zum unteren Teil der imposanten Gorges du Loup, der am nächsten zur Küste gelegenen Kalkschlucht in den Voralpen von Grasse. Vom Ausgangspunkt in Le-Bar-sur-Loup steigt man ein kurzes Stück an, um dann auf einem schönen Panoramaweg am Hang mit Blick auf den Schluchteingang beim Pont du Loup zu gehen. Nach erneutem Anstieg erreicht man das kleine Gourdon, ein typisches *Village perché*, festungsartig an den Rand des Abgrunds gebaut. Von hier geht man hinunter zum Pont du Loup, wo die eigentliche Schlucht beginnt. Ein kurzer Abstecher führt durch den schattigen Schluchtgrund mit seinen kleinen Bassins und Wasserfällen vor der Kulisse karger Felswände. Der Rückweg vom Pont du Loup zum Ausgangspunkt erfolgt entweder mit dem Bus oder zu Fuß auf einer wenig befahrenen Straße.

Dauer: 3:15 Std. einschließlich des ca. einstündigen Abstechers im Schluchtgrund.
Streckenlänge: 9,5 km.
Wegbeschaffenheit: Waldwege, schmale Pfade, kurze Stücke steiniger Untergrund; ca. 20 Min. auf Asphalt.
Orientierung: trotz fehlender Markierung einfach.
Schwierigkeitsgrad: drei.
Anstiege: 400 m.
Restaurant und Hotel: in Le-Bar-sur-Loup und Pont-du-Loup; ein Restaurant auch in Gourdon.
Busverbindung: Pont-du-Loup ab 8.30, 9.30, 15.00, 18.00 Uhr werktags auf der Linie Vence-Grasse. So- und Feiertage nur 9.30 Uhr. Auf der Straße sind es gut 3 km von Pont-du-Loup nach Le-Bar-sur-Loup. Man nimmt das kaum befahrene Sträßchen, auf welchem man Pont-du-Loup erreicht hat.

Wanderung 37

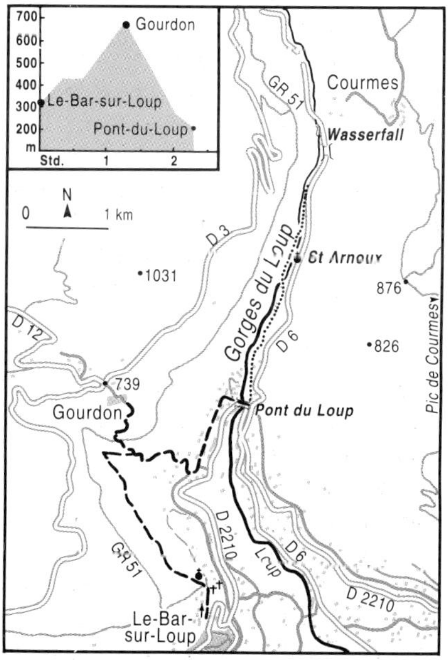

Wegbeschreibung

Ausgangspunkt in **Le-Bar-sur-Loup** ist der kleine Platz vor Kirche und Mairie im Ortszentrum. Man nimmt hier die abwärts führende Avenue de Yorktown und dann die Rue de Ribas, um nach links auf den Chemin de la Bessurane zu biegen. Vorbei am Friedhof gelangt man zu einer Kapelle; bei einer Gabelung hier zweigt man nach links aufwärts auf ein Sträßchen und nimmt nach wenigen Metern rechts einen Pfad, der weiter ansteigt.

Bei einem Querweg (20 Min.) hält man sich rechts und folgt einem bequemen Weg mit Blick auf den Eingang der Gorges du Loup. Bei einer Wegkreuzung (40 Min.) biegt man nach links und steigt wieder an. 10 Min. darauf kreuzt man den GR 51 – einige Meter nach rechts bietet sich ein schöner Blick auf die Schlucht – und geht weiter aufwärts nach **Gourdon** (1:15 Std.).

Man nimmt von hier den schönen, nicht übermäßig steilen Weg, den man gekommen ist, und geht auf ihm ein langes Stück abwärts bis zu einem Sträßchen (2 Std.). Wir biegen nach links und gelangen auf der Straße zum **Pont du Loup** (2:15 Std.), wo die Gorges du Loup beginnen.

Abstecher im Schluchtgrund

Man nimmt den bei der Brücke über den Loup beginnenden Weg, der parallel zum Wasserlauf linker Hand flußaufwärts verläuft. Der Weg verengt sich, kreuzt den Loup auf einer Brücke.

Einem kurzen steilen Anstieg folgt ein Wegstück unter Felsen mit Blick auf die Steilwände der Schlucht. Der

Pfad senkt sich zu einer weiteren Brücke und endet kurz darauf. Auf gleichem Weg geht man zurück zum Pont du Loup.

Ein Abstecher führt zu den Wasserfällen im Schluchtgrund der Gorges du Loup

Am Wege

Le-Bar-sur-Loup (2100 Einwohner) ist ein typisches provenzalisches Dorf in schöner Hanglage über dem Loup-Tal. Die kleine Kirche St-Jacques im Ortszentrum, deren älteste Teile aus dem 13. Jh. stammen, besitzt einige sehenswerte Altarbilder des 16. Jh. mit Szenen aus dem Leben des Apostels Jacobus des Älteren, die Louis Bréa, dem bekanntesten Künstler der sog. Nizzaer Schule, zugeschrieben werden. Von der Mitte des 15. bis zur Mitte des 16. Jh. wurden von den Malern dieser Stilrichtung, die anfangs noch ganz der Gotik verhaftet war, später aber auch Einflüsse der italienischen Renaissance aufnahm, viele der bescheidenen Dorfkirchen im Hinterland von Nizza mit aufwendigen Fresken und Altarbildern ausgestattet.

Gourdon (240 Einwohner), ein restauriertes mittelalterliches Dorf, beeindruckt vor allem durch seine Lage 500 m über dem Tal des Loup. Vom Kirchplatz erblickt man das Meer. Das Ortsbild dieses provenzalischen *village perché* wird von einem Renaissanceschloß aus dem 16. Jh. beherrscht, das auf dem Fundament einer Sarazenenfestung errichtet wurde. Das Schloß beherbergt ein historisches Museum sowie eine Gemäldesammlung und besitzt einen kleinen Renaissancepark.

Die großen Brückenpfeiler beim **Pont du Loup** stammen von einem Viadukt der Eisenbahnlinie Nizza-Draguignan. 1944 wurde die Brücke von der deutschen Wehrmacht auf ihrem Rückzug in die Luft gesprengt.

Die 8 km langen **Gorges du Loup** bieten eines der schönsten Landschaftsbilder des Küstenhinterlandes von Nizza. Ihre kargen Steilwände kontrastieren mit einer dichten Vegetation im Talgrund. Eine Straße führt von Pont-du-Loup an zwei Wasserfällen, der Cascade de Courmes und dem Saut du Loup, vorbei durch den Schluchtgrund.

38 Durch karges Land und Macchia
Von Tourette-sur-Loup nach Vence

Nördlich von Vence beginnt die eigentliche Berglandschaft der provenzalischen Voralpen. Eine mehrere hundert Meter aufragende Höhenstufe markiert den Übergang zwischen mediterranem Hügelland und den Bergzonen. Der Kontrast könnte kaum größer sein: unterhalb der Bergflanke der Siedlungsbrei der sich ausdehnenden ›Großstadt Côte d'Azur‹, auf den Höhen leeres Land, Macchia, immergrüne Steineichen, vereinzelt ein Anwesen.

Der beschriebene Weg führt von dem sehenswerten alten Provence-Ort Tourette-sur-Loup zunächst durch neue Wohnbebauung, um dann ein langes Stück durch Buschwald und Garrigue mit Sicht auf die Küste anzusteigen. Nach einem Wegstück oberhalb der Felskanten der Gorges du Loup erreicht man das karge Karstplateau von St-Barnabé, eine Landschaft von herbem Reiz. Ein etwas beschwerlicher Abstieg längs aufgelassener Hangkulturen, ein bequemer Pfad am Hang mit Sicht zum Meer, zuletzt ein Wegstück zwischen Villen zur Kleinstadt Vence mit ihrem unversehrt erhaltenen mittelalterlichen Ortskern beenden diese Wanderung fernab der Betriebsamkeit der Küste.

Dauer: 5:45 Min.
Streckenlänge: 22 km.
Wegbeschaffenheit: Buschwaldpfade, breite Wege auf teilweise steinigem Untergrund. Anfangs und am Ende jeweils längeres Straßenstück.
Anstiege: 650 m.
Orientierung: einfach.
Markierung: ohne, gelber Punkt, ohne, GR 51 (teilweise rot-gelb markiert bis hinter St-Barnabé), zuletzt wieder gelber Punkt.
Schwierigkeitsgrad: fünf.
Einfaches Restaurant, Bar: in St-Barnabé.
Hotel: größere Auswahl in Vence sowie in Tourette-sur-Loup.
Busverbindung: werktags zehn Busse zwischen Vence und Tourette, letzte Fahrt 19.30 Uhr. So- und Feiertage 9.00 u. 19.30 Uhr.

Wegbeschreibung

Ausgangspunkt in Tourette-sur-Loup ist der große Platz beim Eingang des alten Ortes, wo sich der Bushalt und ein großer Parkplatz befinden. Man nimmt hier die nach Nordwesten ansteigende Route de St-Jean, geht an der Post und der Kapelle St-Jean vorbei. Das Sträßchen, das jetzt Route des Quenières heißt, biegt in südwestliche Richtung und steigt stärker an; ein schöner Blick auf Tourette ergibt sich. Unterhalb eines Oratoriums biegt man nach rechts in den Chemin de St-Martin (Markierung: gelber

Punkt) und geht nach Westen zwischen Villen aufwärts. Die Asphaltierung endet (25 Min.); kurz darauf zweigt man vor einer Grundstückszufahrt nach rechts in einen Pfad. Man geht im Buschwald an Terrassenmauern entlang, steigt dann durch Garrigue aufwärts; ein weiter Blick zum Meer eröffnet sich. Bei einer Einmündung von rechts (1 Std.) geht man geradeaus weiter. Der Pfad verläuft ein Stück eben in westliche Richtung, steigt dann – ein steiniges Wegstück – nach Norden wieder an. Unterhalb eines neuen Gebäudes mit Sendemasten wendet man sich etwas nach rechts, geht durch lichten Steineichenwald aufwärts und gelangt auf der Höhe zu einem breiten Fahrweg in einer Kurve (1:20 Std.).

Man biegt nach links (ohne Markierung) und geht nach 5 Min. auf der Piste geradeaus auf einem Feldweg weiter. Nach 30 m hält man sich rechts, folgt einer Telefonleitung für weitere 30 m, biegt nach rechts und gleich wieder nach links auf einen deutlichen Weg. Man passiert das große, etwas abseits des Weges gelegene Anwesen **Domaine de Courmettes** linker Hand. Bei der Gabelung darauf kann man beide Pfade nehmen. Man erreicht einen breiten Fahrweg und geht geradeaus. Der Weg beschreibt einige Kurven, steigt etwas an; nach Westen blickt man auf Gourdon, nach Norden auf die kahle Montagne de Cheiron. Nach Westen absteigend gelangt man zum Betonrund eines Wasserspeichers und biegt hier nach rechts abwärts auf einen breiten Waldweg (2:05 Std., GR 51). Nach einer Quelle rechter Hand verengt sich der Weg, um mit weitem Blick hoch über den Gorges du Loup aufwärts zu führen. Nach 5 Min. steileren Anstiegs über Steinstufen erreicht man das **Plateau de St-Barnabé** (2:55 Std.).

Wanderung 38

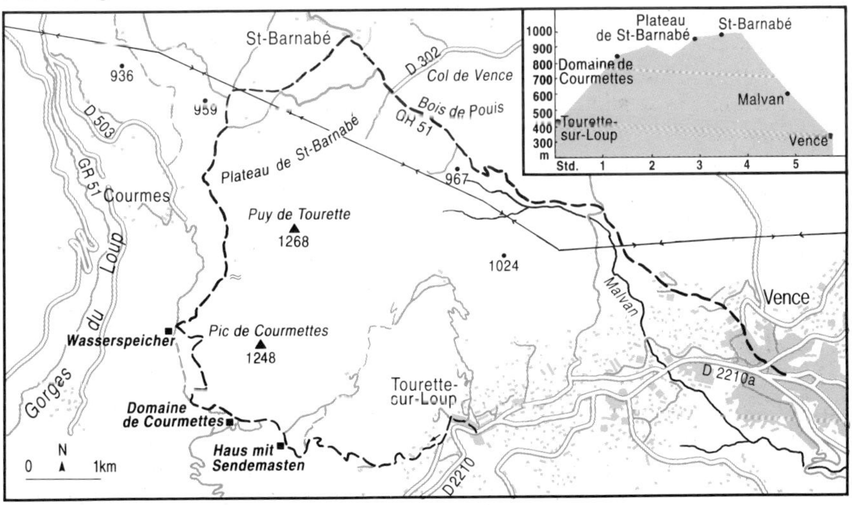

Terrassenlandschaft bei Gourdon – die mörtellos geschichteten Befestigungsmauern werden Restanques genannt und wie die Bories und Aiguiers aus Bruchsteinen errichtet

Man hält sich links, geht auf einem anfangs grasüberwachsenen Weg nach Norden bis zu einer Hochspannungsleitung und biegt hier nach rechts (weiter GR 51, undeutlich markiert, teilweise auch rot-gelb). Man geht in östliche Richtung, unterquert die Leitung, wandert an Feldern, dann an Steinbegrenzungen linker Hand entlang. Bei einer Gabelung geht man links, auf einem Feldweg, der in nordöstliche Richtung biegt und links oberhalb eines Feldes parallel zu einer Telefonleitung verläuft. Man passiert zwei

Häuser rechts des Weges, steigt in einem Wäldchen etwas an und gelangt zum **Weiler St-Barnabé** (3:30 Std.).

Wir nehmen die hier beginnende Straße und gehen nach 10 Min. auf Asphalt geradeaus auf einem Fahrweg weiter. Das Meer wird wieder sichtbar; nach Norden erblickt man bei klarem Wetter entfernte Alpenspitzen. Der GR biegt nach links zu Tal; es folgt ein steiniges, unbequemes Wegstück. Bei einer Gabelung nimmt man links den Pfad oberhalb der Talsenke rechter Hand, der nach ca. 20 Min. zu einem Bach nach Süden absteigt (Gue de Malvan, 4:55 Std.).

Vor dem Bach wendet man sich nach links, steigt unmittelbar an einer Ruine vorbei etwas an und biegt bei einem Querpfad dahinter nach rechts (Markierung: gelber Punkt) in einen schönen Pfad am Hang mit Blick auf die Küste. Man erreicht eine Straße und geht auf dieser weiter abwärts. Die Straße senkt sich im Wald. Nach einer deutlichen Linkskurve gehen wir geradeaus auf einem Pfad weiter abwärts, der zwei Querstraßen kreuzt und auf die D 2 trifft. Auf dieser gelangt man in ca. 15 Min. zum Ortszentrum von Vence (5:45 Std.).

Am Wege

Tourette-sur-Loup (2700 Einwohner). Die kleine Stadt im Hinterland der Côte d'Azur ist seit Jahrzehnten besonders beliebt bei Zuzüglern aus anderen Regionen. Während 1945 noch knapp die Hälfte der Einwohner im Ort geboren war, sank ihr Prozentsatz bis 1968 auf 13% und ist heute noch geringer geworden. Die schöne Lage und reizvolle architektonische Struktur erklären die Anziehungskraft von Tourette-sur-Loup. Der mittelalterliche Charakter der Ortsanlage ist noch gut erhalten. Winklige Gassen führen an vorzüglich restaurierten Steinhäusern entlang. Ein vollständiger Mauerring mit zwei Stadttoren umschließt das alte Zentrum, in dem sich viele Kunsthandwerker angesiedelt haben.

Die Kirche St-Grégoire-le-Grand (13.–16. Jh.) liegt außerhalb der Mauern am Hauptplatz. Sehenswert ist im Inneren ein Triptychon des 16. Jh. aus der Schule des Louis Bréa mit einer Darstellung des hl. Antonius.

Vence (14 000 Einwohner): Die Stadt hat sich in einer weitgehend zersiedelten Landschaft ihren mittelalterlichen Charakter bewahrt (s. Abb. S. 211). Sie geht auf eine römische Gründung, Vintium, zurück und wurde im 5. Jh. Bischofssitz. Zu den Bischöfen zählten u. a. zwei Heilige, St-Véran und St-Lambert, beide in der Kathedrale begraben, sowie Alessandro Farnese, der spätere Papst Paul III.

Aufgrund der ruhigen Lage im Hinterland der Côte d'Azur gewann Vence im 20. Jh. an Beliebtheit bei Reisenden und Künstlern; unter anderem haben Marc Chagall und Henri Matisse hier gelebt.

Die ursprünglich romanische Kathedrale wurde im Laufe der Jahrhunderte mehrfach umgebaut. Zur Place Clemenceau hin weist sie eine reizvolle farbige Fassade auf, die erst 1879 geschaffen wurde. Im Baptisterium befindet sich ein Mosaik von Chagall, die »Errettung des Moses«, daneben ein Kruzifix aus dem 16. Jh. Das spätgotische Chorgestühl auf der Empore zeigt skurril geschnitzte Miserikordien, die den Domherrn bei stehend zu verbringenden Teilen der Messe als Stützen dienten.

Östlich der Kathedrale befindet sich die hübsche Place Godeau, auf der eine römische Säule aufgestellt wurde. Besonders sehenswert im Gassengewirr der Altstadt sind auch die Place du Peyra und die Place du Frêne mit einer 400 Jahre alten Esche.

Die Chapelle du Rosaire wurde von Henri Matisse entworfen und ausgemalt. Matisse hat an dem Werk vier Jahre lang gearbeitet und alle Details bis hin zu Meßgeräten und -gewändern selbst entworfen. Die Kapelle ist nur Di und Do von 10–11.30 und von 14.30–17.30 Uhr geöffnet.

39 Im gebirgigen Hinterland von Nizza

Rundweg zur Wallfahrtskirche von Utelle

Diese recht anstrengende Wanderung führt in das gebirgige Hinterland von Nizza, eine Landschaft von unerwarteter Stille und Einsamkeit, nur 30 km Luftlinie von der Hektik der Küste entfernt.

Nach langem Anstieg hoch über der Schlucht der Vésubie erreicht man das abgelegene alte Bergdorf Utelle und geht von hier weiter zu der auf einer kahlen Bergkuppe gelegenen Wallfahrtskirche Madone d'Utelle. Von der Höhe hat man eine schöne Fernsicht vom Mittelmeer bis zu den meist verschneiten Alpenbergen. Der Rückweg verläuft über eine heideartig bewachsene Hochfläche, dann durch lichten Kiefernwald oberhalb der Gorges du Chaudan, eines Abschnitts des Var-Tals. Von den kahlen, schon fast alpinen Bergzonen gelangt man wieder in die wärmere, mediterrane Landschaft mit Bauernweilern, Hangkulturen, Olivenhainen und Gemüsegärten.

Wegen der fast 1000 Höhenmeter, die zu überwinden sind, bietet es sich an, die Wanderstrecke in zwei Tagen zu bewältigen, indem man am Nachmittag startet und in Utelle eine Übernachtung einlegt.

Dauer: 6:20 Min.
Streckenlänge: 20 km.
Wegbeschaffenheit: überwiegend auf schmalen Wegen; steinige Abschnitte; zwischen Utelle und Madone d'Utelle längeres Stück auf wenig befahrener Straße.
Anstiege: insgesamt ca. 950 m.
Schwierigkeitsgrad: fünf bis sechs.
Orientierung: einfach.
Markierung: GR 5 bis Utelle, dann gelber Balken; an den Gabelungen Hinweisschilder.
Restaurant, Geschäft: in Utelle; Buvette (Imbiß) bei Madone d'Utelle.
Hotel: in 06450 Utelle (Bellevue*, ✆ 93 03 17 19, am nördlichen Ortsende gelegen). Gîte d'Etape in Utelle (✆ 93 03 17 01) sowie in Madone d'Utelle (✆ 93 03 19 44).
Anfahrt: Die Wanderung beginnt beim Kirchlein von Cros d'Utelle. Man erreicht den Ausgangspunkt, indem man – von Nizza kommend– von der im Var-Tal verlaufenden N 202 nach rechts in die D 2565 biegt. Nach ca.

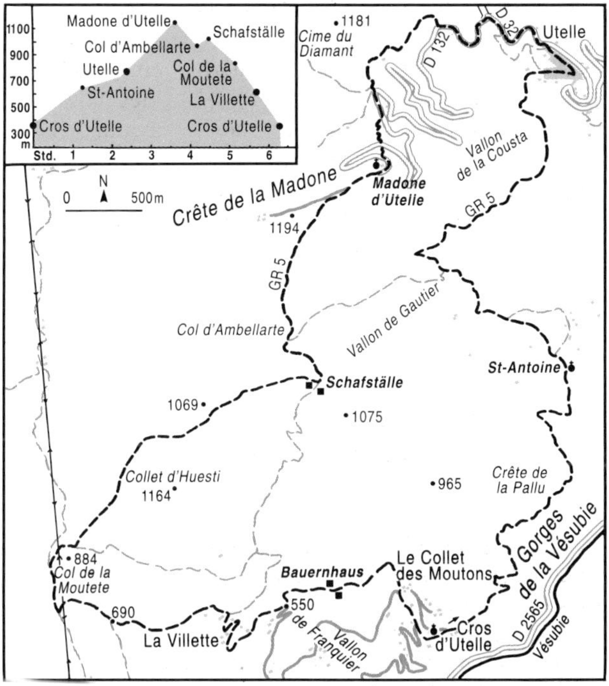

Wanderung 39

6 km Fahrt zwischen den Felswänden der Gorges de la Vésubie zweigt man nach links auf die ansteigende D 67. Bei einer Gabelung nach ca. 3 km biegt man scharf nach rechts und gelangt zum Kirchlein von Cros d'Utelle, wo sich eine Parkmöglichkeit befindet.

Wegbeschreibung

Man geht rechts am Kirchlein vorbei und passiert einige Häuser linker Hand (Markierung: GR 5). Auf dem GR steigt man für ca. 30 Min. am Hang über dem Vésubie-Tal zum Teil recht steil an, geht dann ein längeres Stück auf ebenem Weg bzw. kurz ansteigend. Nach 1:15 Std. passiert man die Kapelle St-Antoine. In Wegrichtung wird Utelle kurz sichtbar. In einem Rechtsbogen geht man durch eine Senke, dann wieder hoch am Hang über der Schlucht. Es folgt ein kurzer Abstieg zu einem Bach, den man überquert, dann einige Minuten Anstieg zum schön gelegenen **Utelle** (2:30 Std.).

Vor der Dorfkirche wendet man sich nach links und gelangt zur D 32 beim nördlichen Ortsende. Man biegt nach links, folgt für 15 Min. der Straße. Bei einer Gabelung vor einem Tunnel nimmt man einen Pfad, der zwischen den Straßen die Böschung hochführt (Markierung: gelber Balken) und dann oberhalb der D 132 am Hang verläuft. Bei einer Gabelung (2:55 Std.) hält man sich links. Der Weg biegt in südliche Richtung. An einer erneuten Gabelung geht man nach links aufwärts zur D 132, um nach rechts auf die Straße zu biegen (3:10 Std.). 200 m weiter zweigt man nach rechts auf einen steil ansteigenden Pfad, der die D 132 kreuzt und weiter ansteigend erneut zu der Straße gelangt, auf der man kurz darauf die **Wallfahrtskapelle Madone d'Utelle** erreicht (3:40 Std.); statt den steilen Pfad zu benutzen, kann man auch auf der Straße bleiben – ein längerer, aber weniger anstrengender Weg.

Von der Kapelle wendet man sich auf der Höhenstraße 200 m nach Westen, biegt dann nach links abwärts auf einen Pfad, der zu einem Bergsattel, dem **Col d'Ambellarte** führt (4:10 Std.). Man steigt von hier nach Süden etwas an (Hinweis zum Col de la Moutete), geht rechts an einer Wasserstelle vorbei und biegt bei einem Querpfad in östliche Richtung. Es folgt ein Stück auf ebenem Waldpfad, dann ein erneuter Anstieg nach Süden. Man gelangt zu einem Bergsattel in offener Landschaft bei einigen Schafställen (4:25 Std.); von den kahlen Bergkuppen östlich und westlich bieten sich schöne Blicke auf die Schluchten von Var und Vésubie.

Wir wenden uns hier nach rechts und gehen in westliche Richtung über eine heideartige Hochfläche. Der Weg senkt sich mit Blick auf die Berge über dem Var-Tal. Beim **Col de la Moutete** (5:10 Std.) mündet von rechts ein Pfad ein; man geht geradeaus weiter und zweigt 3 Min. darauf nach links abwärts in Richtung La Villette. Bei einem Querweg hält man sich links, passiert einen überhängenden Felsen und gelangt zum alten **Weiler La Villette** (5:40 Std.).

Auf dem hier beginnenden Sträßchen geht man abwärts. In einer Rechtskurve nach ca. 10 Min. auf Asphalt biegt man nach links auf einen Pfad (gelbe Markierung), der kurz ansteigt und durch Ölbaumgärten zu zwei alten Bauernhäusern

Bei La Villette führt der Weg durch Ölbaumgärten zu zwei alten Bauernhäusern

führt. Man geht rechts am ersten Haus vorbei und biegt vor dem zweiten nach links. Nach einem kurzen Abstieg über eine ausgewaschene Hangfläche folgt dann ein bequemerer Pfad mit Blick auf eine schroffe Felswand. Der Weg biegt in südliche Richtung, führt parallel zu einem Bachtal in dichter Vegetation abwärts und gelangt zu der Häusergruppe **Le Collet des Moutons.** Man nimmt den hier beginnenden befestigten Fahrweg, hält sich bei einer Querstraße rechts und erreicht bald darauf den Ausgangspunkt (6:20 Std.).

Am Wege

Utelle (400 Einwohner) ist ein stilles Bergdorf, in schöner Landschaft 550 m hoch über dem Vésubie-Tal gelegen. Sehenswert ist die im 14. Jh. im gotischen Stil errichtete und später barock umgestaltete Kirche St-Véran, die für ein kleines Bergdorf eine recht aufwendige Innenausstattung aufweist: In der kleinen gotischen Vorhalle stellen die geschnitzten Türflügel zwölf Szenen aus dem Leben des hl. Véran dar; eine Verkündigung (1524) aus der Nizzaer Schule sowie ein Passionsaltar mit Holzschnitzarbeiten aus der gleichen Zeit lohnen den Blick ins Innere. Utelle, das heute abseits der Durchgangsstraßen liegt, war ursprünglich eine wichtige Etappe auf dem Handelsweg, der von der Küste ins gebirgige Hinterland des Tinée verlief. Die Maultierwege wurden über die Höhen gelegt, da die Verbindungen in den felsigen Schluchten von Var und Vésubie schwierig zu unterhalten und oft durch Hochwasser gefährdet waren.

Auf einer kahlen Bergkuppe in 1170 m Höhe liegt die schlichte Wallfahrtskapelle **Madone d'Utelle** aus dem Jahre 1806. Als Zeichen wundersamer Heilungen hängen Krücken an den Wänden des Kircheninneren. An diesem Ort befand sich schon in frühchristlicher Zeit eine Kultstätte.

Der Ölbaum

Der Ölbaum ist eine der charakteristischen Pflanzen der Provence. Die immergrünen Olivenkulturen, deren silbrig schimmernde Blätter in weiten Bereichen des Mittelmeerraums das Landschaftsbild prägen, gedeihen nur in Gegenden ohne starken Frost. In der Provence mit ihren milden Wintern finden sie ein ideales Klima. Bei länger anhaltenden Temperaturen unter minus acht Grad sterben die Ölbäume ab. Sie müssen dann bis zu den Wurzeln zurückgeschnitten werden, um neu zu wachsen. In diesem Jahrhundert hat es in Teilen der Provence zweimal solche katastrophalen Wintereinbrüche gegeben, 1929 und 1985.

Der Ölbaum wurde vor rund 2500 Jahren von den Griechen eingeführt. Das Olivenöl spielt seitdem eine wesentliche Rolle in der provenzalischen Küche – so wie der Knoblauch und die Kräuter. Das Öl diente in früheren Zeiten aber auch als Brennstoff für Lampen. Es bildete zudem den Grundstoff für die Seifenproduktion, die in der Provence eine lange Tradition hat.

Bis ins 19. Jh. waren die Olivenkulturen der ertragreichste Sektor der provenzalischen Landwirtschaft. Das Öl wurde in andere Regionen exportiert. Im Departement Var beispielsweise wurden mehr als 90% der Produktion exportiert. Zahlreiche Familien verdankten ihren Wohlstand ausschließlich dem Öl. Heute ist die Produktion zurückgegangen: Der Absatz des provenzalischen Öls leidet unter der Konkurrenz anderer Gebiete des Mittelmeerraums. Dennoch finden sich überall in der Provence in Höhen bis zu 600 m nach wie vor ausgedehnte Olivenpflanzungen.

Der Ölbaum blüht im Mai mit weißlichen, unscheinbaren Blüten. Er kann viele hundert Jahre alt werden. Ein neugepflanzter Baum trägt frühestens nach fünf Jahren Frucht; oft braucht er noch erheblich länger. Es galt daher in früheren Zeiten als Barbarei, während des Krieges im Feindesland Ölbäume zu fällen. Die Früchte werden im Winter geerntet, meist zwischen November und Januar. Nur die grünen Tafeloliven erntet man – in unreifem Zustand – schon im September. Sie kommen dann zunächst in eine alkalische Lösung, die den bitteren Geschmack entfernt. Die Oliven werden teilweise von Hand geerntet, dem besten und schonendsten Ver-

Der Ölbaum ist seit der Antike in der Provence heimisch

fahren. Üblich ist es aber auch, Netze oder Tücher unter den Bäumen auszubreiten und die Früchte mit Stangen abzuschlagen. Diese Erntemethode ist bequemer, schadet aber Früchten und Baum.

Der größere Teil der Ernte wird zu Olivenöl verarbeitet, ein kleiner Teil dient der Produktion von Tafeloliven. Diese werden in eine Salzlake eingelegt, die meist mit Kräutern gewürzt ist. Frisch vom Baum kann man die Oliven nicht verzehren – sie sind zu hart und bitter.

Nach der Ernte werden die Oliven gewaschen, dann mit den Kernen zerstoßen und geknetet. Die so entstehende Masse schneidet man in kleinere Teile und preßt sie in den Ölmühlen aus. Nach der ersten Pressung, der *Première Pression,* die das beste Öl ergibt, bleibt eine feste, dem Weintrester vergleichbare Masse zurück. Preßt man diese weiter, so erhält man das minderwertige Öl zweiter oder dritter Pressung. Dies schlechte Öl war früher für die vielen Magenverstimmungen von Reisenden im Mittelmeerraum verantwortlich; heute wird es kaum noch verwendet.

Die Qualität des Öls hängt neben der Erntemethode entscheidend vom Säuregehalt ab. Ein gutes Öl darf nicht mehr als 1% Säure haben. Bei einer frühen Ernte sind Ertrag und Säuregehalt geringer – auch beim Öl geht also die Quantität auf Kosten der Qualität. Wirklich gutes Olivenöl kann, schon wegen des notwendigen Arbeitsaufwands, nicht billig sein; es kostet in der Provence gegenwärtig nicht unter umgerechnet 12–15 DM pro Liter.

Viele Ölmühlen der Provence stehen Besuchern offen. Bei der Arbeit zusehen kann man allerdings nur in den Erntemonaten, also außerhalb der Reisesaison.

40 Terrassenlandschaft im Grenzgebiet zu Italien

Rund um Saorge im Roya-Tal

Das hoch über dem Tal der Roya gelegene alte Saorge ist der vielleicht schönste Ort des Küstenhinterlandes von Nizza. Dicht gedrängt stehen die Häuser am steilen Berghang über dem Fluß, der hier ein enges Felstal durchbricht – ein Anblick, der an asiatische Bergdörfer denken läßt.

Die kurze Rundwanderung bietet unter verschiedenen Blickwinkeln Sicht auf das schöne, unversehrte Dorf, führt durch Ölbaumgärten, über Schafweiden und zu Bauernhäusern zwischen aufgegebenen Terrassen-Kulturen. Auch hier macht sich die Landflucht bemerkbar. Anfang und Ende des Weges verlaufen durch das Zentrum des Dorfes, das mit seinen dunklen Gewölben und engen Treppengassen so ganz den Vorstellungen von einer mittelalterlichen Ansiedlung entspricht.

Dauer: knapp 2 Std.
Streckenlänge: 6 km.
Wegbeschaffenheit: schmale Wege, Schafpfade, zuletzt ein bequemer Hangweg.

Anstiege: 250 m.
Orientierung: bis auf den Anfang im Ort einfach.
Markierung: anfangs gelber Balken, dann ohne Markierung, GR 52 a.

Restaurant, Bar und ein Geschäft: in Saorge.
Hotel: in Fontan (Auberge de la Roya*, ✆ 93 04 50 19)
In Saorge einige Zimmer im Restaurant Bellevue sowie eine Gîte d'Etape am GR oberhalb des Franziskanerkonvents.

Wegbeschreibung

Der Ausgangspunkt der Wanderung befindet sich beim nördlichen Ortsende von Saorge; hier endet die von Fontan kommende D 38 auf einem Parkplatz.

Gegenüber der Bar von Saorge biegt man nach links aufwärts in die Rue Jeanne d'Arc und gelangt zum Kirchplatz. Auf der Rue Pastorelli geht man unter einem Haus durch, biegt gleich scharf nach links und unterquert ein weiteres Haus. Bei einem kleinen Brunnen biegt man nach rechts in die Rue de Verdun und gelangt zu einem kleinen Platz bei einem Waschhaus. Hier links einen Treppenweg nehmen und gleich nach rechts biegen (Markierung: gelber Balken). Man gelangt zu einer Pfadgabelung bei den letzten Häusern von Saorge und hält sich rechts (Hinweis zur Baisse de Cachin). Man geht durch Ölbaumgärten aufwärts. An einer Gabelung links durch ein Gatter gehen. Der Pfad steigt für ca. 15 Min. in kurzen Serpentinen an. Nach einem weiteren Gatter und einem kurzen Anstieg gelangt man zu einigen Wiesen auf Hangstufen bei einem Schafstall mit einem gewölbten Dach linker Hand (40 Min.).

In Höhe des Schafstalls wendet man sich nach rechts und verläßt den gelb markierten Weg. (Folgt man dem markierten Weg noch ein kurzes Stück nach links, werden die Dächer von Saorge wieder sichtbar). Man geht jetzt – auf einer Hangstufe bleibend – auf einem schmalen Pfad nach Osten (ohne Markierung), bis man ein weithin sichtbares Anwesen mit einem langgestreckten Stallgebäude erreicht (55 Min.). Oberhalb der Häuser kreuzt man zwei Pfade – der zweite ist gelb markiert – und wendet sich einige Meter weiter bei einem erneuten Querweg (ohne Markierung) nach links. Auf ebenem Weg beschreibt man einen Rechtsbogen durch ein Tal und gelangt oberhalb der Ste-Croix-Kapelle zum GR 52a. Auf einem bequemen Hangweg folgt man dem GR abwärts bis zum Franziskanerkonvent von Saorge (s. Farbabb. 6) und geht von hier durch das Ortszentrum zum Ausgangspunkt (1:50 Std.).

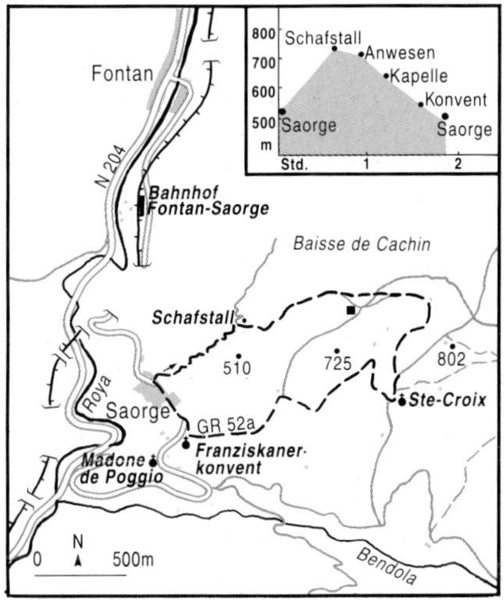

Wanderung 40

PART. VEND.
APPTS.
TEL. 04.02.14.

Im Grenzgebiet machen sich italienische Einflüsse in Küche, Architektur und Lebensart deutlich bemerkbar

Am Wege

Saorge (320 Einwohner), das schon in ligurischer und römischer Zeit besiedelt war, galt im Mittelalter als uneinnehmbare Festung. Am Berghang hoch über einer Engstelle des Roya-Tals gelegen, nahm es eine strategische Schlüsselposition ein, von der aus die Passage durch den Talgrund leicht kontrolliert werden konnte. Erst 1794 mußten sich die hier verschanzten savoyardischen Verteidiger erstmalig französischen Truppen unter General Masséna ergeben: Die Burg und die Befestigungsanlagen auf dem Bergsporn westlich des Ortes, von denen noch Reste auszumachen sind, wurden endgültig zerstört.

Im Dorf ist die dreischiffige Hauptkirche St-Sauveur aus dem 16. Jh. mit ihrer reichhaltigen, überwiegend barocken Innenausstattung beachtenswert. Vom kleinen, 1792 im barocken Stil errichteten Franziskanerkloster am südlichen Ortsende bietet sich ein schöner Blick auf Saorge. Der interessanteste Sakralbau des Ortes ist jedoch die unterhalb des Franziskanerkonvents gelegene romanische Kirche La Madone del Poggio, deren Baubeginn auf das Jahr 1092 datiert wird. Der weithin sichtbare, schlanke quadratische Glockenturm, der mit einem flachen Rundbogenfries geschmückt ist, stellt ein gutes Beispiel für den lombardischen Baustil dar. Der dreischiffige Innenraum ruht auf Säulen mit schön gearbeiteten Kapitellen, die stilisierte Pflanzen schmücken, und weist einige z. T. beschädigte Fresken des 15. Jh. auf. Zwecks Besichtigung der meist geschlossenen Kirche wende man sich an die *Mairie* im Ortszentrum von Saorge.

Sehenswert ist aber vor allem die gesamte Dorfanlage von Saorge, das in die Liste der 40 erhaltenswertesten Dörfer Frankreichs aufgenommen wurde. Die für lange Zeit aufgegebenen Terrassenkulturen östlich von Saorge werden heute teilweise wieder bewirtschaftet. Als Transportmittel zu den verstreut liegenden Höfen muß zum Teil immer noch das Maultier dienen. Die neuen Landbauern sind freundliche, aber selbstbewußte Leute, die es nicht gerne mögen, wenn man sie mit ihren Maultieren als anachronistische Idylle ablichten möchte.

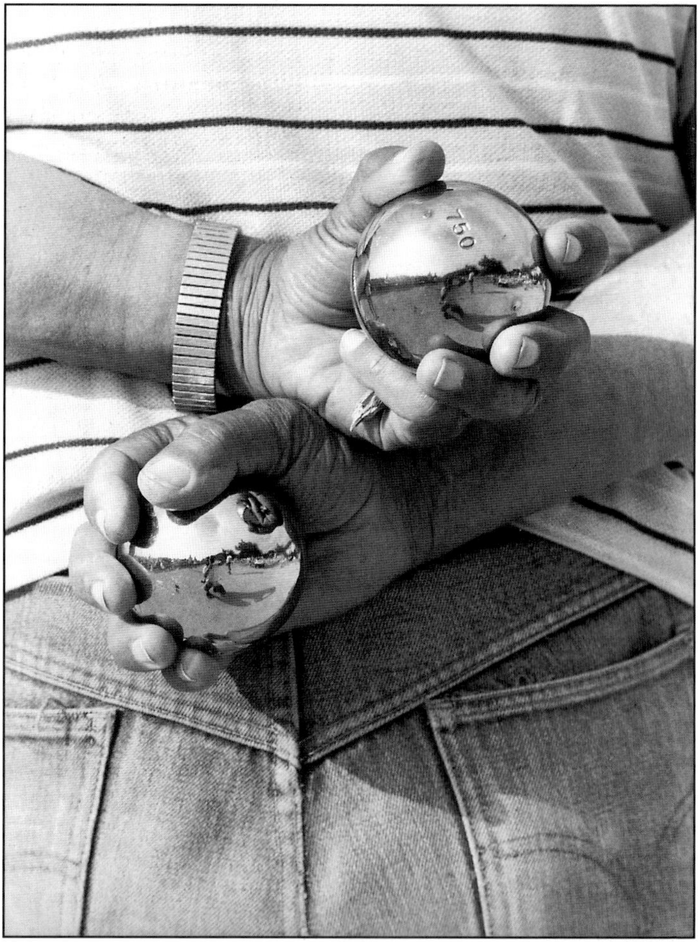

Literatur

Henri Bosco, Der Esel mit der Samthose (1937), Stuttgart 1981

Thorsten Droste, Die Provence, Köln 4. Auflage 1989

Leslie Forbes, Eine kulinarische Reise durch die Provence, Köln 1988

Robert Freson, Die Kultur der französischen Küche, Köln 1984

Jean Giono, Der Berg der Stummen (1929), Frankfurt/Main 3. Auflage 1989

Jean Giono, Der Husar auf dem Dach (1951), Köln 1989

Karl-Heinz Götze (Hg.), Provence. Ein Reisebuch, Hamburg 1987

Peter Handke, Die Lehre der Sainte Victoire, Frankfurt/Main 1980

Kurt Leonhard, Paul Cézanne, Reinbek 1970

Wolf von Niebelschütz, Die Kinder der Finsternis (1959), Zürich 1989

Marcel Pagnol, Eine Kindheit in der Provence, 4. Auflage, München 1976

- Das Schloß meiner Mutter, München Neuauflage 1991
- Der Ruhm meines Vaters, München 1991
- Die Wasser der Hügel, München Neuauflage 1991

Francesco Petrarca, Dichtungen, Briefe, Schriften, (Hg.) Hanns W. Eppelsheimer, Frankfurt/Main 1980

Werner W. Richner, Provence, Köln 1988

Werner W. Richner, Landschaft in Bildern: Provence, Köln 1992

Ingeborg Tetzlaff (Hg.), Licht der Provence, Köln 7. Auflage 1988

Evert van Uitvert, Vincent van Gogh, Köln 1976

Fred und Maxie Wander, Provenzalische Reise, Leipzig 1978

Laurence Wylie, Ein Dorf in der Vaucluse, Frankfurt/Main 1969, 1978

◁ Das Pétanque-Spiel gehört zu den Passionen der Provenzalen

Abbildungsnachweis

Farbabbildungen und Titel
Georg Henke

Schwarzweißabbildungen
Michael Bengel S. 25, 196
Gesche Cordes S. 92/93
Georg Henke Vignette, Frontispiz, S. 20, 28/29, 36,37, 41, 51, 65, 68, 78/79, 104, 121, 123, 146/147, 152, 155, 158/159, 163, 169, 177, 183, 186, 194, 198, 209, 211, 214/215, 223
Klaus Kallabis S. 12/13, 18, 26, 42/43, 45, 54/55, 59, 62, 102, 108, 127, 230
Jürgen Schönwiese S. 8/9, 15, 27, 172/173, 204, 218, 225, 228/229
Jo Scholten S. 48/49, 116, 125
Werner Stuhler S. 11, 56, 64, 97, 112, 118, 150/151, 207
Erika Tevesen S. 33, 34, 190
Susanne Tschirner S. 44, 75, 82, 88, 178, 193
Klas Winter S. 74, 170

Karten
DuMont Buchverlag

Praktische Reiseinformationen

DuMont Buchverlag GmbH & Co., Mittelstraße 12–14, 5000 Köln 1.

Vor der Reise

Informationsstellen

Sämtliche touristische Informationen über die Provence (Hotel- und Campingverzeichnisse, Ortsprospekte usw.) erhält man über die Amtlichen Französischen Fremdenverkehrsämter.

In Deutschland:
Westendstr. 47, 6000 Frankfurt/Main 1, Postfach 10 01 28, ✆ 0 69/7 56 08 30
Berliner Allee 26, 4000 Düsseldorf 1, ✆ 02 11/8 03 75/76
Postfach 15 04 65, 1000 Berlin 15 (nur schriftliche Anfragen)

In der Schweiz:
Löwenstraße 59, Postfach 7226, 8023 Zürich, ✆ 2 11 30 85
Services Officiels Français du Tourisme, 2 rue Thalberg, 1201 Genf, ✆ 7 32 86 10

In Österreich:
Hilton Center 259 C, Landstrasser Hauptstr. 2, Postfach 11, 1033 Wien, ✆ 7 15 70 62

In Frankreich:
Man kann sich überdies an das regionale Fremdenverkehrsbüro der Provence wenden.
Comité Régional de Tourisme Provence-Alpes-Côte d'Azur, Immeuble CMCI, 2 rue Henri Barbusse, 13241 Marseille Cédex 01 ✆ 91 39 38 00
Darüber hinaus besitzt jeder größere und auch mancher kleinere Ort ein eigenes Informationsbüro (Office de Tourisme oder Syndicat d'Initiative). Es liegt fast immer im Ortszentrum. Außerhalb der Reisesaison sind die Informationsbüros kleinerer Gemeinden in der Regel geschlossen.

Einreisebestimmungen

Reisende aus Deutschland, Österreich und der Schweiz benötigen für die Einreise nach Frankreich einen gültigen Personalausweis oder Reisepaß. Für mitgeführte Hunde und Katzen, die mindestens drei Monate alt sein müssen, ist eine Tollwutschutzimpfung erforderlich (höchstens ein Jahr und mindestens einen Monat alt). Schweizer und Österreicher benötigen bei der Anreise mit dem Kraftfahrzeug eine grüne Versicherungskarte.

Reisezeit und Wandersaison

Das **Klima** der Provence ist durch milde Temperaturen und lange Sonnenscheindauer, nicht aber, wie oft vermutet, durch besonders geringe Niederschlagsmengen gekennzeichnet. Der Regen fällt allerdings selten lang anhaltend, sondern meist in heftigen Schauern. Ausgeprägte klimatische Unterschiede bestehen naturgemäß zwischen der Küstenregion und der Haute-Provence. In Castellane werden bis zu 100 Frosttage im Jahr gezählt, während in Nizza die durchschnittliche Tageshöchsttemperatur im Januar noch 13 °C beträgt.

Die **Wandersaison** in der Provence reicht vom Frühjahr bis in den Spätherbst. Der Frühling beginnt in den niedriggelegenen Gebieten schon im März, wenn Mandel- und Aprikosenbäume blühen. Das Wetter ist dann sehr wechselhaft. Sonnige und schon recht warme Tage wechseln mit kühlen und regnerischen Perioden; verläßliche Wetterprognosen lassen sich für diese Jahreszeit nicht machen. Eine gewisse Stabilisierung tritt erst ab Ende Mai ein. Der Juni ist wegen der vielen blühenden Pflanzen wohl die schönste Zeit, die Provence zu Fuß zu erkunden.

Von Anfang Juli bis Mitte September scheint mit geringfügigen Unterbrechungen die Sonne. Außerhalb der Haute-Provence wird es aber schnell unerträglich heiß. Zudem ist ganz Frankreich auf Urlaub im eigenen Land. Straßen, Hotels und Restaurants sind übervoll. Auch im entlegensten Winkel der Region macht sich touristischer Betrieb bemerkbar.

Im Herbst wird das Wetter wieder wechselhaft. Überwiegend ist es sonnig und noch recht warm, es kommt jedoch immer wieder zu heftigen Gewittern mit wolkenbruchartigen Regenfällen. Auch für den Winter bietet sich die Provence als Reiseziel an, soweit man in der Nähe der Küste bleibt – die Côte d'Azur ist ja ursprünglich als Winterreiseziel der Aristokratie bekannt geworden. Es gibt viele sonnig-klare Tage, und das Thermometer kann noch bis auf 20 °C klettern.

Der **Mistral,** der heftige Fallwind aus dem Norden, der vor allem im Frühjahr, aber auch im Herbst das Rhône-Tal hinunterfegt, läßt die Temperatur in kurzer Zeit um bis zu 10 °C sinken. Er hat aber auch seine guten Seiten, trocknet er doch den Schlamm auf den Wegen – daher sein provenzalischer Name *Mangiofango,* ›Schlammfresser‹ – und zaubert einen Himmel von klarstem Blau und unbegrenzter Weite.

Einige besonders gefährdete Gebiete werden im Sommer wegen der **Waldbrandgefahr** für Wanderer gesperrt, etwa die Wege in der Montagne Ste-Victoire (s. Hinweise vor den Wegbeschreibungen).

Ausrüstung

Auf den Wegen durch die Provence passiert man immer wieder steinige und felsige Abschnitte. Festes Schuhwerk, das auch an den Knöcheln Halt gibt, mit kräftiger Profilsohle ist hier sehr hilfreich. Vor allem im Frühjahr und im Herbst sind plötzlich auftretende heftige Regengüsse nicht selten. Einen Regenschutz sollte man deshalb immer mitführen. Das gleiche gilt für einen Trinkwasservorrat und Proviant. Eine Einkaufsmöglichkeit unterwegs ist nur bei den wenigsten Wanderungen dieses Buches gegeben.

Lange Wegabschnitte führen durch schattenlose Garrigue. Gegen die starke Sonne sollte man sich mit einer Kopfbedeckung schützen. Warme Pullover und Jacken sind vor allem im Frühjahr und Herbst unverzichtbar, wenn der Mistral mit plötzlicher Abkühlung überrascht. Wanderungen in kurzen Hosen oder Röcken können sich in der stachligen Garrigue schnell als unangenehm erweisen.

In die Rucksackapotheke gehören Verbandszeug, Pflaster und evtl. Insektenschutz- und Sonnenschutzmittel; empfehlenswert sind daneben Taschenmesser, Taschenlampe (Höhlen), Kompaß und Fernglas.

Wanderkarten: Die Editions Didier Richard geben Karten im Maßstab 1:50 000 heraus, auf denen Wanderstrecken blau markiert sind. Die Angaben sind jedoch nicht immer verläßlich. Manche der eingezeichneten Wege sind zugewachsen, andere, gut zu gehende Wege fehlen auf den Karten völlig. Dennoch sind die Karten im großen und ganzen recht brauchbar. Die blaue Kartenserie des Institut Géographique National (IGN) im Maßstab 1:25 000 sind am genauesten, haben aber den Nachteil, daß sie nur ein kleines Gebiet abdecken und recht teuer sind. Brauchbar sind auch die Karten der orangefarbenen Serie im Maßstab 1:50 000. Markierungen und das französische System der Fernwanderwege *(Sentiers de Grande Randonnée)* s. S. 24 und Karte S. 236. Die französischen Karten können in Deutschland über spezialisierte Reisebuchhandlungen bezogen werden.

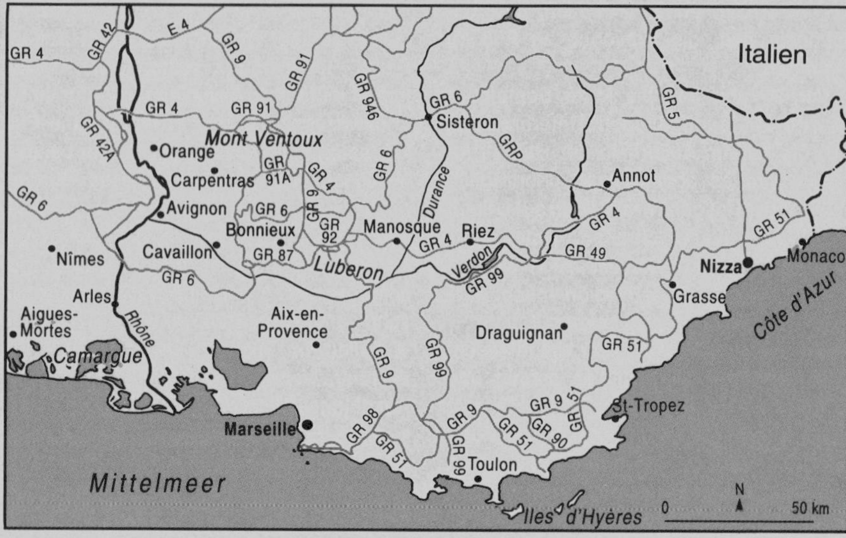

Übersichtskarte der Grande Randonnée-Fernwanderwege in der Provence

Gefahren des Wanderns

Auch bei den einfachsten Wanderungen sollte man sich der Gefahren bewußt sein, die falsches Verhalten, ungünstiges Wetter oder eine geänderte Wegführung mit sich bringen. Um Gefahrensituationen zu vermeiden, ist folgendes unbedingt zu beachten:

– Durch rasch eintretende **Wetteränderungen** mit Gewitter, Nebel, Regen, Schnee und Kälte usw. können einfache Wanderungen erheblich schwieriger und gefährlicher werden. Im Spätsommer sind z. B. in der Haute-Provence plötzlich eintretende, heftige Gewitter häufig.

– Schlechte körperliche Verfassung und Überschätzen der eigenen **Leistungsfähigkeit** sind häufige Unfallursachen.

– Viele der Wanderungen dieses Buches führen in die steinig-karge, einsame Provence. Dem Landschaftscharakter entsprechend weisen die Wanderstrecken hier und da steile, steinige Abschnitte auf, führen über **Geröllflächen** und an **Steilkanten** entlang, worauf in den Wegbeschreibungen hingewiesen wird. Selbst in den Hügelzonen der westlichen Provence trifft man manchmal überraschend auf Steilabbrüche in der Landschaft. Ist man mit Kindern unterwegs, sollte deshalb immer ein Erwachsener vorangehen.

Die Idee des Wanderns ist in Südfrankreich ohnehin sportlicher geprägt als bei uns. Auch gut markierte Wege weisen manchmal schwieriger zu gehende Abschnitte auf. An Wochenenden sieht man ganze Familien mit Picknickkörben an Felshängen und durch Schluchtgründe klettern, manchmal auf Routen, die man hierzulande eher sperren würde, als sie mit Markierungen zu versehen.

– In der Provence sind einige giftige **Vipernarten** heimisch. Man sollte deshalb auf den Wanderungen immer feste, die Knöchel bedeckende Schuhe tragen (s. S. 243 f.).

– Die Provence ist eine durch **Waldbrände** in ganz besonderem Maße in Mitleidenschaft gezogene Region. Brandstiftung, Fahrlässigkeit und Selbstentzündung (Blitz, Glasscherben) führen jeden Sommer zu verheerenden Katastrophen. Jegliches Feuerrisiko muß deshalb vermieden werden. Eine achtlos fortgeworfene Zigarettenkippe kann verheerende Folgen nach sich ziehen. Es sind schon Waldbrände durch die Brennglaswirkung einer liegengelassenen Glasflasche entstanden. Es sollte grundsätzlich kein offenes Feuer entzündet werden; durch die extreme Trockenheit in den Sommermonaten kann schon ein Funken zur Entzündung genügen.

Die Wege dieses Buches führen allerdings ganz überwiegend nicht durch die in dieser Hinsicht besonders kritischen Regionen. In den meist mit Macchia und Steineichenwäldern bedeckten Hügelzonen der westlichen Provence (Luberon, Plateau de Vaucluse), sowie in der regenreicheren Haute-Provence treten Waldbrände vergleichsweise selten auf. Etwas anderes gilt für die durch Pinienwald geprägten, näher zur Küste gelegenen Gebiete, wie z. B. die Alpilles, die Montagne Ste-Victoire oder die Calanques bei Cassis. Wegen des Feuerrisikos werden neuerdings einige Wege in den Alpilles, sowie die gesamte Montagne Ste-Victoire in der sommerlichen Hitzeperiode für Wanderer gesperrt (s. Hinweise bei den Wanderungen Nr. 6 und 15).

Naturschutz: Wanderer sollten auf ›Abkürzungen‹ verzichten und möglichst nicht von den markierten Wegen abweichen, um die Vegetation nicht zu zerstören.

Anreise

... mit dem Flugzeug

Direktverbindungen bestehen von zahlreichen deutschen, österreichischen und schweizerischen Flughäfen nach Marseille und Nizza. Von Nord- und Westdeutschland aus ist es meist preisgünstiger, über Paris zu fliegen, da nur auf dieser Route der »Super Flieg und Spar-Tarif« gilt. Bei ungünstigen Verbindungen muß allerdings z. T. ein Flughafenwechsel zwischen Orly und Charles de Gaulle einkalkuliert werden, für den ganz Paris zu durchqueren ist. Charterflüge werden noch am ehesten nach Nizza angeboten.

... mit dem Pkw

Durchgehende Autobahnverbindungen bestehen auf den Routen Freiburg–Mühlhausen–Besançon–Lyon–Avignon; Saarbrücken–Metz–Lyon–Avignon; Basel–Genf–Lyon–Avignon. Zu Beginn der französischen Sommerferien (Anfang August) sind die Strecken um Lyon und weiter südlich oft hoffnungslos überfüllt.

Landschaftlich reizvoller als die Strecke durch das Rhône-Tal ist die Anfahrt über Genf nach Grenoble auf der A 41 und weiter auf der gut ausgebauten N 85 (Route Napoléon) nach Sisteron. Diese Route empfiehlt sich vor allem, wenn man in die Haute-Provence will. Für Reisende aus Südbayern, die die östliche Provence als Ziel haben, bietet sich der Weg über den Brenner und die norditalienischen Autobahnen an (München – Verona – Piacenza – Savona – Nizza).

Landschaftlich schöne, aber etwas umständliche Varianten sind die Strecken von Turin durch das Valle di Susa und den Col de Montgenèvre (1854 m) nach Sisteron bzw. von Turin über Cuneo und den Tenda-Paß (1279 m) ins Roya-Tal und weiter nach Nizza (durchgängig auf Landstraßen).

Die **Autobahnen** in Frankreich, Italien und der Schweiz sind gebührenpflichtig *(Péage).* Die ca. 750 km lange Strecke von Mühlhausen bis Marseille kostet zur Zeit umgerechnet ca. 60 DM. Die Gebühren können bar oder auch mit Kreditkarte bezahlt werden, z.T. ist jedoch Kleingeld für kleinere Beträge erforderlich.

... mit der Bahn

Von **Nord- und Westdeutschland:** Die schnellsten Verbindungen führen über Paris, von wo man den TGV (Hochgeschwindigkeitszug mit Spitzengeschwindigkeiten von 300 km/h) nach Avignon, Marseille und Nizza benutzen kann (Hamburg–Avignon gut 15 Stunden, Köln–Avignon 12 Stunden). Für den (zuschlagpflichtigen) TGV ist eine Platzreservierung erforderlich. Für den Bahnhofswechsel in Paris ist im allgemeinen mit einer Übergangszeit von 1 Std. zu rechnen. Die Züge in die Provence starten am Gare de Lyon. Preisgünstiger sind die Verbindungen über Südwestdeutschland. Von April bis September besteht eine direkte Kurswagenverbindung von Dortmund und Frankfurt nach Avignon und Nizza.

Von **Südwestdeutschland:** Über Kehl/Straßburg oder Basel SBB/Mühlhausen gelangt man in Lyon an die Hauptstrecke Paris – Avignon – Marseille – Nizza (zwei durchgehende Züge täglich von Straßburg über Mühlhausen nach Avignon und Marseille). Eine weitere Verbindung von Basel nach Avignon besteht auf der Linie Genf–Grenoble–Valence (gleiche Fahrzeit, aber etwas teurer als über Mühlhausen). In Grenoble kann man auf eine Nebenstrecke abzweigen, die durch schöne Landschaft zum winzigen Veynes führt; von hier Anschluß mit Eilzug nach Sisteron/Aix und Digne. Die Fahrzeit von Basel nach Avignon beträgt auf beiden Linien ca. 7–8 Std.

Von **Bayern:** in die westliche Provence fährt man über Lindau – Zürich – Genf (München–Avignon 14 Std.), in das Gebiet um Nizza über Verona–Mailand–Ventimiglia (München–Nizza 15 Std.).

Aus der **Schweiz:** Mehrere Verbindungen täglich von Genf über Grenoble nach Avignon. Ins Küstenhinterland von Nizza kommt man auch über Turin und die reizvolle Tenda-Bahn; mehrmaliges Umsteigen, langsame Züge.

Aus **Österreich:** Die Fahrt von Wien über Venedig–Mailand nach Nizza dauert ca. 15 Std.

Direkte Autoreisezüge von Deutschland gehen nach Avignon oder Fréjus St-Raphaël.

Die **Fahrradbeförderung** im gleichen Zug ist eher kompliziert und nur sehr eingeschränkt möglich. Im internationalen Verkehr sowie im französischen Binnenverkehr müssen Fahrräder fünf bis acht Tage im voraus als Reisegepäck aufgegeben werden. Die Beförderung innerhalb Frankreichs dauert ca. ein bis zwei Tage, wenn kein Wochenende dazwischen liegt. Nur bei einigen wenigen, im Fahrplan mit einem Fahrradsymbol gekennzeichneten Nahverkehrszügen können die Räder selbst ein- und ausgeladen werden. Aber Achtung: Einige Züge befördern nur bis maximal drei Räder.

Die französischen Staatsbahnen (SNCF) bieten verschiedene **Ermäßigungen** an, u. a. eine um 25% verbilligte Touristenkarte *(Billet de Séjour),* wenn die Rückreise frühestens am Montag nach dem Einreisetag angetreten wird und mindestens 1000 Bahnkilometer in Frankreich zurückgelegt werden. Ein *Billet de Séjour* für die Strecke Basel–Avignon (über Mulhouse) und zurück kostet zur Zeit umgerechnet ca. 130,– DM. Die Abonnementkarte *France Vacances* erlaubt 4 bzw. 9 beliebige Fahrten im Zeitraum von 15 Tagen bzw. einem Monat.

Praktische Hinweise von A–Z

Ärztliche Versorgung

Mitglieder einer gesetzlichen Krankenkasse können sich vor der Reise einen Auslandskrankenschein besorgen. Die Kosten einer Behandlung werden dann von den deutschen Krankenkassen zurückerstattet nach den französischen Regelsätzen, die erheblich von den tatsächlich gezahlten Kosten differieren können. Angesichts der kaum abzuschätzenden finanziellen Belastung empfiehlt sich daher der Abschluß einer speziellen Reiseversicherung, die alle entstehenden Kosten sowie einen Rücktransport trägt.

Autofahren

Folgende **Geschwindigkeitsbegrenzungen** gelten:

60 km/h innerhalb geschlossener Ortschaften

90 km/h auf Landstraßen (80 bei Nässe)

110 km/h auf vierspurigen Landstraßen (100 bei Nässe)

130 km/h auf Autobahnen (110 bei Nässe)

Wer den Führerschein kürzer als ein Jahr besitzt, darf grundsätzlich nur 90 km/h fahren. Der erlaubte Alkoholwert liegt bei 0,8 Promille. Für Autofahrer ist das Anlegen des Sicherheitsgurtes Pflicht, für Motorradfahrer das Tragen eines Schutzhelmes. Krafträder müssen auch tagsüber mit Abblendlicht fahren.

Die **Geldbußen** bei Überschreiten der Höchstgeschwindigkeit – wie auch bei anderen Verkehrsverstößen – sind erheblich höher als in Deutschland. Auch gegenüber Ausländern drücken die sehr bestimmt auftretenden Polizisten in der Regel kein Auge zu.

Der Fahrstil im ländlichen Frankreich ist auf freien Strecken meist forsch, manchmal auch aggressiv. Auf Fußgänger und Radfahrer – Radfahren ist Volkssport – wird jedoch einigermaßen Rücksicht genommen.

Abgestellte Autos mit ausländischen Kennzeichen werden von professionell arbeitenden **Diebesbanden** oft aufgebrochen. Man sollte generell nichts im Auto lassen. Besonders gefährdet ist man in dieser Hinsicht an der gesamten Côte d'Azur und in den touristischen Zentren (Camargue, Aix, Avignon, Calanques und um die Gorges du Verdon). In der ländlichen Provence ist hingegen die Gefahr von Autoaufbrüchen geringer.

Beim **Parken** in den Städten ist zu beachten, daß in der Zone Bleue nur mit Parkscheibe geparkt werden darf. Gelbe Streifen am Fahrbahnrand bedeuten generelles Parkverbot. In manchen Straßen ist das Parken tageweise nur auf der rechten oder der linken Straßenseite gestattet (Hinweisschilder).

Polizeinotruf: 17 *(Police Secours)*

Banken

Banken sind gewöhnlich von 9–12 und von 14–16.30 Uhr geöffnet. Es gibt aber viele örtliche Abweichungen. Insbesondere vor Feiertagen kann man unliebsame Überraschungen erleben. Fällt z. B. ein Feiertag auf einen Dienstag, so kommt es vor, daß die Bank am Montag nicht öffnet. Euroschecks werden von den Banken (mit z. T. erheblichen Gebühren) und auch von Hotels meist, nicht aber immer, im privaten Zahlungsverkehr akzeptiert.

Auch größere Postämter wechseln Devisen. Man kann hier gebührenfrei und oft zu günstigerem Kurs als bei den Banken Geld vom deutschen Postsparbuch abheben und umtauschen. Häufig wird beim Geldwechsel die Vorlage eines Personaldokumentes verlangt. **Kreditkarten** sind weit verbreitet und werden als Zahlungsmittel von fast allen Hotels, Restaurants, Supermärkten, Tankstellen und den *Péage*-Stellen an den Autobahnen akzeptiert.

Diplomatische Vertretungen

In besonderen Notfällen helfen die Generalkonsulate.

Für Deutschland:
Generalkonsulat Marseille, 338 Avenue du Prado, 13295 Marseille Cédex 8, ✆ 91 77 60 90 (übergeordnete Auslandsvertretung)
Honorarkonsulat Avignon, c/o ADAC Avignon, Z. I. Courtine, 185 Avenue des Rémouleurs, 84 000 Avignon, ✆ 90 82 98 71 (Amtsbezirk: Departements Vaucluse und Gard)
Honorarkonsulat Nizza, 22 Avenue Notre-Dame, 06000 Nizza, ✆ 93 62 22 26 (Amtsbezirk: Departement Alpes-Maritimes)

Für die Schweiz:
7, Rue d'Arcole, 13 006 Marseille,
✆ 91 53 36 65

Für Österreich:
27, Cours Pierre-Puget, 13 006 Marseille,
✆ 91 53 02 08

Feiertage

1. Januar, Ostermontag, 1. Mai, 8. Mai (Waffenstillstand 1945), Himmelfahrt, Pfingstmontag, 14. Juli (Nationalfeiertag), 15. August, 1. November, 11. November (Waffenstillstand 1918)

Küche und Weine

Die ursprüngliche provenzalische Küche unterscheidet sich in mancher Hinsicht von der des übrigen Frankreich. Die Raffinessen der bürgerlichen Kochtraditionen, wie sie etwa im Burgund gepflegt werden, sind hier weitgehend unbekannt. Die Provence war immer ein relativ armes, bäuerlich geprägtes Land, was sich auch in den Eßgewohnheiten widerspiegelt. Glaubt man alten Statistiken, so bestand die Nahrung noch im 19. Jh. im wesentlichen aus Brot, von dem im Vergleich zu heute zwanzigmal so viel verzehrt wurde.

Ihren besonderen Reiz erhält die provenzalische Landküche durch die kräftigen Aromen ihrer Zutaten. Dazu gehören vornehmlich die überall zahlreich wachsenden Wildkräuter (vor allem Thymian, Rosmarin, Estragon, wilder Fenchel, Majoran, Salbei und Basilikum), die oft – aber nicht wahllos – verwendet werden, der Knoblauch und das Olivenöl, das in der Provence allgemein von hoher Qualität ist. Viel Wert wird auf die Frische und Güte der Grundprodukte gelegt, weswegen die Märkte im Alltag der Provence eine so große Rolle spielen. Die verschiedenen Gemüsearten nehmen einen breiten Raum ein, während die traditionellen Fischgerichte inzwischen seltener verzehrt werden; durch die Verunreinigung des Meeres und die Überfischung in den Küstengebieten sinken die Fangerträge kontinuierlich.

In der Region östlich von Nizza, die erst im 19. Jh. Teil der Provence wurde, machen sich auch italienische Einflüsse bemerkbar. Nudelgerichte, wie z. B. mit Mangold gefüllte Ravioli, findet man hier auf vielen Speisekarten.

Die wohl typischste provenzalische **Speise** ist *Aioli,* eine kräftige Mayonnaise aus zerstampftem Knoblauch, Olivenöl und Eigelb, die zu allen möglichen Gerichten gereicht wird. Eine mit Pfefferschoten schärfer gehaltene Variante, die *Rouille,* gehört, auf gerösteten Weißbrotscheiben gegessen und mit Käse bestreut, zu allen Fischsuppen. Erscheint *Aioli* als Hauptgang auf den Speisekarten, so ist damit ein Gericht aus gekochten Gemüsen, Kartoffeln und gedünstetem Fisch gemeint, das mit der Aiolimayonnaise gegessen wird. Als Arme-Leute-Gericht galt die *Ratatouille,* ein in viel Olivenöl gekochter Gemüseeintopf aus Tomaten, Auberginen, Zucchini, Paprika und Knoblauch, der sowohl warm als auch, als Sommerspeise, kalt gegessen wird.

Ebenfalls ursprünglich ein Gericht der ärmeren Schichten ist die berühmte Marseiller *Bouillabaisse.* Nicht verkäufliche Kleinfische, manchmal auch Fischreste, wurden mit Kräutern zu einem Sud verkocht, in welchem dann Gemüse und größere Fische, soweit man sie sich leisten konnte, gegart wurden. Heute kommen vor allem edlere Fische in den Topf, wie z.B. der Rascasse (Drachenkopf), weshalb auch eine gute Bouillabaisse ihren Preis haben muß.

Côte d'agneau (Kräuterlamm), *Daube* (in Rotwein mariniertes, geschmortes Rindfleisch) und seine camarguaisische Spielart, das *Bœuf gardian,* sind traditionelle Festtagsgerichte der Provence. Wer sich diese nicht leisten konnte, mußte sich mit *Pieds et Paquets* (Hammelfüße und -innereien) oder *Tripes* (Kutteln) begnügen, Rezepte aus der Zeit der Armut, die nicht jedermanns Sache sind.

Pistou nennt man eine Paste aus frischem Basilikum, Knoblauch und Olivenöl, die der beliebten *Soupe au pistou,* einer Suppe aus frischen Gemüsen, vor allem Bohnen, ihren unverwechselbaren Geschmack gibt. Über die Grenzen der Provence hinaus bekannt ist der *Salade niçoise,* ein frischer Salat mit Tomaten, Gurken, manchmal grünen Bohnen, Kartoffeln, hartgekochtem Ei sowie Thunfisch. Zwischen zwei Baguette-Hälften gepackt, wird er als *Pan bagnat* angeboten.

Weniger bekannte Speisen der Provence sind *Anchoide* und *Tapenade,* Sardellen- bzw. Olivenpaste, die auf geröstetes Weißbrot gestrichen werden, oder der *Salade mesclun,* der aus wildwachsenden, kräftigherben Salatpflanzen gemischt wird. Der **Käse** der Provence wird fast ausschließlich aus Ziegen- und Schafsmilch hergestellt. Der bekannteste dieser *Chèvres* ist der *Banon de Banon,* ein weicher Ziegenkäse, der in *Marc* (Tresterbrand) getränkt und in Kastanienblätter eingewickelt reifen muß.

Diese typischen provenzalischen Gerichte sind leider weniger häufig als zu erwarten auf den Speisekarten der Restaurants unserer Reiseregion zu finden. Immer mehr dominieren Gerichte, die man so auch anderenorts in Frankreich vorgesetzt bekommt.

Was die Restaurantgewohnheiten angeht, so sind einige Besonderheiten zu beachten. Vor allem kleinere **Restaurants** auf dem Lande schließen oft sehr früh. Man muß damit rechnen, schon um 21 Uhr kein Essen mehr bestellen zu können. Als unhöflich wird es manchmal angesehen, wenn man sich ungefragt an einen der freien Tische des Restaurants setzt. Lieber sieht man es, wenn sich der Gast einen Platz vom Patron oder Kellner zuweisen läßt. Ein Dessert wird erst nach dem Hauptgang bestellt. Bei gutem Service wird allgemein ein Trinkgeld erwartet, auch wenn auf der Speisekarte ›*Service compris*‹ (Bedienung inbegriffen) vermerkt ist. Üblich sind 5–10% der Rechnungssumme, die man vor Verlassen des Lokals einfach auf dem Unterteller liegen läßt. Hin und wieder wird man etwas schief angesehen, wenn man zum Essen, insbesondere abends, keinen Wein bestellt. Einen Kräutertee *(Infusion)* statt eines *Café* zum Abschluß der Mahlzeit zu trinken ist durchaus üblich. (Der *Café* ist immer ein schwarz getrunkener Espresso, zum Frühstück bestellt man sich einen *Café au lait,* einen – großen – Milchkaffee.)

Nach wie vor kann man in der Provence abseits der Touristenrouten auffallend preiswert und gut essen. Andererseits wird zunehmend versucht, am Wein unverhältnismäßig viel zu verdienen. Statt, wie früher allgemein üblich, offenen, qualitativ meist ordentlichen Wein der Region *(Vin en Pichet)* anzubieten, bekommt man überteuerte Flaschenweine der untersten Qualitätsstufe vorgesetzt.

Die Provence ist die älteste Weinbauregion Frankreichs. Schon die griechischen Kolonisatoren pflanzten hier ihre Rebstöcke. Dennoch besitzt die Provence keine so ausgeprägte Weinkultur wie z. B. das Bordelais oder das Burgund. Für lange Zeit galten die **Weine der Provence** sogar als von eher minderer Qualität. Zum mäßigen Ruf trugen vor allem die viel produzierten einfachen Rosé-Weine bei, die oft als ›Durstlöscher‹ für die heißen Tage angeboten wurden.

Fast überall in der Provence wurde jedoch in letzter Zeit mit Beharrlichkeit – und meist mit Erfolg – versucht, die Qualität der Weine zu verbessern. 1977 wurden weite Bereiche in den Rang einer *Appellation d'Origine Contrôlée* erhoben. Die A.O.C.-Weine müssen bei Mindestmostgewicht, Mischungsverhältnis der Traubensorten und Maximalertrag pro Hektar vorgegebene und ständig überprüfte Kriterien erfüllen.

Seit altersher gelten als Spitzenprodukte des Weinbaus die Weine aus dem Anbaugebiet Côtes-du-Rhône, dessen südlicher Teil zur Provence gehört, insbesondere die Lagen Châteauneuf-du-Pape bei Avignon und Gigondas in den Dentelles de Montmirail. Besonders warmes Klima und kalkhaltige Böden sorgen hier für wuchtige, alkoholreiche Weine. Von ähnlichem Charakter sind die Rotweine aus der Küstenregion um Bandol. Zusammen mit den Weißweinen des benachbarten Cassis gehören sie ebenfalls zu den Spitzenqualitäten, die über die Grenzen der Provence hinaus geschätzt werden. Die renommierten Rosés aus Tavel und Lirac stammen aus einem Anbaugebiet östlich der Rhône, das damit eigentlich nicht mehr zur Provence gerechnet werden kann.

Zu den neuen A.O.C.-Regionen, deren Weine sich in den letzten Jahren steigender Beliebtheit erfreuen, gehören die Lagen Côtes-du-Ventoux und Côtes-du-Luberon. Im Gegensatz zu den Anbaugebieten des Rhône-Tals werden hier relativ leichte Weine mit fruchtigen Aromen produziert, darunter auch in größerem Maße Weißweine, die jung getrunken werden.

Märkte

Wann immer möglich, sollte man die farbigen Wochenmärkte der Provence besuchen. Hier einige Markttermine (jeweils vormittags):

Annot: dienstags
Apt: samstags
Bonnieux: freitags
Carpentras: freitags
Cassis: mittwochs, freitags
Castellane: samstags
Cavaillon: montags, freitags
Digne: mittwochs, samstags
Forcalquier: montags
L'Isle-sur-la-Sorgue: sonntags, donnerstags
Malaucène: mittwochs
Moustiers-Ste-Marie: freitags
Riez: mittwochs, samstags
Sault: mittwochs
Sisteron: mittwochs, samstags
St-Rémy: mittwochs, samstags
Vaison-la-Romaine: dienstags
Vence: dienstags, freitags

Öffentliche Verkehrsmittel

Nach zahlreichen Stillegungen existieren nur noch wenige **Bahnlinien** in der Provence. Neben der stark befahrenen Hauptstrecke Lyon – Avignon – Marseille – Nizza – Ventimiglia sind dies:

– Avignon – L'Isle-sur-la-Sorgue – Cavaillon – Salon – Martigues – Marseille (sechs bis acht Züge täglich)

– Marseille – Aix – Sisteron – Veynes (mit Anschluß nach Grenoble, Valence und Briançon; zwischen Marseille und Aix mehrmals täglich; etwa vier Züge Richtung Sisteron)

– Nizza–Sospel–Breil–Tende (–Turin) und Ventimiglia–Breil–Tende (fünf bis sieben Züge).

Als letzte Strecke ihres einstmals ausgedehnten Netzes im Hinterland der Côte d'Azur betreiben die Chemins de Fer de la Provence die Linie Nizza/Gare du Sud–Annot–Digne. Zur Zeit verkehren vier bis fünf Schienenbusse auf der landschaftlich reizvollen Schmalspurbahn, die für die 166 km lange Strecke gut 3 Std. brauchen. Man vermeide es, im Beiwagen zu fahren, der stark schwankt. Die aufwendig zu unterhaltende Strecke ist immer wieder von Stilllegung bedroht.

Das Netz der **Busverbindungen** ist abseits der städtischen Zentren äußerst dünn geknüpft. Meist verkehren zwei Busse gegen Morgen und Abend auf den Überlandstrecken. Einige Verbindungen, die zu Ausgangspunkten von beschriebenen Wanderungen führen:

– Avignon/Orange – Sablet – Vaison-la-Romaine (zwei bis vier Busse)
– Carpentras – Malaucène – Vaison-la-Romaine (zwei Busse außer So- und Feiertage)
– Avignon–Apt (sechs Busse); zwei Busse fahren täglich über Apt hinaus nach Digne weiter
– Avignon – Fontaine-de-Vaucluse (vier Busse)
– Avignon–Lourmarin (zwei Busse)
– Marseille – Aix – Lourmarin – Apt (zwei Busse)
– Marseille–Aix–Riez (drei Busse werktags)

Auf der Linie Nizza–Castellane–Digne–Sisteron–Grenoble–Genf verkehrt täglich ein durchgehender Bus, der für die Strecke ca. 9½ Std. benötigt (Abfahrt in Nizza bzw. Genf jeweils 7.00 Uhr).

Öffnungszeiten

In Frankreich gibt es keine strikt einzuhaltenden **Ladenschlußzeiten.** Lebensmittelgeschäfte, Bäckereien, kleine Läden sind meist bis 19.00 Uhr, oft auch noch länger geöffnet. Zwischen 12.30 und 15.00 Uhr, manchmal auch bis 16.00 Uhr, herrscht Mittagsruhe. In den Kleinstädten und auf dem Land sind dann sämtliche Geschäfte geschlossen. Die Orte wirken wie ausgestorben. Sonntags vormittags ist es in der Regel kein Problem, einen offenen Lebensmittelladen oder eine Bäckerei zu finden.

Die **Öffnungszeiten** von Kirchen, Klöstern und anderen Sehenswürdigkeiten variieren stark nach Saison und örtlichen Gepflogenheiten. Es ist hier schwierig, allgemein gültige Angaben zu machen. An Dienstagen bleiben vor allem Museen und Schlösser den Besuchern versperrt. Fast immer wird eine lange Mittagspause eingelegt. Kleinere Kirchen abseits der Touristenrouten sind meist verriegelt und werden nur auf Anfrage beim Pfarramt aufgeschlossen.

Radfahren

Die Kombination von Radfahren und Wandern ist sicherlich die intensivste Weise, die ländliche Provence zu entdecken. Der hügelige bis gebirgige Charakter des Landes stellt jedoch einige Anforderungen an die Kondition des Radfahrers. Eine 10-Gang-Schaltung ist unerläßlich, will man sich nicht auf die überwiegend verkehrsreiche Rhône-Ebene beschränken. Angenehm ist, daß auf den vielen kleinen Landstraßen kaum Verkehr herrscht (Fahrradtransport mit der Bahn s. S. 238).

An einigen Bahnhöfen besteht die Möglichkeit, sich für einen halben Tag oder länger ein Fahrrad auszuleihen. Auch private Fahrradhändler vermieten öfters Räder, die nach meiner Erfahrung nicht immer von bester Qualität sind.

Schlangen

Schlangen sind im gesamten Mittelmeerraum und somit auch in der Provence anzutreffen. Die allermeisten, vor allem die größeren Arten, sind allerdings ungiftig. Schlangen sind scheu und keineswegs angriffslustig. Die Gefahr, gebissen zu werden, besteht eigentlich nur, wenn man direkt auf die Reptilien tritt. In unübersichtlichem Gelände sollte man aber zur Sicherheit feste, die Knöchel bedeckende Schuhe tragen. Besonders aufmerksam sollte man in der Nähe von sonnenbeschienenen Steinflächen und -mauern, sowie bei Hitze an Wasserstellen sein, da dies bevorzugte Aufenthaltsorte von Schlangen sind. Nach meiner Erfahrung sind Schlangen relativ häufig im Petit Luberon und in den Kalkschluchten der Haute-Provence anzutreffen.

Stromspannung

Die Netzspannung beträgt fast ausnahmslos 220 Volt. Geräte mit Flachstecker sind problemlos anzuschließen; für Schukostecker benötigt man meist einen Adapter.

Telefon

Von Postämtern und **Telefonzellen** kann man problemlos im Inland und ins Ausland telefonieren. Für längere Gespräche benötigt man viel Kleingeld. Seit einigen Jahren werden fast ausschließlich mit Magnetkarte zu benutzende Telefonzellen installiert. Die erforderliche *Télécarte* erhält man in Postämtern und Tabakwarengeschäften (mit wahlweise 50 oder 120 Einheiten).

Anrufe nach Frankreich: Die französischen Telefonnummern sind immer achtstellig und enthalten bereits die Ortsvorwahl. Von Deutschland aus wählt man die 0033 und dann die Teilnehmernummer. Nur für Paris muß eine 1 als Vorwahl vor der Rufnummer eingeschoben werden.

Anrufe innerhalb Frankreichs: Für Paris gilt eine besondere Vorwahl – aus der Provinz wählt man 16, wartet einen Brummton ab, wählt die 1, dann die achtstellige Teilnehmernummer. Aus Paris in die Provinz wählt man nur die 16, dann die Nummer; ansonsten reicht in ganz Frankreich die achtstellige Nummer aus, um den Anschluß herzustellen.

Nationale **Auskunft:** 12

Vorwahlen ins Ausland:

Deutschland	19 49
Schweiz	19 41
Österreich	19 43

Die anschließende Ortskennzahl ist ohne Null zu wählen.

Unterkunft

Hotels: Seit Abschaffung der Preisbindung für Hotels im Jahre 1985 sind die Übernachtungspreise in Frankreich deutlich in die Höhe gegangen. Dennoch sind einfache und Mittelklassehotels abseits der Touristenrouten nach wie vor recht preiswert. Für umgerechnet 40–50 DM kann man immer noch ein ordentliches Zimmer mit Doppelbett bekommen.

Alle Hotels Frankreichs werden jährlich von der staatlichen Tourismusbehörde überprüft und hinsichtlich Komfort und Ausstattung in vier Kategorien eingestuft. Einfache Hotels mit einem Stern sind auf dem Lande meist ordentlich geführte, atmosphärisch angenehme Häuser, in den Städten hingegen manchmal etwas unfreundlich und unsauber. Hotels mit zwei Sternen bieten mittleren Komfort. Auch hier gibt es große Unterschiede. Vor allem auf dem Land findet man in dieser Kategorie sehr angenehme, gut geführte Häuser in schöner Lage. Bei drei Sternen kann man überall ziemlich sicher sein, einen gepflegten Komfort geboten zu bekommen. Bei vier Sternen handelt es sich um Hotels der Luxuskategorie. Hotels ohne Sterne erfüllen nicht die staatlich vorgegebenen Mindeststandards für eine Klassifizierung, müssen deshalb aber nicht zwangsläufig schlechter sein als Häuser mit einem oder zwei Sternen.

Mit der Aufhebung der Preisbindung ist auch das Preisgefüge etwas durcheinander geraten. Zwei-Sterne-Hotels haben manchmal preiswertere Zimmer als Hotels mit nur einem Stern. Maßgeblich ist in erster Linie die Ausstattung des Zimmers, nicht die Kategorie des Hotels. Die Kategorie jedes Hotels ist am blauen Sechseck neben dem Eingang zu erkennen, das mit der entsprechenden Anzahl Sterne versehen ist.

Die folgenden Preisangaben (für Doppelzimmer) können nur grobe Anhaltspunkte sein:

1 Stern: einfaches Zimmer 30–50 DM; Zimmer mit Dusche 40–70 DM
2 Sterne: einfaches Zimmer 40–55 DM; Zimmer mit Bad bzw. Dusche und WC 60–90 DM
3 Sterne: 60–150 DM
4 Sterne: ab 120 DM

Traditionell wurde in Frankreich weniger Wert auf komfortable Hotelzimmer gelegt als z. B. in der Schweiz oder in Deutschland. Die besondere Aufmerksamkeit galt der Hotelküche. Dies hat sich in den letzten Jahren geändert. Viele Hotels sind gründlich renoviert worden. Die altmodisch-schlichten Häuser mit blätternden Blumentapeten, knarrenden alten Kleiderschränken und extrem durchhängenden Matratzen sterben langsam aus.

In der sommerlichen Hauptreisezeit sowie an Wochenenden und Feiertagen empfiehlt sich rechtzeitige Reservierung. Viele Hotels sind dann langfristig ausgebucht. In der übrigen Zeit reicht es in der Regel, wenn man morgens das Zimmer für den Abend vorbestellt. Außerhalb der Saison sind die Hotels auf dem Lande meist leer. Ein Anruf ist dennoch ratsam, will man nicht vor verschlossenen Türen stehen. Viele Hotels legen einen wöchentlichen Ruhetag ein oder schließen vorübergehend wegen Renovierung. Soweit man Wert auf ein Zimmer mit getrennten Betten legt, sollte man bei der Zimmerbestellung ausdrücklich darauf hinweisen *(Lits jumeaux)*, da sonst ein Zimmer mit Doppelbett *(grand lit)* reserviert wird.

Das Frühstück ist im Hotelpreis normalerweise nicht inbegriffen. Meist ist das Hotelfrühstück in Frankreich recht kärglich. Abwechslungsreicher finde ich es, *Café au lait* und Croissants an der Bar um die Ecke zu sich zu nehmen.

Viele Hotels schließen im Winter für eine längere Periode, häufig im Januar. Hotelverzeichnisse erhält man über das Französische Fremdenverkehrsbüro oder das regionale Tourismusamt.

Unter dem Namen *Logis de France* haben sich in ganz Frankreich eine Reihe kleinerer und mittlerer, meist einfacherer Hotels zusammengeschlossen. Fast immer ist ein Restaurant angeschlossen. Besonderer Wert sollte auf gute, landestypische Küche gelegt werden. Die Hotels von Logis de France erkennt man an einem Schild mit gelbem Kamin auf grünem Grund. Das Hotelverzeichnis der Organisation bekommt man u. a. bei den Amtlichen Französischen Verkehrsbüros.

Gîtes ruraux sind ländliche Ferienwohnungen für Selbstversorger, zu deren Mindestausstattung Küche mit Kühlschrank und Herd, Dusche und eigenes WC gehören. Sie sind für längere Aufenthalte gedacht, in der Regel mindestens für eine Woche ab Di, Mi, Do, Fr oder Sa (im Juli und August Mindestdauer häufig zwei Wochen). Für die Sommermonate ist rechtzeitige Reservierung erforderlich. Weitere Informationen bei Gîtes de France, Deutsche Reservierungszentrale, Sachsenhäuser Landwehrweg 108, 6000 Frankfurt/M. 70, ✆ 0 69/ 68 62 36. Ein Katalog ist gegen eine geringe Gebühr erhältlich.

Insgesamt gibt es etwa 38 000 Gîtes in Frankreich, die von der deutschen Agentur jedoch nur zum Teil (knapp 2600 Adressen) vertreten werden. Kompletter sind die französische Zentrale bzw. die departementalen Vermittlungsbüros mit Adressen versehen.

Gîtes de France, 35 rue Godot-de-Mauroy, 75009 Paris, ✆ 47 42 20 20.

Departement Alpes-de-Haute Provence: Maison du Tourisme, Rond Point du 11 Novembre, 04000 Digne Cédex, ✆ 92315239

Departement Alpes Maritimes: 55 Promenade des Anglais, 06000 Nice, ✆ 93443939

Departement Vaucluse: Place Campane la Balance, BP 147, 84008 Avignon Cédex, ✆ 90854500

Departement Var: Conseil Général, Rond Point du 1.12.74, 83006 Draguignan Cédex, ✆ 94671040

Departement Gard: Comité de Tourisme, 3 Place des Arènes, 30011 Nîmes, ✆ 66210251

Kurzfristig, auch nur für eine Nacht, kann man ein *Chambre d'hôte* mieten. Dies ist ein Gästezimmer im Privathaus. Oft wird ein Frühstück, manchmal auch ein Abendessen mit angeboten. Häuser mit einem Gästezimmer sind an einem runden gelbgrünen Schild mit der Aufschrift Chambre d'hôte zu erkennen. Ein Katalog mit gut 10000 Adressen ist bei der Gîtes ruraux-Adresse erhältlich.

Gîtes d'Etape sind einfache, speziell für Wanderer und Radfahrer gedachte jugendherbergsähnliche Unterkünfte, oft landschaftlich schön gelegene, sympathische Häuser. Die meisten besitzen neben einem Schlafsaal auch Doppelzimmer mit geringem Komfort. In der Regel wird erwartet, daß man einen einfachen Schlafsack dabei hat. Zusätzliche Decken werden gestellt. Man kann hier auch ein Frühstück und Abendessen bekommen; letzteres ist fast immer ein ordentliches 3-Gänge-Menü. Der Preis für eine Übernachtung liegt etwa bei 15 DM, für Halbpension bei 45 DM. Die Adressen sind im Katalog Camping à la Ferme/Gîtes d'Etape verzeichnet (Bezugsadresse s. o. unter Gîtes ruraux).

Jugendherbergen gibt es in der Provence in Aix-en-Provence, Arles, Cassis, Fontaine-de-Vaucluse, Fréjus, La Foux d'Allos (10 km von Allos entfernt), La-Palud-sur-Verdon, Les-Stes-Maries-de-la-Mer (Camargue), Le Trayas (Esterel), Manosque, Marseille, Menton, Nizza, Saignon, Séguret und Tarascon. Im Juli und August ist eine Voranmeldung unerläßlich. Ein Verzeichnis der Adressen und Telefonnummern ist erhältlich bei der Fédération Unie des Auberges de Jeunesse, 27 Rue Pajol, 75018 Paris, ✆ 46070001 bzw. über das im Buchhandel erhältliche Verzeichnis International Youth Hostels zugänglich. Für die Übernachtung wird ein internationaler Jugendherbergsausweis benötigt.

Camping ist in Frankreich sehr beliebt, weshalb es an Campingplätzen auch in der Provence nicht mangelt, weshalb sich aber auch rechtzeitige Reservierung empfiehlt. Wie bei den Hotels werden für Qualität und Ausstattung der Plätze bis zu vier Sterne vergeben. Einen vollständigen Campingführer der Region *(Guide des Campings)* erhält man bei den Amtlichen Französischen Fremdenverkehrsämtern (s. S. 234), bei der Fédération Française de Camping et Caravaning, 78 Rue de Rivoli, 75004 Paris, im grünen Michelin-Campingführer oder im ADAC-Campingführer.

Wer kleine Plätze ohne besonderen Komfort, aber mit Atmosphäre bevorzugt, sollte es mit *Camping à la Ferme* (Camping auf dem Bauernhof) versuchen. Ein Verzeichnis der Bauernhöfe ist bei der Reservierungszentrale der Gîtes de France erhältlich (s. o.).

Wildes Campen ist in der Provence ausnahmslos an der Küste, an See- und Flußufern, in Wäldern und in der Nähe des Waldrandes verboten. Ansonsten sollte man beim Bürgermeister oder beim Bauern, dem der Grund gehört, eine Erlaubnis einholen. Es gibt viele lokale Einschränkungen. Ohne eine Erlaubnis läuft man Gefahr, Ärger mit offiziellen Stellen zu bekommen.

Wetter

Nach meiner Erfahrung sind die Wetterprognosen der einschlägigen Regionalzeitungen (Le Provençal, Nice Matin usw.) sehr verläßlich. Meist wird eine einfache Symbolik benutzt, so daß man auch ohne Kenntnisse des Französischen die Wetterentwicklung einigermaßen abschätzen kann. In vielen Dorfbars liegt die Regionalzeitung morgens zur kostenlosen Einsicht für die Gäste aus.

Wörterbuch wichtiger Wanderbegriffe

la carte (géographique)	Landkarte
la boussole	Kompaß
le col	Paß
la vallée	Tal
le plateau	Hochebene
la crête	Bergkamm, -grat
le sommet	Bergkuppe, Gipfel
le rocher	Felsen
la pente	Abhang
les gorges	Schluchten
la falaise	Steilküste, Klippe
le champ	Feld
le bois/la forêt	Wald
le pré	Wiese
le cailloutis	Schotter, Geröll
la côte	Küste
la plaine	Ebene
le lac	See
l'étang	Teich
le mont	Berg
la montagne	Gebirge
le ravin	Schlucht
la combe	enges Tal, Schlucht
le grès	Sandstein
la baume	Höhle (prov.)
l'auberge	Herberge
l'hôtel	Hotel
le camping	Campingplatz
la ferme	Bauernhof
la chapelle	Kapelle
l'église	Kirche
le cloître	Kreuzgang
le monastère	Kloster
le château	Schloß
le mas	Bauernhaus (prov.)
la maison	Haus
la grange	Scheune
le pont	Brücke
le port	Hafen
la rivière	Fluß
le ruisseau	Bach
la source	Quelle
le chemin	Weg
le sentier	Pfad, Wanderweg
la distance	Entfernung
la descente	Abstieg
la montée	Aufstieg
le village	Dorf
la randonnée	Wanderung
l'abri	Unterstand, Felsüberhang
tout droit	geradeaus
à gauche	links
à droite	rechts
le sac à dos	Rucksack
le sac de couchage	Schlafsack
la tente	Zelt
le temps	Wetter
beau/mauvais temps	gutes/schlechtes Wetter
la météo	Wettervorhersage
la pluie	Regen
l'orage	Gewitter
le soleil	Sonne
le vent	Wind
l'ombre	Schatten
une chambre à un lit	Einzelzimmer
une chambre à deux lits	Zweibettzimmer
la douche	Dusche
la salle de bains	Badezimmer
le petit déjeuner	Frühstück
de l'eau	Wasser

Register

Im Register sind fett gedruckt jeweils die Seiten, auf denen die wichtigste Erwähnung zu finden ist, kursiv die Abbildungen, und xx-xy bezeichnet eine Wanderung in dieser Gegend. Die Doppelnennungen der Seitenzahlen dienen als Differenzierungsmöglichkeit, um Wegbeschreibungen und Informationen getrennt und schnell wiederfinden zu können.

Personen- und Sachregister

Ortsregister

Die Provence

Ein Begleiter zu den Kunstschätzen und Naturschönheiten im Sonnenland Frankreichs

Von Thorsten Droste. 392 Seiten mit 40 farbigen und 95 einfarbigen Abbildungen, 146 Zeichnungen, Karten und Plänen, 32 Seiten praktischen Reisehinweisen, Glossar, Register, kartoniert (DuMont Kunst-Reiseführer)

»Der Autor hat die Reiserouten so ausgewählt, daß dem Besucher in ausgewogenem Wechsel von Stadt- und Landschaftserlebnissen das Zusammenwirken von bedeutenden Stadtzentren mit der grandiosen Landschaft gegenwärtig wird. Der Blick nicht nur auf geschichtliche und kunstgeschichtliche Sehenswürdigkeiten gelenkt, sondern auch auf die Literatur und landestypische Besonderheiten.«

Süddeutscher Rundfunk

Dauphiné und Haute-Provence

Entdeckungsfahrten zwischen Rhône und Alpen, von Lyon bis zur Verdon-Schlucht

Von Thorsten Droste. 384 Seiten mit 26 farbigen und 94 einfarbigen Abbildungen, 150 Zeichnungen, Karten und Plänen, 31 Seiten praktischen Reisehinweisen, Register, kartoniert (DuMont Kunst-Reiseführer)

»Lohnende Reiserouten und sehenswerte Bau- und Naturdenkmäler zwischen der Rhône und den Alpen, von Lyon bis zur Verdon-Schlucht werden hier beschrieben. Dazu gibt es ausführliche Informationen und eine Karte der Region sowie der Stadt Lyon.« *Die Welt*

»Endlose Lavendelfelder und romanische Bauten laden zu Naturerlebnis und Kunstgenuß ein.«

Niederösterreichische Rundschau

DuMont Video-Reiseführer
»Reisewege zur Kunst«:
Provence – Von Orange nach Avignon

Ein Film von Susanne Müller-Hanpft und Martin Bosboom. Eine Produktion des Saarländischen Rundfunks. Video-Kassette im Schuber, Spielzeit 45 Minuten

Die Provence, das »Sonnenland« Frankreichs, gehört zu den geschichtsträchtigen und landschaftlich abwechslungsreichsten Regionen des Landes. Sowohl Kunst- und Naturfreunde als auch Genießer der provençalischen Küche und Weine werden noch lange von diesen Stätten schwärmen: Orange, Vaison-la-Romaine, Gordes, Roussillon, Venasque, Fontaine-de-Vaucluse, Carpentras, Avignon, dem Kloster Sénanque und dem Massiv des Mont Ventoux.

DuMont Video-Reiseführer
»Reisewege zur Kunst«:
Provence – Von Saint Rémy nach Saintes-Maries-de-la-Mer

Ein Film von Susanne Müller-Hanpft und Martin Bosboom. Eine Produktion des Saarländischen Rundfunks. Video-Kassette im Schuber, Spielzeit 45 Minuten

Geschichte und Kultur der Provence sind stark von der Geographie geprägt: Seit der Antike ist die Region ein Wegkreuz der Völker, eine Brücke zwischen iberischer und Apenninen-Halbinsel, die durch das Rhônetal auch den Norden einschließt. Stationen sind Glanum, Saint Rémy, Les Baux, Maillane, Arles, Eygalières, Tarascon, Aigues-Mortes und Saintes-Maries-de-la-Mer. Auch die Werke zahlreicher Künstler sowie alte Traditionen wie der unblutige Stierkampf oder das Boule-Spiel werden gezeigt.